国際ビジネスの新機軸

[セミ・グローバリゼーションの
現実の下で

諸上茂登
藤澤武史　編著
嶋　正

同文舘出版

執筆者紹介（章編成順，◎は編集責任者）

◎諸上　茂登（明治大学商学部教授）　第1章
　立本　博文（筑波大学ビジネスサイエンス系教授）　第2章
　髙井　　透（日本大学商学部教授）　第3章
　馬場　　一（関西大学商学部准教授）　第4章
　井上　真里（日本大学商学部准教授）　第5章
◎藤澤　武史（関西学院大学商学部教授）　第6章
　臼井　哲也（日本大学法学部教授）　第7章
　橋本　雅隆（明治大学グローバル・ビジネス研究科専任教授）
　　　　　　　第8章
　伊田　昌弘（阪南大学経営情報学部教授）　第9章
　内田　康郎（兵庫県立大学経営研究科教授）　第10章
　山本　昌弘（明治大学商学部教授）　第11章
　古沢　昌之（近畿大学経営学部教授）　第12章
◎嶋　　　正（日本大学商学部教授）　第13章

はしがき

　本書において「国際ビジネスの新機軸」とは，今日の国際ビジネス環境に対応するための経営思想，戦略，技術，情報，組織等のイノベーションを意味している。1990年代以降，世界の政治経済は大きな変化を遂げてきた。特に注目すべきことは，2008年の世界的金融危機を契機として，それ以前に多くの人々が信奉してきた新自由主義的で一律なグローバリゼーションという方向性に対する懐疑が世界中で大きく増幅したことである。また，新興国の台頭によって従来の世界経済のバランスが大きく変化してきたことである。そうした根本的な問題への対応を含めて，今，我々はグローバリゼーションの現実を見据えたビジネスの新機軸の探索が不可欠となっている。

　90年代以降の世界の政治経済の大きな変化は，一言で言えば世界経済の多極化と不安定化であると言って良いであろう。すなわち，今日の世界経済は，先進国経済の成長の限界が顕著となる中，BRICsをはじめとする新興国の著しい経済発展，政治的発言力の増大が見られたことから速いペースでの拡大と多極化が進んだ。このような環境変化の中で，国際ビジネスの有力なプレイヤーとして，新興国系の多国籍企業，そして国家資本主義と言えるような体制下で生み出された巨大国有企業が加わって急速に勢力を増してきている。その一方で，地球環境の一層の劣化，所得格差の増大，反グローバリズム，宗教・文明の衝突と呼ばれるような現象も起きている。

　こうしたことは，各国・地域の政治制度，経済，文化，市場，ステークホルダーなどの国際的な多様性に改めて大きな関心を払わなければならないことを示唆している。すなわち，"グローバル"ではなく，"国際的"視点の復権の必要性が強く示唆されているのである。

　他方，90年代以降のデジタル技術を中核とする技術進歩は，情報通信技術（ICT）および輸送手段・ロジスティクスの飛躍的発展をもたらし，産業のオー

プン・モジュラー化などの構造変化を生み出している。こうした技術進歩や産業構造の変化を背景として，さまざまな産業において新興国企業の急速なキャッチアップが起きている。そこで，先進国企業にとっては，従来の主要ターゲットであった先進国市場の成長の限界から新興国市場の開拓を必要としているばかりではなく，成長著しい新興国企業への戦略的な対応策の構築が喫緊の課題となっている。さらに，現代の高度なICTや国際輸送・流通インフラは，ボーン・グローバル企業と呼ばれるような中小企業の早期国際化の可能性も大きく広げている。

　本書は，上記のような世界的な環境・構造変化の中で，国際ビジネスの各領域においてどのような新機軸が模索・実現されているかについて考察したものである。繰り返しになるが，本書では一律でフラットなグローバリゼーションの方向性を仮定することは現実的ではなく，国や地域による規制と国際的な市場統合が並立しており，社会・文化的にもよりスパイキーな現実のグローバリゼーション（「セミ・グローバリゼーション」と呼ばれる）と向き合わなければならないと言う意味での"国際的視点の復権"の必要性を共通認識としている。

　国際ビジネスの各領域での新機軸の探索・実現は一様ではなく，また，現段階においてはいわゆるセミ・グローバリゼーション分析の統一的な分析フレームも存在しないので，具体的な展開は各章の論者に委ねることにした。また，フレッシュなビジネスマンや大学生，院生の教科書・参考書としても使用できるように，新しい現象のみを記述するのではなく，各領域での国際ビジネスの基本的な捉え方を伝えることにも留意した。その結果，新しいグローバル経営環境においても有用な基本的考え方を提示すると共に，各章において鮮度の高い論述内容を導出できたことが本書の大きな利点となった。しかし，その反面，分析フレーム的な制約が緩かったので全体構成の統一感にやや欠けることになったのは否めない。新しいグローバル時代の国際ビジネスの基本の確認と論述内容の新鮮さの組み合わせの妙が，その欠点を補って余りあることを願うばかりである。

　なお，本書の出版は当初においては『グローバル・ビジネス戦略の革新』（同文舘出版，2007年）の改訂版として企画されていたものであったが，近年のグ

ローバル・ビジネス環境の大きな変化を反映するためには新版が必要であると判断され，書名も『国際ビジネスの新機軸―セミ・グローバリゼーションの現実の下で―』に変更された。但し，編者と執筆者は旧版とほぼ同じメンバーで構成され，一定の継承性が保たれるようにした。

次に，読者のご参考に供するために，各章の論点のポイントをご紹介しておきたい。

第1章「現代の国際ビジネス環境における新機軸の探索」では，現代のグローバリゼーションが均質的でフラットなものではなく，部分的な市場統合と各国政府による市場統制が並立するセミ・グローバリゼーションであることを前提とした，国際ビジネスの新機軸の基本的な方向性を探索している。グローバリゼーションの進展は，世界的な競争圧力を増大させると同時に市場機会の拡大をもたらしてきた。本章ではこれまでの多国籍企業のさまざまな戦略的対応を鳥瞰した上で，新興国企業が重要なプレイヤーとして参画する新しい国際分業や企業間ネットワークの展開を基盤とする新機軸を探索している。また，そこでは依然として存在する国や地域による制度（行政，法律，税制，文化など）の隔たりや多様性への適切な対応が求められると主張している。

第2章「国際事業モデルのイノベーション」では，近年，頻繁なオープン標準の形成が行われ，それらが国際的な分業構造に影響を与え，多くの分野でグローバルなビジネス・エコシステムが形成され，先進国企業と新興国企業の双方に重要な影響を与えていることが論じられている。そうしたビジネス・エコシステムは新興国産業の成長の基盤となっており，先進国のプラットフォーム企業にとってはいわゆる「二面市場戦略」や「オープン・クローズ」戦略といった競争戦略が重要となっていることを論じている。

第3章「多国籍企業の組織デザイン戦略」では，多国籍企業の組織進化のプロセスとマネジメントについて論じられている。ここではグローバル組織の進化がグローバルな効率性とローカルな適応性を同時に追求することのジレンマの解消を図ろうとしたものであったことを指摘している。グローバル・マトリックス組織，フロントバック組織，トランスナショナル戦略などがそれである。本章では，そうしたジレンマ解消に加えて，グローバルな競争優位獲得のため

のマネジメント概念として，親会社と子会社のあいだの階層的関係を前提としない「グループネットワーク組織」や本社による子会社支援のあり方としての「ペアレンティング」といった概念を紹介している。

第4章「国際マーケティング戦略」では，急激に成長し変化している新興市場に対する先進国系多国籍企業の国際マーケティング戦略の課題について論じている。従来の先進国市場に新しく新興市場を対象として加えた国際マーケティングにおいては，国やグローバル地域，国家クラスターのみならず，地方市場や都市貧困層，BOPなども射程に入れたセミ・グローバル・マーケティングの視点が必要となる。現段階では新興市場に対する適応化が求められることが多いが，同時にグローバルな観点での標準化も検討されなければならないと指摘する。適応化と標準化を動態的に繰り返すことでより高い国際マーケティング能力が構築されると考えられているからである。

第5章「グローバル・ブランド戦略」では，グローバルな製品ブランド戦略の編成の考え方や背景について考察している。グローバル製品ブランド戦略は「グローバル・ブランドに傾斜するタイプ」と「ローカル・ブランドやリージョナル・ブランドも含めて重層的に編成するタイプ」に大別される。現時点ではどちらの戦略タイプが望ましいかは判断が難しいと指摘する。なぜならば，多国籍企業によって各国でのローカル／リージョナル・ブランドの浸透度が異なるからである。また，当該の多国籍企業が標的とする市場の地理的範囲によっても親会社の関与度が異なり，そのことが製品ブランドのグローバルな再編成の方向性に重要な影響を与えると論じられている。

第6章「国際市場参入戦略」では，本国からの輸出と対外直接投資（FDI）といった参入方式に及ぼす企業競争力と国家競争力の影響に関するマクロ分析を行っている。ここではRugmanのFSA／CSAマトリックスを援用し，アジア大洋州11カ国のデータを分析している。分析結果から，総じて輸出特化係数で定義される輸出競争力よりも，FDI残高特化係数で表示されるFDI力に対して，企業競争力が国家競争力を上回って貢献度が大きいことが確認された。また，FDI残高特化係数上位3カ国における二期間比較分析を通じて，日本企業は両競争力のFDI力への寄与を弱め，FDIが輸出と代替関係に転化し

た可能性が高いことを指摘している。こうしたマクロ分析から国内投資への回帰を基底とした輸出マーケティングの見直しを含む国際マーケティングの再展開が日本企業のビジネス新機軸となりうると推測している。

第7章「国際生産戦略」では，これまで日系製造企業の国際的な競争優位の主たる源泉はその生産システムにあったと考えられてきたが，近年の世界市場における競争優位の獲得のためには新たな組織能力の構築が求められていると主張している。すなわち，日系製造企業は優れた国内の生産システムとそれらをマザー工場とする生産システムの海外移転によって世界市場で勝ち抜いてきた。しかし，ポスト2008年の世界市場は新興国市場を中心に徹底的な低コスト競争へシフトし，製品アーキテクチャのモジュラー化の進展もあいまって，日系製造企業は競争劣位に追い込まれている。本章では，今後の日系製造企業に求められる組織能力として，グローバル市場を対象とするマーケティングと生産システムの連結能力，そして徹底的な現地化による低コスト生産能力を挙げている。

第8章「グローバルSCMとロジスティクス戦略」では，グローバルSCMを有効に機能させるためにはその前提となる事業システムとオペレーションのプラットフォームであるロジスティクス・ネットワークの両面から統合的な戦略設計を行うことが求められることを論じている。すなわち，グローバルSCMには特有の大きなコストとリスクがかかってくるので，これを削減しつつ，国や地域によって異なる多様な市場ニーズに適応することが求められる。そのためには，市場ニーズや競争環境に適合したビジネスアーキテクチャとそれに対応するグローバル・ロジスティクス・ネットワークの構築が必要であると主張する。オペレーションの面では，情報共有化やシームレスな計画・管理システムの導入によってSCMの迅速かつ柔軟な制御を可能にしなければならないと指摘する。

第9章「グローバルICT戦略」では，2008年以降，特に注目されている「クラウド」と越境EC（Electronic Commerce）」という2つのトピックについての詳細な分類と解説が行われ，それらの国際ビジネスへの影響が論じられた。クラウドは外部資源を有効に使うことで時間と費用の大幅な節約を可能とし，

伝統的な巨大グローバル企業に加えて，中小零細企業，新規ベンチャー，新興国企業にとっても新たな可能性を与えていると指摘している。また，越境ECについては，国際的なB2Bに比して，従来あまり考慮されてこなかったB2C分野を取り上げている。ここでは日米中3カ国の消費者の比較が行われ，それらに見られる共通性と共に，各国の特異性があることも指摘された。

第10章「国際技術戦略」では，技術的に優れていても，事業で成功しないことがあるのは何故か，逆に，技術的に劣っていても，事業で成功するのは何故かについて，競争戦略の視点から論じている。本章では，開発された技術をどのように普及させていくかについて戦略的に取り組んでいけるかどうかがカギを握ると指摘されている。特に，戦略的ポジショニングをどのように設定するかが，競合技術との差別化やユーザー側からの理解の獲得とユーザーの取り込みに寄与すると主張している。また，その戦略的ポジショニングを明確化する上で，技術の国際標準が大きな意味をもつことを示唆している。

第11章「国際財務戦略」では，会計基準の国際統合の進展の結果としての連結会計の重要性を指摘すると共に，国際的な資金調達，為替リスク管理，移転価格管理をベースとしたタックス・プランニング等を統合した国際財務戦略の策定が不可欠であることを論じている。すでに国際課税制度として，タックス・ヘイブン対策税制，外国税控除制度，過少資本税制などが存在する。しかし，国による課税制度の差は依然として大きく，それらを熟知した上でのタックス・プランニングが必要であると主張している。

第12章「国際人材開発戦略」では，今日の多国籍企業に求められる「現地適応」と「グローバル統合」の両立という視点から国際人的資源管理のあり方について論じている。ここでは規範的統合と制度的統合からなるグローバル人的資源管理のモデルが提示され，日本企業と欧米企業の諸施策の実施状況が比較されている。また，パナソニックとGEの実際の取り組みの紹介を通じて，世界中の有能人材を「規範的・制度的」に統合することで国民文化の差異を超克した信頼関係の構築と人材活用のグローバル最適化を実現することの重要性が指摘されている。

第13章「ボーン・グローバル企業の新機軸」では，事業設立と同時に，あ

るいは設立直後から国際市場での売り上げが25％以上占めるといったボーン・グローバル企業の出現の3つの背景要因を分析している。第1に市場要因として，近年における消費者の文化や嗜好の同質化傾向とグローバルニッチ市場の誕生を挙げ，第2に技術要因として，ICTおよび物流技術の急速な発展と普及によって小規模企業でも低コストでのグローバルな情報発信およびビジネス遂行が可能になったこと，そして途上国企業の技術蓄積を挙げ，第3に制度的要因として，国際法としてのWTOの設立，旧社会主義国の市場経済化などを指摘している。また，それらに加えて，グローバルネットワークを駆使できる若い市場志向的起業家の存在が不可欠であるとしている。そうした考察の結果，「最初から世界を目指す」こと，その実現のための「開発の段階から世界市場を視野に入れた戦略」，「戦略提携や合弁事業などの単独企業の枠を超えた戦略」の重要性を示唆している。

最後に，旧版の出版以来，温かいご支援を頂いている同文舘出版の市川良之氏（取締役編集局長）に改めて心より感謝申し上げたい。

　2015年睦月

編者を代表して　諸上　茂登

目　次

はしがき

第 1 章　現代の国際ビジネス環境における新機軸の探索 ── 1

第 1 節　セミ・グローバリゼーション下での企業の 3 つの対応領域 ………………………………………………………………… 1
1. 国際ビジネス視点の復権　*1*
2. 国際ビジネスとテクノロジーの進歩　*3*

第 2 節　世界的な競争圧力への対応 ……………………………… 4
1. 世界的な競争圧力の背景　*4*
2. 多国籍企業の主要な対応戦略　*6*
3. 新しいオープン・ネットワーク化への対応　*10*

第 3 節　市場機会拡大への対応 ………………………………… 12
1. 新興国中間所得層の台頭　*12*
2. Web で繋がった中間所得層の質的変化　*13*

第 4 節　制度的多様性への対応 ………………………………… 14
1. 制度的アプローチの重要性　*14*
2. 企業の現地社会への適応化と共進化　*15*

ま と め ……………………………………………………………… 16

第 2 章　国際事業モデルのイノベーション ─────── 21

第 1 節　はじめに ………………………………………………… 21
第 2 節　先進国の産業環境の変化 ……………………………… 23
1. 独禁法緩和と共同研究奨励　*23*
2. 新しい企業共同の台頭　*26*

3. 新しい産業標準化の台頭：コンセンサス標準化　*28*

第3節　企業共同と国際競争力への影響 …………………………… 30
　　1. コンセンサス標準と国際貿易収支への影響　*30*
　　2. 付加価値分布シフトのメカニズム　*31*

第4節　オープン標準形成とビジネス・モデルの変質 ………… 33
　　1. バリュー・チェーンからビジネス・エコシステムへ　*33*
　　2. プラットフォーム企業の競争戦略　*34*
　　3. オープン・クローズ戦略　*35*

第5節　オープン標準を使った競争戦略とグローバリゼーション
　　………………………………………………………………………………… 37

ま と め ……………………………………………………………………… 39

第3章　多国籍企業の組織デザイン戦略 ─── 43

第1節　はじめに …………………………………………………………… 43

第2節　組織進化のプロセス …………………………………………… 44
　　1. 戦略と組織の相互関係　*44*
　　2. グローバルジレンマへの対応　*46*
　　3. 2つのネットワーク組織の連動　*48*

第3節　グループネットワーク組織のマネジメント ……………… 51
　　1. 海外子会社の強みを生かす　*51*
　　2. 地域統括会社の戦略的役割　*52*

第4節　グローバル本社の機能 ………………………………………… 55
　　1. シナジーバイアスからの脱却　*55*
　　2. グループネットワークとしての価値の向上　*56*

第5節　本社の新しい役割 ………………………………………………… 58
　　1. ペアレンティングの条件　*58*
　　2. メリハリのある支援提供　*59*

ま と め ……………………………………………………………………… 60

第4章　国際マーケティング戦略 ─── 63

第1節　日本企業にとっての国際マーケティング課題……… 63
第2節　新興市場の動態性……………………………………… 64
　1．新興市場の成長　*64*
　2．消費者の動態性　*67*
第3節　動態的なマーケティング戦略………………………… 70
　1．伝統的な国際マーケティング戦略策定プロセス　*70*
　2．新しい市場の認識論　*71*
　3．標準化と適応化を通じた動態的な能力構築　*74*
ま　と　め……………………………………………………… 75

第5章　グローバル・ブランド戦略 ─── 79

第1節　製品ブランドへの注目………………………………… 79
第2節　製品ブランドの活用…………………………………… 80
　1．ブランド拡張の進展　*80*
　2．製品ブランドのグローバルな再編成　*81*
第3節　グローバル・ブランドへの注目……………………… 82
第4節　リージョナル・ブランドの展開……………………… 86
ま　と　め……………………………………………………… 89

第6章　国際市場参入戦略 ─── 93
　　　　─マクロ分析の視点から─

第1節　はじめに………………………………………………… 93
第2節　主要な先行関連学説のサーベイ……………………… 94
第3節　対外直接投資のマクロ分析に必要な諸変数の定義と分析目
　　　　的……………………………………………………… 96
第4節　国家競争力と企業競争力と輸出力とFDI力の測定パターン
　　　　と結果……………………………………………… 101

第5節　分析結果………………………………………………102
　　ま　と　め……………………………………………………108

第7章　国際生産戦略 ─────────────── 111

　第1節　生産システムの国際化…………………………………111
　　　　　―日系企業の強みの海外移転―
　　1. 日系製造企業が持つ生産システムの優位性　*111*
　　2. 生産システムの海外移転―マザー工場制―　*114*
　　3. サプライヤー・システムの海外移転　*116*
　第2節　国際生産戦略が直面する課題…………………………117
　　　　　―ポスト2008年の世界―
　　1. 先進国市場と新興国市場の非連続性問題　*118*
　　2. 規模による低コスト化競争への対応　*119*
　　3. 製品モジュラー化の進展と国際分業　*119*
　　4. マーケティングと生産の連携　*121*
　第3節　国際生産戦略の新機軸……………………………………121
　　1. 生産・調達の「徹底的な現地化」　*121*
　　2. グローバル・マス・カスタマイゼーション　*123*
　ま　と　め………………………………………………………126

第8章　グローバルSCMとロジスティクス戦略 ───── 131

　第1節　グローバルSCMとロジスティクス……………………131
　　1. グローバルSCMとロジスティクスの枠組み　*131*
　　2. グローバルSCMの負荷要因　*133*
　第2節　事業構造とロジスティクス構造のデザイン……………134
　　1. グローバルSCMと事業構造　*134*
　　2. ロジスティクス・ネットワークの構造化　*134*
　第3節　グローバルSCMのオペレーションと情報戦略…………136
　　1. グローバルSCMの情報システム　*136*
　　2. 未来在庫のマネジメント　*137*

3. 計画とオペレーションの統合管理　*137*

第4節　ロジスティクス・インフラの活用と制度優位性……… 138
  1. セミ・グローバリゼーションと制度優位性　*138*
  2. 国際ロジスティクスにおけるインフラ・制度の活用戦略　*139*

第5節　事業システムとグローバル・サプライチェーンのリスク低減……………………………………………………………… 143

まとめ………………………………………………………………… 145

第9章　グローバルICT戦略 ── 147

第1節　「グローバル」から「国際」へ…………………………… 147
第2節　クラウド…………………………………………………… 151
  1. SaaS：サース　*152*
  2. PaaS：パース　*153*
  3. IaaS：アイアース　*154*
  4. オンプレミス　*154*
  5. BPaaS：ビーパース　*156*

第3節　越境EC…………………………………………………… 157
  1. 越境ECの定義　*157*
  2. 越境ECの実態と方向性　*160*

第4節　企業事例…………………………………………………… 164
  1. Amazon　*164*
  2. eBay　*164*
  3. アリババ　*164*
  4. 楽天　*165*

まとめ………………………………………………………………… 165

第10章　国際技術戦略 ── 169

第1節　技術と普及の関係性……………………………………… 169
第2節　技術の普及プロセスにみる競争戦略性………………… 170
  1. USBの普及を目指すインテルの戦略意図　*170*

2. IEEE1394の普及を目指すアップル側の戦略意図　*172*
　第3節　競争戦略論からの整理……………………………………174
　　1. 戦略的ポジショニング　*174*
　　2. 技術標準と競争戦略の関係　*176*
　第4節　国際技術戦略と国際標準の関係……………………………177
　　1. 国際ビジネスにおける国際標準の意義　*177*
　　2. 普及プロセスのカギを握る仲間作り　*179*
　第5節　新たなる課題………………………………………………181
　ま　と　め……………………………………………………………182

第11章　国際財務戦略 ── 185

　第1節　国際財務戦略に不可欠な国際会計基準……………………185
　　1. 国際ビジネスを支える連結会計と移転価格　*185*
　　2. 国際統合が進む会計基準　*186*
　　3. 国際会計基準による資金調達　*187*
　第2節　外国為替リスクの管理………………………………………189
　　1. 外貨換算会計による会計リスクの管理　*189*
　　2. ネッティングとターゲット・バランスによる取引リスク管理　*190*
　　3. MTNプログラムの活用　*191*
　第3節　国際税務戦略による税コストの管理………………………192
　　1. 移転価格税制と独立企業間価格　*192*
　　2. 独立企業間価格の計算方法　*193*
　　3. 国際課税の諸制度　*194*
　　4. 国際財務戦略としてのタックス・プランニング　*196*
　ま　と　め……………………………………………………………197

第12章　国際人材開発戦略 ── 199

　第1節　はじめに……………………………………………………199
　第2節　「現地化」を越えた国際人的資源管理の必要性…………199
　第3節　「グローバル人的資源管理」モデル………………………201

1．国際人的資源管理における「規範的統合」と「制度的統合」　*201*
　2．「HR 成果」と「グローバル・イノベーション成果」　*203*
　3．「グローバル人的資源管理」モデルに関する実証研究　*205*
第 4 節　国際人材開発戦略の事例研究 ………………………………… 208
　1．パナソニック　*208*
　2．GE（General Electric）　*213*
ま　と　め ……………………………………………………………… 218

第13章　ボーン・グローバル企業の新機軸 ───── 221

第 1 節　グローバル化のモデル ………………………………………… 221
　1．国際化モデル　*221*
　2．グローバル化モデル　*222*
第 2 節　グローバル企業の多様化 ……………………………………… 225
　1．伝統的グローバル企業　*225*
　2．多国籍企業の時代　*226*
　3．多国籍企業の限界　*227*
　4．新しいタイプのグローバル企業　*228*
第 3 節　ボーン・グローバル企業の特徴 ……………………………… 229
　1．ネットワーク型企業の出現　*229*
　2．グローバル・ニッチ市場機会の拡大　*229*
　3．ボーン・グローバル企業　*230*
第 4 節　ボーン・グローバル企業の新機軸 …………………………… 231
　1．ボーン・グローバル企業の創発　*231*
　2．参入期の戦略　*233*
　3．成長期の戦略　*234*
　4．競争期の戦略　*235*
　5．持続的発展戦略　*235*
ま　と　め ……………………………………………………………… 236

索　　引 ─────────────────────── 239

国際ビジネスの新機軸

―セミ・グローバリゼーションの現実の下で―

第 1 章

現代の国際ビジネス環境における新機軸の探索

第 1 節 セミ・グローバリゼーション下での企業の 3 つの対応領域

1. 国際ビジネス視点の復権

　ここで国際ビジネス（ないし国際経営）とは，「国境を越える経営，あるいは国境をまたぐ経営」（吉原［2002］）である。輸出入活動，海外生産，海外アウトソーシング，国際 M&A などがその典型である。それらは，それぞれの活動範囲や経営形態，経営志向性，意思決定のスタイルなどの特徴から，貿易経営，多国籍的経営，グローバル経営などの区別がなされることが少なくないが，ここでは国際ビジネスがそれらを包摂する総称であると考えている。したがって，90 年代以降にその使用が多くなった「グローバル経営」も国際経営の一形態である。ただし，国際ビジネスの政治的，経済的，社会的，そして技術的な背景は時代ごとに大きく異なっている。グローバル経営が近年の国際的な政治経済の構造的な変化（特に新興国経済の台頭），交通，情報通信技術等の飛躍的発展をベースとしていることは言うまでもない。

　小田部・ヘルセン［2010］によると，今日のグローバルという言葉には世界

的な競争圧力の増大と，市場機会の拡大の2つの意味が込められている。今日では海外で全く事業を行っていない国内事業も含めて，あらゆる企業が世界的な競争の圧力から逃れることができなくなっている。また，グローバル化による市場機会のグローバルな拡大は，大企業にとってばかりではなく，多くの中小企業もその恩恵にあずかる可能性が十分にある。

　経済や市場のグローバル化の捉え方は論者によって一様ではない。本書でのグローバリゼーションないしグローバル化の理解は，フリードマン［2006］が主張したような地球が均質的で，国境の存在感が薄いフラットな状態になることを意味するものではい。たしかに，今日の世界経済においては，EU（欧州連合）やNAFTA（北米自由貿易協定）等の地域経済圏やASEAN（東南アジア諸国連合）自由貿易地域等の地域協力経済圏，そして国家間のFTA（自由貿易協定），EPA（経済連携協定）等による部分的な統合化が実現しており，またWebが世界中の人々や企業を繋ぐことができるようになっている。しかし，今なお世界には国境ならびに国家主権，国ごとの独自の政治・経済・文化にかかわる諸制度が厳然として存在している。近年の新興国の政治力，経済力の台頭は，それらの重要性を改めて強く認識させる。Ghemawat［2007］，［2011］は，こうした部分的な市場統合と各国・地域による政治・経済的統制や諸規制が並立する世界経済の現実を「セミ・グローバリゼーション」の状態と表現している。こうした認識は，BRICsをはじめとする新興国の台頭によって世界経済の中心が先進国から新興国にシフトしつつある事実を反映しているばかりではなく，米国において数々の不正会計，粉飾決算を繰り返した巨大エネルギー関連会社エンロンの破綻（2001年），アメリカ同時多発テロ（2001年の9.11），そして金融グローバリゼーションへの懐疑が決定的となったリーマンショック（2008年）などが重要な契機となっていると考えられる。それらの出来事は，新古典派経済学の伝統を受け継ぐシカゴ学派を中心とする市場原理主義的な考え方，政策，制度に対する強い懐疑を抱かせることになった。

　セミ・グローバリゼーションという現実の世界では，企業は国や地域ごとの多様な制度的環境を改めて重視し，それに適応化し，また，現地の国や地域と共進化（co-evolve）する方策について熟慮することが必要となる。国や地域ご

との多様な制度的環境を重視するということは，均質的でフラットなグローバル市場の出現を予断するグローバルなものの見方とは異なり，国境や国家主権が絡む国際ビジネスの原点に立ち返ることの重要性の再認識であり，国際ビジネス視点の復権とも言えよう。

　上記のようなことから，筆者は，今日のグローバリゼーションの理解においては，世界的な競争圧力の増大と市場機会の拡大という2つの意味に加えて，国や地域ごとの制度的多様性からの影響の増大を指摘しておかなければならないと考えている。さらに，次に紹介するような現代テクノロジーの進歩が上記の3点にそれぞれ強い影響を与えていることも見逃せないであろう。

2. 国際ビジネスとテクノロジーの進歩

　今日のテクノロジーの進歩が国際ビジネスに与えている影響は非常に大きい。特に情報通信技術（ICT）の飛躍的進歩と低コスト化による遠隔地の企業間や個人間でのリアルタイムでの情報の共有と共創環境が実現している。例えば，今日の企業は世界各地の供給連鎖企業と情報を共有化することで効率的なサプライチェーンを構築することを目指しているし，また，コンピューター・シミュレーションやCAD（computer aided design／コンピューター支援設計）システム等の共有，支援によって地球の裏側に位置する会社や個人とリアルタイムで製品開発コラボレーションができるようになってきている。さらに，近年では，3Dプリンター，3Dスキャナーなどの急速な発展と低コスト化が近未来の製造業の姿を根本的に変革するのではないかと言われて注目を集めている。

　グローバル・レベルでのコストやクオリティ，スピードの多次元の競争の激化と設計および製造のモジュラー化の進展，先端技術やナレッジの世界的分散化（浅川［2011］）が起きている産業においては，上述のような国境を越えたコラボレーションが1つの重要なビジネスモデルの方向性となりつつある。

　上述のようなテクノロジーの進歩は消費者行動にも多大な影響を与えている。特に，インターネットの普及によって世界中の情報のオンライン検索が可能となっている。さらに，個人間，グループ間の情報共有がSNSなどの普及によ

って促進されており，企業や製品への評価が瞬く間に拡散・共有化されるようになり，それらの選択行動に重要な影響を与えている。そうした情報力の拡張によって，企業に対する消費者の相対的なパワーが大きくなっている。すでに新興国においても同様の傾向が認められるので，今後の新興国市場開拓においてもインターネットの普及による影響を十分に考慮しなければならないであろう。

　ただし，テクノロジーの発展に関しても，それぞれの主権国家の産業政策に係るさまざまな国家的技術戦略が存在し，当該国や地域での産業の保護や育成が意図されており，特に新興国では多国籍企業に対してさまざまな制度的制約を課している。多国籍企業の経営戦略としては，それらの制度的制約の多様性に適応する（当該国の産業保護政策に便乗することも含めて）ばかりではなく，各国，地域のテクノロジーに関する政策的，インフラ的な相違をより積極的に活用する技術やイノベーションの裁定（arbitrage）戦略をとることも重要となる（Ghemawat［2007］）。

第2節　世界的な競争圧力への対応

1．世界的な競争圧力の背景

　1990年代以降，目覚ましい発展を見せ始めた中国，インド，ブラジル，ロシアについて，投資銀行ゴールドマンサックスのエコノミストのジム・オニール（Jim O'Neill）は，2001年にそれら4カ国をはじめてBRICs経済と呼んで，今後，G7を凌ぐほどのGDPの成長率を実現するであろうと予測した[1]。2003年に行われた同社の2050年GDP予測モデル（人口動態予測，資本蓄積および生産性モデルをベースとする）によると，BRICsの合計GDP（米ドル換算）は，2025年までにG6（米国，日本，英国，ドイツ，フランス，イタリア）の

合計 GDP の半分を越え，2050 年には米国と日本だけが上位 6 国にランクインする国となる可能性がある（1 位中国，2 位米国，3 位インド，4 位日本，5 位ブラジル，6 位ロシア）[2]。同様に，プライス・ウォーターハウス・クーパー社の予測によると，2025 年に中国の GDP（米ドル換算）が世界最大となる。2050 年までに，中国経済は米国の GDP の約 130％にまで成長し，インド経済は米国の GDP 約 90％に達し，ブラジルは日本を追い越し世界第 4 位の経済大国になる[3]。

すなわち，世界経済の中心は日米欧から，中国ならびにインドその他の新興経済大国に移行しつつある。さらに，米国国家情報会議編［2013］は，GDP，人口，軍事費，技術投資の 4 点から各国の国力を比較しているが，2030 年までにアジアの地域としての力は北米と欧州を合わせた力よりも大きくなると予測している。

1990 年代以降のデジタル技術，製品や部品のモジュラー化，ICT の飛躍的進歩と普及などを背景として，デジタル家電製品，情報通信機器，IT ソフトウェアの業界を典型例とするような世界的な競争の激化が起きた。それと同時に，新しいより水平的な国際分業体制ならびに技術や製品のよりグローバルな開発体制が構築されてきた。そこでは多国籍企業が持つ世界的な生産ネットワークないし複合的な価値連鎖ネットワーク間の競争（琴坂［2014］）が主要な競争形態となってきている。しかも，中国，ロシア，韓国，メキシコなどの新興国からの対外直接投資が 2012 年には全世界の直接投資の約 35％（現地進出した先進国企業からの資金の流れも含む）を占めるまでに拡大している。それだけ国際ビジネスのメジャープレイヤーが増えているわけである。さらに，新興国による直接投資増加だけではなく，研究開発活動の活発化にも注目する必要がある[4]。最新の科学知識やノウハウも先進国だけに存在するのではなく，中国やインドが世界最先端のものを持っている分野も登場してきているのである[5]。

上述のような世界経済の中心の新興経済大国へのシフトは，中国やロシアなどの旧社会主義国の市場経済化，外資誘致政策，その他の新興国の規制緩和を背景とする日米欧の多国籍企業の進出によって動き始めた。そして 1990 年代以降のデジタル技術や製品の普及，製品や工程のモジュラー化およびインター

ネットの急速な普及等によって非常に大きな影響を受けた。さらに，2001年には米国でのITバブルが崩壊し，英語圏で賃金が安いアイルランドへのIT関連投資が増加し，インドにはITソフトウェア関連投資が激増した。それらの大きな相乗効果もあって中国やインドの経済成長は，19世紀の英国や20世紀の米国や日本の前例とは比べ物にならない速さで進んだのである（米国国家情報会議編［2013］）。なかでも，中国は自動車，デジタル家電製品を中心とする世界の工場と呼ばれるようになり，インドはITソフトウェア開発の世界の一大中心地になっている。また，2000年代に入ると韓国のサムスンやLGの液晶TVやスマートフォンなどの躍進も見られた。

1990年代以降の各種の国際標準規格の普及や業界標準の確立もまた新興国企業による先進国系多国籍企業の生産ネットワークへの参画，技術の模倣を容易化し，また，数多くの新興国発の多国籍企業を生み出していく契機となった（ただし総額では，製造業よりも資源開発関連の投資が多い）。そうしたことを背景に，世界的な競争の激化が起こると同時に，新しい国際分業体制が構築されていくことになった。そこではグローバルな視点からの製品開発・市場導入そしてデリバリーのスピード等が激しく競われることになった。

多国籍企業の世界的な生産ネットワーク間のグローバルな競争においては，一企業対一企業の競争ではなく，サプライチェーン間ないし複合的な価値連鎖ネットワーク間の競争が主たる競争形態となってきている。したがって，今日の多くの産業においては，企業の単独の海外進出や技術移転では到底戦えないのである。現在，多くの日系多国籍企業はこうした新しい国際分業をベースとした世界的な生産ネットワーク間競争という世界的な競争圧力への戦略的対応を迫られている。

2. 多国籍企業の主要な対応戦略

世界的な競争圧力の増大に対して，これまでにも多国籍企業はそれらへの対応戦略として，(1)戦略的フレキシビリティの強化，(2)国際的SCM（サプライチェーン・マネジメント）の構築，(3)アウトソーシングの拡大等を実行して

きた。加えて，特に日系多国籍企業につては，(4)技術の業界標準を中心とした国際技術戦略などが分厚く議論されてきた。それらの議論の1つの共通の特徴は，基本的に特定の多国籍企業を主体とした，比較的に安定した取引関係を持つ企業グループ内の戦略と組織の統合や再編成にかかわるものであったことである。しかし，近年ではそれらの範囲を超えて，より広く世界のパートナーや専門家をより機動的に活用しようとするより新しいオープン・ネットワーク構築の動きが見られる。この点については節を改めて紹介することにしたい。

(1) 戦略的フレキシビリティの強化

この領域の研究は多いが，例えば，Abotto and Banerji [2003] は，多国籍企業の戦略的フレキシビリティが企業成果（ROS, ROAなど）に正の影響を与えることを実証している。彼らはYip [1995] が提示した概念に倣って，戦略的フレキシビリティを3つに分類した上でそれらが経営成果に影響を与えていることを実証している。すなわち，1つ目はMarket Flexibility（環境コンテキストの変化に対して，短期間にマーケティング努力を再構成する能力。市場リスクの分散，対象市場の変更，内部相互補助など）であり，2つ目はProduction Flexibility（世界の主要市場において，短期のリードタイム，競争的価格で財またはサービスを生産する能力），そして3つ目はCompetitive Flexibility（需要の不確実性，競争企業の新しい競争行動，技術の不確実性への迅速で効果的な対応能力）であり，それぞれが企業の収益性に正の影響を与えていることを実証した。諸上 [2012] は日系多国籍企業にとって，戦略的フレキシビリティの強化（特に，製品やサービスのモジュラー・デザインの採用によって，部品共通化／標準化の経済性，新製品開発をはじめとする資源の開発と転換の低コスト化とスピード化，国際ネットワークに埋め込まれた調整力の活用を図ること）が喫緊の課題の1つであると指摘している。

しかし，多国籍企業の自社組織を越えた国際的な価値連鎖ネットワークという最近の重要なビジネス・コンテキストにおけるフレキシビリティの研究はまだ始まったばかりである。

(2) 国際的 SCM の構築

デルや HP，ウォルマートなどに代表される 90 年代以降の欧米の国際ビジネスの重要な成功要因として，彼らが構築した国際的 SCM（サプライチェーン・マネジメント）の優位性がある（山下ほか編著 [2003]，諸上ほか編著 [2007]）。

サプライチェーンとは，原材料の段階から最終消費者に至るまでのモノや情報の供給連鎖であり，自社組織を越えた調達活動，生産活動，流通活動の全体最適化を目標として連携化，統合化することでより高い効率と効果を追求しようとするマネジメント思想とその実践形態である。そこでは関連各社間の最大限の情報共有を行い，活動を同期化（シンクロナイズ）することで，トータル在庫を最小化し，トータルリードタイムを最短化することが目標とされる。

こうしたマネジメント思想や仕組み作りの重要性は現在においても変わらず存在するが，日系多国籍企業が優れたグローバル SCM の構築によって新興国市場開拓に成功したという話はそれほど多くない。そこで戦うためには，徹底した効率化とローコスト化と同時に適切な現地適応化が必要である。日系多国籍企業のこれまでの SCM が，現地市場に適合した製品の開発やマーケティングと直結していなかったことが，大きな欠陥の 1 つではなかったかと思われる（諸上 [2012]）。また，コスト競争だけではなく，市場変化の激しい成熟業界では，より優れた部材をローコストで提供できる多様な参加者を常に探索し，ダイナミックに組み替えも行われるサプライネットワークの構築（各サプライヤーが持つ独自のネットワークの相互活用も含む）が求められることが少なくないだろう。

(3) オフショア・アウトソーシングの拡大と進化

グローバルコスト競争の激化に伴って，多くの多国籍企業はコスト削減のためのオフショア・アウトソーシングを活発化してきた。これまでに東欧，中国，インド，メキシコ等の低賃金労働がよく活用されてきたことは周知の通りである。ここでオフショア・アウトソーシングとは，国外の自社の子会社，関連会社以外から，人，モノ，カネ，技術，知識，管理業務などを契約によって，調達ないし購買して本国またはグローバル市場で活用することをいう（自社や関

連会社からの調達や購入はインターナルまたはキャプティブ・オフショアリング呼ばれて区別される）。取引コスト論や RBV（資源ベース論）の知見に従うと，競争優位を持続させるには，自社のコア資源にはインハウスで投資（make）して，コア以外の経営資源をアウトソースする（buy）ことが推奨される。

　近年では，オフショア・アウトソーシングが単純なコスト削減からより付加価値の高いアウトソーシングさらには価値創造へと進化している。前述のように，今日では技術や知識の分散化傾向が見られ，新興国を含めた新しいグローバルな分業関係が成立しており，ほとんどの経営資源およびビジネス・プロセスでも世界の多様なパートナーからオフショア・アウトソーシングすることが可能となっている。多くのパートナー関係もアームズレングス関係から戦略パートナー関係へと進化してきている。そこではパートナー企業がそれぞれのコア資源の一部を共有することも含めて，多国籍企業のオフショア・アウトソーシングのネットワークがイノベーションの新しいプラットフォームとしての役割を果たすケースも増加してきている（Kenney, et al.［2009］）。ここまで進化すると，後述するような世界的な企業間コラボレーションとの境界が曖昧なものとなる。

　いずれにせよ，このようにオフショア・アウトソーシングが可能な業務内容も，発注可能な企業も，そして発注先の国や地域も大きく広がると，立地とパートナー選択のフレキシビリティが増してくる。また，より複雑な契約アレンジメントが必要になる（Cavusgil and Cavusgil［2012］）。そこでは個別オフショアリングのプロジェクト・マネジメントが重要となるばかりか，全体としてのオフショア・アウトソーシング管理に関係性ポートフォリオマネジメントの理論の応用が必要となってきている（Muhiuddin［2011］）。これらの点については，理論上も実務上も今後の課題とされなければならないであろう。

(4)　技術の国際標準化戦略

　過去 20 年ほどの間，日本企業は PC，DVD，液晶 TV，携帯電話（ないしスマートフォン）その他のデジタル家電業界を中心に，自前主義の強いメーカーが「技術で勝っているのに事業で負けてしまう」（妹尾［2009］，小川［2009］）

という現象が続いてきた。技術が優れていても，自前の開発・製造コストが嵩み，あるいは顧客ニーズの読み違えや需要予測に不備があり，また技術や製品の開発と普及に関する明確な戦略性の欠如等によって，結果として事業の敗退を招いてしまった。

これまでに自社の技術や製品を国際的に普及する手段として，それらの国際標準化の影響についてさまざまな議論がなされてきた。開発企業にとって，大きな顕在・潜在需要が見込まれる市場での競争の結果として，事実上の業界標準（デファクト標準）を獲得することがその後の収益確保の観点から望ましいに違いないであろうが，競争に敗れた場合のリスクは非常に高い。そこで近年では公的標準（デジュール標準）の活用のみならず，関連業界団体における事前協議を通じて標準規格を定めるコンソーシアム型ないしフォーラム型の標準方式がより一般的に採用されるに至っている。

しかし，業界リーダーとして事前の業界標準の確立に参画できたとしても，その後の普及と収益の確保に成功しなければ事業としては大きな意味を持ちえないであろう（渡辺編［2011］）。日本のデジタル家電のセットメーカーの多くは，技術的後発性の利点を最大限に享受すると同時にマーケティング戦略に注力して巨大企業に成長したサムスンやLGに利益をすくい取られるか，インテルやアップルなどの最先端の製品開発と市場普及におけるしたたかな戦略性を発揮してきた企業の独占的地位を崩すことができなかった。日本企業には，もの作りとマーケティングの両方の国際市場適合（諸上［2012］）をはじめとする，したたかな戦略性が必要であろう。

3. 新しいオープン・ネットワーク化への対応

(1) 世界的な企業間コラボレーション

Tapscott and Williams［2006］によれば，われわれはすでに開発・生産の世界的なコラボレーションの世紀に入っている。例えば，最新技術の塊であるボーイング787は6大陸100社以上のサプライヤーとのコラボレーションでつ

くられている。日本からも富士重工，川崎重工，三菱重工などが参画しており，787全体の35%を担当していると言われている。世界各地に分散した設計・製造チームをまとめて航空機のような複雑な構造物に仕上げるのを可能にしているのが，連携企業間のリアルタイム・コラボレーションのシステム環境である。この最先端システムは設計段階でのリアルタイム・シミュレーションを通して部品の相互作用を確認でき，また，部品の同時並行設計のみならず航空機の機械的運用や保守まで含めて状態監視を可能としている。ここでは各社の関係する設計やプロセスがすべてオープンにされ，すべてが共有されている。もちろん，ボーイング社は垂直尾翼の設計・製造などを社内で行うこと等によって，自らの強みを維持する仕掛けを持っているし，新しい時代の競争力の源泉となりうるシステム・インテグレーターとしての高い能力を鍛えている。

　グローバル競争が激化するなか，上記のようなコラボレーションはコストとリスクを分散しながら世界中の先端企業・工場を使いこなす，新しく強力なビジネスモデルとなりつつある。日系多国籍企業においても世界中のサプライヤーを使いこなすより高度なシステム・インテグレーターとしての能力を高めることが1つの重要な国際ビジネスの方向性となるであろう。

(2) マス・コラボレーション

　上述のような企業間コラボレーションに加えて，近年の注目すべき現象はより広範囲のマス・コラボレーションが力を発揮してきていることである。そこではコラボレーションへの参加者の構成が全世界的に拡大し，多くが自発的参加であり，そのガバナンスも自発的秩序形成型であると指摘されている（Tapscott and Williams［2006］）。

　ウィキペディアのオンライン百科事典やリナックスのコンピューターOSに代表されるようなWebの世界で始まったマス・コラボレーションは，世界中の不特定多数の専門家のアイデア，知識，能力，資源を活用しようとする，オープンで水平型の組織構造による集合知の活用モデルである。そうした新しいモデルは次第にリアルな世界を巻き込みながら製品，サービスの開発と生産に非常に大きな影響力を持ってきている。今や，航空機の設計でも，ヒトゲノム

の解析でも，世界中の才能を集められるかどうかが競争力を左右するようになりつつある。もちろん，参加する企業や個人は彼らが持つ知識や知財のすべてをオープンにするのではなく，守るべきものと他者と共有化するものを区別しながら，それらのポートフォリオのバランスを取らなければならない。もし，それらのすべてを囲い込む従来の階層的な経営組織に固執していれば，少なくとも進歩の早い科学技術の関連分野においては世界のトップクラスの才能を活用しえないことが多く，当該企業の競争力は急速に減じられるだろう。すでに，ボーイングやBMW, P&G, IBM, メルクなどはそうしたマス・コラボレーションによって大きな成果を上げていることが報告されている（Tapscott and Williams [2006]）。

　日系多国籍企業にとっても，前述のような企業間コラボレーションのみならず，ここまで視野を広げたグローバルなマス・コラボレーションのあり方についてもより積極的に検討することが喫緊の課題の1つとなってきている。

第3節　市場機会拡大への対応

1. 新興国中間所得層の台頭

　新興工業国の国際市場への本格的な参画は，グローバルな規模での競争激化をもたらした。他方，彼らの経済成長は，中間所得層を中心とする消費市場の爆発的な拡大トレンドをもたらしている。

　米国国家情報会議（National Intelligence Council）によると，2030年には貧困層が激減し，アジアを中心に10〜20億人もの新たな中間所得者（中間層）[6]が誕生する。そういうことが順調に進めば，世界の大半の国で，中間層が社会的にも経済的にも最も重要な階層となるであろう。新興国の中間所得層が速いスピードで増加すれば，自動車や日用品，そして教育，医療等の需要が急増す

るであろう。もちろん，現在の水準のままのエネルギー効率と化石燃料への依存度，環境規制等でそうしたことが起きれば，新興国はもとより地球的に深刻な資源不足，環境劣化をもたらすことにもなるであろう。それらの問題への国際的な取り組みが求められることは言うまでもない。

2. Web で繋がった中間所得層の質的変化

　中間所得者の爆発的な増加という量的側面も非常に重要であるが，彼らのモノやサービスに対する欲望やニーズがこれまでの先進諸国の中間所得者層が求めてきたそれらとは質的に異なってくるであろうことを見逃してはならないであろう。とりわけ，Web ないしインターネットでつながっていることから生起する質的変化が重要であろう（Tapscott and Williams［2006］, Mele［2013］, 小林［2014］参照）。

　現在のインターネットの世界は，繋がっているすべての人にオープンで，瞬時の情報共有を可能とするものであり，新興国の中間所得層の思考様式やライフスタイルに多大な影響を与えている。新興国の中間所得層は，先進国の消費生活に憧れ，その後追いをするという側面も強く持つが，今日の Web で繋がった世界では，過去の大衆消費社会（大量生産・大量消費）とは質的に大きく異なった消費，生活パターンを示す可能性が高い。そこでは人，モノ，カネ，情報，知識，資源などの共有のみならず，国内外でのさまざまな営利活動および非営利活動（環境保護など）やライフスタイル（エコライフなど）に互いに共感できる，世界中に存在するグループ間および個人間での協働（コ・ワーキング）および共創（コ・クリエーション）を実践する時代がそう遠くない将来に来るかもしれない。楽観的過ぎるかもしれないが，もしそうなれば，彼らは，かつての発展途上国とは比べものにならないスピードと効率での経済的・社会的発展を実現する可能性があるだろう。

　しかし，現状では，それらの実現は国による政策や諸制度，文化，価値観，そしてさまざまなインフラなどの違いによる影響も強く受けるであろう。新興国の中には，世界のマスコミ情報のみならず，インターネットによる情報検索

を制限しようとする国もあるが，すでに技術的に確立している Web の世界を為政者が大きく制限することは困難であろう。スマートフォンや SNS の普及は政治の民主化の強い後押し要因ともなるであろう。

　これからの新興国市場開発では，こうした中間所得層の質的変化も視野に入れた研究と経営実践の探求が必要となろう。

第 4 節　制度的多様性への対応

1. 制度的アプローチの重要性

　近年における新興国の経済発展と政治的影響力の増大は，従来の多くの国際ビジネス戦略論（特に米国発の）が比較的に安定的な市場ベースの「制度」（政治，法律，税制，企業ガバナンス形態など）を前提ないし与件としてきたことの有効性に大きな疑問を呈することになった。ここで制度とは，ゲームのルールであり，人間の相互作用を構造化する人間が創造した諸制約のことである（North [1990]）。

　新興国の台頭だけではなく，9.11 以降の国際的なテロの頻発，中東の政治的混沌と戦乱状態などが，今日の世界の制度や価値観，倫理的規範，宗教観などの文化の多様性を改めて浮き彫りにしている。これらの制度が多様であるということは，世界のゲームのルールの多様性を意味しており，特に先進国と新興国における制度の違いが国際ビジネスの行動と成果にとって非常に重要な要因となっている。

　学界においても，従来のビジネス戦略領域では，産業ベース・ヴュー，資源ベース・ヴューを中心に議論されてきたが，近年では，制度を独立変数として扱う，戦略の制度ベース・ヴューといわれるアプローチが急増している（Peng, et al. [2008]）。多国籍企業子会社の成果決定因として，先進国では企業特定的

要因の影響がより大きく，新興国では国の制度の影響がより大きいという実証分析もある（Makino, et al.［2004］）。

セミ・グローバリゼーションの現実においては，制度的多様性への新しい対応，制度と組織の相互作用の枠組みの構築が求められていると言えよう。多国籍企業にとっては，進出先国や関係国の制度の違いを回避すべきか，それらに適応すべきか，それとも当該社会と共進化すべきかが基本的課題となる。

2. 企業の現地社会への適応化と共進化

多国籍企業の各国，各地域の制度対応には次の3つのパターンがある（Cantwell, et al.［2008］）。すなわち (1)制度的回避，(2)制度的適応，(3)制度的共進化であり，多国籍企業の現地化による利益の確保や全体としてのダイナミックな成長のためには，特に制度的な適応と共進化が重要となる。

(1) 制度的回避

多国籍企業は，制度的な環境を外生的なものとみなし，貧弱な制度的環境（政府や官僚の説明責任の欠如と政治的不安定性，貧弱な法規，法支配の不徹底）では，声を上げる戦略（voice strategy）よりも，退出を選択する傾向にある。代替的な立地が限られている資源やインフラ関連の投資は例外である。しかし，今日，成長のためにはたとえ制度が貧弱あっても，リスクを取ってそこへの投資を断行しなければならないケースが増えている。

(2) 制度的適応

多国籍企業が自社の構造と政策を現地環境に適合するように調整することを指す。ここでも制度的環境は基本的には外生的なものとみなされる。しかし，政治的影響力を行使し，また，現地高官への賄賂提供（少なくとも OECD 加盟国は外国公務員贈賄防止条約に加盟しているが）があるかもしれない。さらに，多国籍企業はインサイダー化のために現地企業の行動や商業文化，その他の諸制度をまねることもある。

(3) 制度的共進化

多国籍企業はより長期的に当該市場にコミットすると，制度環境を単に外生的なものと捉えるのではなく，現地の政府や企業，国際機関，NPOなどとの協働によって新しい現地の制度や基準を創ろうとする共進化（co-evolution）のプロセスに入ることが少なくない。本国の制度プラクティスやベストプラクティスの移転，国連，WTO，その他の国際機関の規定の順守，標準規格の採用なども共進化の範疇に入る。もちろん，上記3つの行為は相互排他的ではなく，多くの場合，多国籍企業は制度への適応化と共進化の両方を追及している。

前述のCantwellらは，近年の多国籍企業のチェンジング・エイジェンとしての役割について注目すべき指摘を行っている。すなわち，グローバルな不確実性に対処するには，制度の「創造と適応の継続的実験」が唯一の効果的方法であると主張している。現地での正当性が認められ，かつグローバル・レベルでの持続可能性の高い，新しい制度の創出のためには，まずは制度に積極的に向き合う企業家精神が必要である。多国籍企業はそれが有するオープンなネットワークとそこに埋め込まれているフレキシビリティを活用することで，国境を越えた多様な実験が可能であるという。

こうした要素をより積極的に取り入れた国際ビジネスの継続的な実験とその成果の活用こそ，今日の日系多国籍企業に求められる新しい制度的アプローチではないであろうか。

まとめ

現代のグローバリゼーションは，部分的なグローバル市場統合と各国政府による市場統制が並立するセミ・グローバリゼーションの世界である。たしかに，国際的な交通と情報通信の発展によって世界の企業や個人がより迅速かつ緊密に連携しうるようになったが，国家間の文化や制度などの隔たりは依然として大きい。

そうした環境下でも，グローバル化の進展は，世界的な競争的圧力の増大と同時に市場機会の拡大をもたらしてきた。多国籍企業は拠点間の調整をよりフレキシブルに行い，また，効率的なサプライチェーンを構築することなどを通して競争優位を維持・強化することを図ってきた。今日ではその生産と流通のネットワークの中に先進国企業のみならず新興国企業も組み込まれている。デジタル技術やモジュール型生産の発展がよりオープンなネットワークの構築の強力な促進要因となった。その結果，国境を越えた企業間コラボレーションが進むと同時に，システム・インテグレーターを中心とする「企業ネットワーク」対「企業ネットワーク」の競争がグローバル競争の主流となりつつある。

しかし，各国・各地域の制度（行政，法律，税制，文化など）の隔たりは依然として大きい。近年における中国，インド，ロシアなどの経済力と政治力の増大は，制度の違い，競争ルールの違いがビジネスに与える影響度の大きさを改めて浮き彫りにしている。多国籍企業は世界の制度的な多様性に適応し，また環境的ならびに社会的にサステナビリティの高い共進化を図っていかなければならない。

【キーワード】
セミ・グローバリゼーション，オープン・ネットワーク，コラボレーション，制度的アプローチ，適応と共進化，Webで繋がった中間所得層

〈注〉
1) 〈http://www.goldmansachs.com/our-thinking/archive/archive-pdfs/build-better-brics.pdf〉（2014.8.7）
2) 〈http://www.goldmansachs.com/our-thinking/archive/brics-dream.html〉（2014.8.7）
3) 〈http://www.pwc.com/ja_JP/jp/tax-global-report/assets/world_in_2050_jp.pdf〉（2014.8.7）
4) その2010年の世界の研究開発費合計額は1兆2,190億ドルで，1位米国（総額のうち33.5％），2位中国（同14.6％），3位日本（同11.6％），4位ドイツ（同7.1％），5位韓国（同4.4％）であり，総額では日本はすでに2009年には中国に抜かれている（経済産業省［2013］，原資料はOECD「Science, Technology and R&D Statistics/Main

5) 研究開発成果の一部である論文発表数で見ると，2011年の全世界合計120万件のうち1位米国が全体の28%を占めており，2位中国が同11.9%，英国が同7.6%，ドイツが同7.6%，日本が同6.2%となっている。中国は過去10年間のうちに4倍以上増加しており，化学，物理学，工学分野の論文が多い。特許登録件数でも，2011年では日本が1位の25.4万件，2位米国が13.3万件，3位中国が11.5万件であり，近年の中国の躍進が見られる（経済産業省［2013］：トムソン・ロイターのデータベースに基づく。National Science Indicator1981-2011）。
6) 経済産業省『通商白書』で用いられている定義では世帯の年所得が5,000ドル以上，35,000ドル未満の所得層を指す。The Economist (Feb.2009) は所得の1/3を可処分支出に向けられる世帯をグローバル・ミドルクラスと呼んでいる。OECD Development Center (2010：Working Paper285) はグローバル・ミドルクラスを1日10米ドル以上100米ドル未満の世帯と定義している。

〈参考文献〉

浅川和宏［2011］『グローバルR&Dマネジメント』慶応義塾大学出版会。
妹尾堅一郎［2009］『技術で勝る日本が，なぜ事業で負けるのか』ダイヤモンド社。
小川紘一［2009］『国際標準化と事業戦略』白桃書房。
経済産業省［2013］「我が国の産業技術に関する研究開発活動の動向―主要指標と調査データ―」第13版。
小田部正明・K. ヘルセン（栗木契監訳）［2010］『国際マーケティング』碩学社発行，中央経済社発売。
琴坂将広［2014］『領域を越える経営学』ダイヤモンド社。
小林弘人［2014］『ウェブとはすなわち現実世界の未来図である』PHP新書。
フリードマン，トーマス（伏見威蕃訳）［2006］『フラット化する世界』日本経済新聞社。
米国国家情報会議編（谷町真珠訳）［2013］『2030年世界はこう変わる』講談社。
諸上茂登・M. Kotabe・大石芳裕・小林一編著［2007］『戦略的SCMケイパビリティ』同文舘出版。
諸上茂登［2012］『国際マーケティング論の系譜と新展開』同文舘出版。
山下洋史・諸上茂登・村田潔編著［2003］『グローバルSCM』有斐閣。
吉原英樹編［2002］『国際経営論への招待』有斐閣。
渡辺俊也編［2011］『ビジネスモデルイノベーション』東京大学知的資産経営総括寄付講座シリーズ第1巻。
Abotto, Ashok and Kunal Banerji [2003], "Strategic Flexibility and Firm Performance: The case of US Based Transnational Corporations," *Global Journal of Flexible Systems Management*, 4, 1/2.
Cantwell, John, John H. Dunning and Sarianna M. Lundan [2010], "An evolutionary approach to understanding international business activity: The co-evolution of MNEs and the institutional environment," *Journal of International Business Studies*, 41.
Cavusgil, S. Tamer and Erin Cavusgil [2012], "Reflections on international marketing: destractive regeneration and multinational firms," *Journal of the Academy of Marketing Science*, 40: pp.202-217.

Ghemawat, Pankaj [2007], *Redefining Global Strategy*, Harvard Business Review Press.（望月衛訳［2009］『コークの味は国ごとに違うべきか』文藝春秋。）

Ghemawat, Pankaj [2011], *World 3.0, Global prosperity and how to achieve it*, Harvard Business Review Press.

Kenney, Martin, Silvia Massini and Thomas P. Murtha [2009], "Offshoring administrative and technical work: New fields for understanding the global enterprise," *Journal of International Business Studies*, Academy of International Business.

Makino, S., T. Isobe, and C. Chan, [2004], "Does country matter?," *Strategic Management Journal*, 25 (10).

Mele, Nicco [2013], *The end of Big: How the Internet Makes*, David the New Goliath.（遠藤真美訳［2014］『ビッグの終焉』東洋経済新報社。）

Muhiuddin, Muhammad [2011], "Research on Offshore Outsourcing: A Systematic Literature Review," *Journal of International Business Research*, Vol.10, Special Issue No.1.

North, D. C. [1990], *Institutions, institutional change and economic performance*, Cambridge University Press.

Peng, Mike W., Denis Y. L. Wang and Yi Jiang [2008], "An institution-based view of international business strategy: a focus on emerging economies," *Journal of International Business Studies*, 39. Academy of International Business.

Tapscott, Don and Anthony D. Williams [2006], *Wikinomics: How Mass Collaboration Changes Everything.*（井口耕二訳［2007］『ウィキノミクス』日経BP社。）

UNCTAD, *World Investment Report 2013*.

Yip, G. [1995], *Total Global Strategy*, Pentice Hall, Englewood-Cliffs, New Jersey.

　　　　　　　　　　　　　　　　　　　　　　　　　　　　（諸上　茂登）

第 2 章

国際事業モデルのイノベーション

第 1 節　はじめに

　グローバリゼーションは国際ビジネスの文脈で最も使われる言葉であるが，その意味するところは研究毎に異なる事が多く，曖昧なままで使われる場合も多い。本章ではグローバリゼーションを「国際的な取引ネットワークに新規参加者が参加する現象」と定義することから始める。新規参入者には，独立した法人だけではなく，自社の海外現地法人も含む。

　第二次世界大戦後，国際的な取引ネットワークは一貫して拡大している。ただし，その拡大スピードは一定ではなく，特に 1990 年代以降，急速に加速している。その背景には，2 つの事が関係している。1 つ目は，新興国が経済の自由化を行ったことが背景である（Hoskinsson, et al. [2000]）。第二次世界大戦以後，先進国主体の国際的な取引ネットワークが形成されていった。1970 年代になり，第二次世界大戦の傷跡が癒えてくると，日本やドイツなどの当時のキャッチアップ国の産業が国際的な取引のネットワークに参加するようになった。先進国とキャッチアップ国の間で通商摩擦が頻繁に起こるようになり，産業の「国際競争力」という概念が強く意識されるようになった。そして 1990 年代以降になると，旧社会主義国等の新興国が経済の自由化を行ったために，

急激なグローバリゼーションが行われるようになった。

2つ目は，先進国の産業政策の変化である。本章の主眼はこちらにある。前述のように1970年代に東アジア諸国が新しい国際競争の相手として台頭してきた。アメリカ・欧州では，これに対処するため，新しい産業環境の構築が行われた（宮田［1997］）。新しい産業環境では，特に知財法の強化による知的財産権の保護と，独禁法の緩和による企業の共同行為の是認が行われた。特に後者は，企業の共同行為を促進し，その結果，多くのオープン標準が生まれることとなった。オープン標準とは複数企業間で行われる標準化の事であり，単一企業内で行われるクローズド標準（社内安全標準や作業の標準化）と区別されている。後述する国際標準や産業標準はオープン標準の一種である。オープン標準は多様な企業が活躍するビジネス・エコシステムの基盤となっている。

現在，オープン標準が国際的に広がることにより，いたるところでグローバルなビジネス・エコシステムが成長している。パソコンのビジネス・エコシステムは，アメリカから発生したが，短期間の内に台湾のODM産業や韓国の半導体産業も巻き込み，巨大なものとなった（今井・川上［2006］，川上［2012］）。欧州発のデジタル携帯電話（GSM方式）は，当初は欧州企業中心のビジネス・エコシステムであったが，短期間の内に中国のローカル企業を巻き込み，今では世界の携帯電話の過半数が中国で生産されている（丸川・安本［2010］）。インターネットと結びついた携帯電話（スマートフォン）の登場により，この流れはますます強いものとなっている。インターネット上のネットサービスは多くのオープン標準の上に成立しているが，驚くほど短期間に全地球的な市場を形成している。

このようなグローバル・プロダクト市場は，グローバルなオープン標準によって成立している，極めて人工的な市場である。そして，グローバル市場での競争優位構築の最も重要な戦略道具が，オープン標準を使った競争戦略である。この傾向は，IT/エレクトロニクス産業で，特に色濃く見られることが指摘されている（Teece［2007］）が，組込システムが他産業に普及するにつれて同様の現象が広がっている。徳田ほか編著［2011］は，自動車の電子組込システムで同様の傾向が見られる点を指摘している。

頻繁なオープン標準の形成がグローバルなビジネス・エコシステムを繁茂させる状況を反映して，安室［2009］は「多国籍企業の海外直接投資を国際的な産業移転の源泉とみる内部化理論は，国際経営の古典であるけれども，その有効性が狭まってきているのではないか」と指摘している。フィールド調査に重きをおく一連のものづくり経営研究でも，現地市場一辺倒ではなく，グローバル市場も見据えることが現実的だと主張している（新宅・天野編著［2009］）。このような新しいイノベーション環境の出現に対して，多くの企業が国際的な競争力構築に向けて新たな対応を迫られている。

しかしながら過去の研究では，グローバル市場を考察する歴史的・制度的基盤も，理論的枠組みも曖昧なままであった。よって，本章では，まずこのような産業環境を生み出した先進国の変化を紹介する。その後，グローバルなビジネス・エコシステムにおける競争戦略について説明を行う。

第2節　先進国の産業環境の変化

1．独禁法緩和と共同研究奨励

戦後，欧米ではリニア・イノベーションを前提としたイノベーション政策がとられていた。リニア・イノベーションのモデルでは，大企業の企業研究所（中央研究所）で要素技術が開発されると，それを基に事業部で製品開発が行われ，市場へ新製品が導入されることを想定している。技術開発から製品導入までが順次の段階で行われるわけである。リニア・イノベーションを当然と考える傾向は，第二次世界大戦後のアメリカで最も強かった（Bush［1945］）。

同時期の欧州のイノベーション政策も，アメリカ産業を模範としてリニア・イノベーションを前提としたイノベーション政策がとられていた。アメリカ企業に対して国際競争を戦い抜くために，欧州各国では，中央研究所，事業部，

大規模生産工場を持つフルセット垂直統合型の大企業を育成を目指すナショナル・チャンピオン政策が行われていた（渡辺・作道［1996］324 頁）。このように戦後の欧米ではリニア・イノベーションの考えに基づいてイノベーション環境の整備が進められてきた。

1970〜1980 年代に東アジア諸国が新しい国際競争の相手として台頭してくると，このような状況に変化が生まれた。キャッチアップ国の産業と対峙し，多くの産業で通商摩擦が発生するようになった。また，国内では，著しい労働生産性の伸び悩みに直面することとなった。これらの問題に対処するため，新しい産業環境の構築が助長された（宮田［1997］）。1980 年代に，欧米では劇的なイノベーション政策の転換が行われたのである。

制度の観点からみると，産業環境の変更は大きく 2 つあった。1 つ目は，知的財産権の保護強化である。先進国産業が開発した技術が，無秩序に新興国産業へと伝播してしまうことが問題視されたのである（Teece［1986］）。過度なスピルオーバーが問題視され，先進各国でプロパテント政策と呼ばれる知財重視の制度が施行された（上山［2006］）。2 つ目は，「独禁法の緩和」による企業共同の変化である。本章では 2 点目に集中する。

図表 2-1 は欧米の独禁法緩和と標準化政策の推移についてまとめたものである。独禁法は，従来，厳しく運用され企業共同を阻むものであったが，1980 年代以降，緩和へと方針転換された（Jorde and Teece［1990］）。この契機となったのが，国際競争力低下が叫ばれる中で行われた，国のイノベーション・システムの研究である（Lundvall［1992］，Nelson［1987］，Poter［1990］）。

特に日本は欧米とは異なるイノベーション・システムを持っていると考えられたため，頻繁に研究の対象となった。1980 年代の産業政策研究は，そのまま日本経済研究であると言っても過言ではない（土屋［1996］529-530 頁）。その成果が，独禁法と共同研究の関係や，産業支援政策として政府支援も含む共同研究の推奨である。例えば日本の超 LSI 研究組合（1976-1980 年）は大成功したイノベーション・モデルとして，その後の欧米のイノベーション政策に大きな影響を与えた。

独禁法を緩和し共同研究を奨励したことで，2 つのタイプの企業共同が生ま

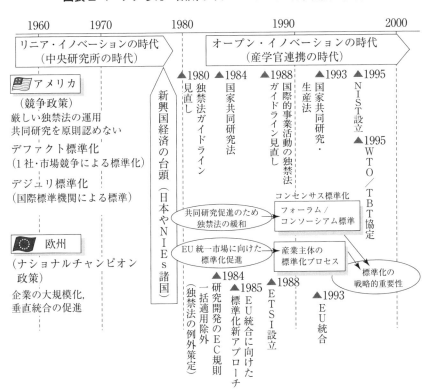

図表2-1 アメリカ・欧州のイノベーション政策転換の経緯

れた。1つ目は画期的技術を目指した少数企業による企業共同である。2つ目は汎用技術や産業標準開発を目指した多数企業による企業共同である。企業共同の増加を背景に、技術経営論や戦略論の分野で、コンソーシアムでの技術開発マネジメントの研究（榊原 [1995]）や戦略的提携の研究（Miles and Snow [1986]）が増加した。特に、後者の多数企業の共同は、産業内の情報共有を促進し、頻繁に産業標準が形成される環境を作り出した。

さらに、これらの産業標準を各地域の地域標準として積極的に採用するというイノベーション政策が実施されたことにより、企業共同の影響が一段と大きくなっていった。例えば欧州では、1993年の欧州統合を控えて、欧州委員会は各国独自であった国家標準を域内統一標準に置き換える「ニューアプローチ」

方針を 1985 年に発表した（EC [1985]）。これを受けて CEN, CENELEC の強化や ETSI（1988 年設立）の設立が行われた。この方針には，各国行政にかわって産業が主体となって域内統一標準を作ることが盛り込まれている（田中 [1991] 96-105 頁，OTA [1992] pp.69-74）。

このような欧州の動きを受け，アメリカでも産業標準活動の強化が志向された。NIST（国立標準技術研究所）が 1995 年に設立され（OTA [1992]，宮田 [2001]），さらに同年に策定された NTTAA 法（国家技術・移転促進法）では政府調達に民間規格を利用する事を推進している。

最終的に，標準規格類を国際規格に整合化して貿易障害を取り除くため，WTO で TBT（GP）協定が 1995 年に締結されると，これらの産業標準はグローバル市場に大きな影響を及ぼすようになっていった。

2. 新しい企業共同の台頭

(1) コンソーシアムの増加とその性格について

独禁法緩和や共同研究の推奨により，コンソーシアム活動が盛んになった。ここでは急増したコンソーシアムの性格について紹介する。

Link [1996] は連邦登録ファイルを使い，1985 年〜1994 年までに登録されたコンソーシアムの性質を調べた。この研究の結果，1986 年以降，コンソーシアム数が急増していたことが確認された。さらにコンソーシアムがどの産業で形成されているのかを分類してみると，通信サービス（21％），電機製品（17％）であり，約 4 割（38％）が IT／エレクトロニクス分野で形成されていることが分かった。これは IT／エレクトロニクス製品のような複雑な製品で企業共同や産業標準化が頻繁に行われている事を反映している。

Vonortas [1997] は同様に，連邦登録ファイルを基に 1985〜1995 年に登録された 574 のコンソーシアムについて集計・分析を行い，コンソーシアムの構成企業数がどのように分布しているのかを調べた。その結果，2〜3 社のコンソーシアムが 152 件（全体の 26％）ある一方で，6 社以上のコンソーシアム

が373件（65%）に達する事がわかった[1]。つまり，コンソーシアムは「少数（2～3社）で構成されるもの」と，「多数（6社以上）で構成されるもの」が存在し，後者が過半を占めることが明らかになったのである。

多数企業でコンソーシアムが構成されることから，多くの研究者がコンソーシアム活動が強いスピルオーバー効果を持っているのではないか，と考えるようになった。

（2） コンソーシアムの知財契約パターン：スピルオーバーとブロッキング

急増したコンソーシアムが，スピルオーバーについてどのような影響を持っていたのかを調査した研究が，Majewski and Williamson［2004］である。スピルオーバーとは，知識伝播によって研究成果が当該コンソーシアム外に広がり生産性向上を引き起こす効果である。

彼らは契約書に記載されている「知的財産の公開猶予期間」から知識伝播のスピードを推定した。知的財産の公開猶予期間が長期（もしくは無期限）に設定されていれば，コンソーシアム外へのスピルオーバーは制限される。このような状態をブロッキングと呼ぶ。逆に，公開猶予期間が短く設定されていれば，知識のスピルオーバーが促進されることになる。彼らはコンソーシアム・タイプと公開猶予期間の関係を回帰分析によって推定した。

彼らの推定によれば，コンソーシアムは「ブロッキング的特徴が強いもの」と「スピルオーバー促進的なもの」の2つに分かれる。スピルオーバー促進的なコンソーシアムには，「産業標準設定型」や「リーダー主導的委託R&D型」さらに「純粋委託R&D型」が多く，成果の技術情報を即時公開できる契約を持つものが多かった。

戦略的パートナーシップの既存研究では，第三者へのスピルオーバーを抑制し，研究成果を当事者間だけで利用する「ブロッキング」を勧めるものが多かった。これに対してMajewskiとWilliamsonの研究は，急増したコンソーシアムの中に，スピルオーバー促進的な性格が多く含まれていることを明らかにし，コンソーシアムが情報共有を促進し産業標準形成の基盤となっていることを示している。これは，「ブロッキング」を勧める戦略的パートナーシップとは

逆の動きであり，驚くべきものであった。

3. 新しい産業標準化の台頭：コンセンサス標準化

　産業標準化とは，ある技術情報を広い範囲で（最終的には産業レベルで）共有するプロセスである。狭い意味の標準化は，産業標準規格の文書化作業のみを指すが，広い意味での標準化は情報共有が行われるプロセスそのものを重視している。多くの標準化研究では，後者の立場に立っており，産業標準設定のコンソーシアムだけでなく，共同技術開発コンソーシアムも産業標準化の研究対象にしている。

　企業が主体となってコンソーシアム等で産業標準を策定する標準をコンセンサス標準と呼ぶ（Cargill [1989]，新宅・江藤 [2008]，Farrell and Simcore [2009]）。コンセンサス標準は，①コンソーシアム等の企業共同組織が合議で標準策定を行い，標準規格を産業全体に対して公開するというデジュリ標準的な側面と，②法的正当性を持たないため類似規格が乱立しやすく，結局，市場競争で産業標準が決定されるというデファクト標準的な側面を，同時に併せ持つ。①②のように既存の標準化プロセスと類似点があるため，多数の研究で混同が行われている。

　コンセンサス標準と，デファクト標準・デジュリ標準は似て非なるものである。3つの標準化プロセスを比較したものが図表2-2である。コンセンサス標準化が産業構造に与える影響を考察するために，そのアウトプットであるコンセンサス標準がどのような性格を持つのかを明らかにしておく。

　あるシステムを標準化すると，各サブシステムは一様に明確なインターフェースを持つのではなく，むしろ「依存性を明確に定義したモジュール群」と「曖昧な依存性を多く含むモジュール群」の2つに分かれる。前者をオープン領域と呼び，多くの技術情報がオープンに共有される。後者はクローズド領域と呼ばれ，技術情報が共有されず秘匿化される（Tatsumoto, et al. [2009]）。

　この理由は，標準化を巡る企業行動では，他の企業と協調して市場を広げる協調戦略（オープン戦略）と，他の企業を排除し利益を占有する排除戦略（ク

図表 2-2　3つの標準化の比較

標準化タイプ	標準設定	標準普及
デファクト標準化	市場プロセス （1社で決める）	市場プロセス （市場シェアの獲得）
デジュリ標準化	非市場プロセス （公的組織で決める）	非市場プロセス （法制化／しばしば強制化）
コンセンサス標準化	非市場プロセス （企業が共同してコンソーシアムで決める）	市場プロセス （市場シェアの獲得）

ローズド戦略）の2つを組み合わせて実行するからである（淺羽 [1998], Nalebuff and Brandenburger [1996]）。協調戦略を重視した場合，製品アーキテクチャにはオープン領域が広めに設定され，排除戦略を重視した場合，クローズド領域が広めに設定される。

　コンセンサス標準化は，他の標準化プロセスと比較して「オープン領域」が広めに設定されやすい。この特徴は，次の様な理由による。デファクト標準化は一方向的な意志表示（市場プロセス）を基盤とするが，コンセンサス標準化は双方向的な情報交換（合議プロセス）が基盤である。合議プロセスでは，市場プロセスでは達成できないような，広範囲の技術情報の交換を実現することができるため，広い範囲を標準化対象にしやすい。加えて，コンセンサス標準化ではコンセンサス（同意）を得るために，広範囲の技術情報をオープンにして参加者の理解を促進することが必要である。このためデファクト標準化に比べて，コンセンサス標準化の方がオープン領域を広く設定しやすい。

　デジュリ標準化とコンセンサス標準化を比較すると，デジュリ標準化には法的正当性があり，市場形成を当然と考えることができるため，あえて情報開示・共有を行って市場拡大を行おうという動機が生まれにくい。それに対して，コンセンサス標準化は法的正当性がないため，市場形成を当然視することができず，積極的に情報開示・共有を行って市場拡大を行おうとする動機が生まれやすい。このため，コンセンサス標準の方がオープン領域を広めに設定しやすい。

　コンセンサス標準が協調による利益を生み出しやすいという指摘は，ゲーム

論を用いた理論研究からも指摘された。Farrell and Saloner [1988] は，協調交渉ゲームとして，デファクト標準化，デジュリ標準化，コンセンサス標準化をモデル化し，3つの標準化方式の期待利得を求めた。このゲームでは協調が行われれば期待利得が高くなる。分析の結果，コンセンサス標準化が最も期待利得が高かった。つまり，お互いに技術情報を共有するオープン化の確率が最も高かったのである。

第3節　企業共同と国際競争力への影響

1. コンセンサス標準と国際貿易収支への影響

1980年代以降，コンソーシアム活動が急増し，コンセンサス標準化がしばしば行われるようになったが，国際競争力にどのような影響を与えたかは不明なままであった。

この疑問に答えるために，コンソーシアム数と国際貿易収支に関して実証分析が行われた（Link, et al. [2002]）。彼らは連邦登録ファイルに記載のコンソーシアムについて，産業毎のコンソーシアム数と国際貿易収支との関係を回帰モデルを用いて推定した。その結果，コンソーシアム数増加と貿易収支との間には負の関係があることが明らかになった。すなわち，コンソーシアム活動が盛んである産業は，国際競争力が弱いという結果が出たのである。

この推定結果は「企業共同を助長し国際競争力を高めよう」という政策意図とは正反対のものであった。不可解な推定結果について，Linkらは「国際競争力が弱体化したからコンソーシアム数が増大したのだ」という解釈を行った。この解釈は一定の説得性を持っているものの，「コンソーシアム活動は国際競争力を強化する効果を持つのか否か」という疑問は解決されないままであった。

この疑問に答えるためにDeCourcy [2007] は詳細なパネルデータを用いて

回帰分析を行った。彼はコンソーシアム数の増加の効果を，「異産業からの参加者の増加の効果」と「同一産業からの参加者の増加の効果」の2つに分解したモデルを作成した。2つの効果はいずれもスピルオーバーを示すが，前者は「産業間スピルオーバー」であり，後者は「産業内スピルオーバー」である。

推定の結果，「産業間スピルオーバー」は貿易収支に対してプラスの効果をもたらすが，「産業内スピルオーバー」はマイナスの効果をもたらすことがわかった。すなわち，コンソーシアムが異産業の参加者で構成されている場合は国際競争力にプラスの効果があるが，同一産業の参加者のみで構成されている場合は国際競争力にマイナスの効果しかないと推定されたのである。ただし，この現象が何を意味しているのかは依然として曖昧であり，より詳細なケース分析が要請されることとなった。

2. 付加価値分布シフトのメカニズム

この要請に標準化研究という視点から接近し，競争力構築のメカニズムを解明したのが，立本・高梨［2010］である。彼らは，2003年から2008年にかけて標準化経済性研究会（経済産業省設置）が行った16分野200社以上のインタビューから，コンセンサス標準化に関して特徴的なビジネスを行っていた13事例を抽出し，標準化ビジネス・モデルのロジックと，そこから引き起こされる産業間の付加価値分布の変化を明らかにした。図表2-3はこの変化を説明したものである。

標準化対象の領域（標準化レイヤー）は，誰もが規格化された知識にアクセスできるオープン領域となる。図表2-3では産業Bがオープン領域となっている。オープン化とは，情報を公開・共有して，情報のアクセス・コスト低下させることであり，多数の新規参入を誘発する。多くの新規参入によって市場規模は拡大するが，同時に，競争も激化する。このため1社当たりの付加価値は，図表2-3のaに示すように低下する。ここでは低付加価値でも十分収益を上げることができる新規企業や新興国企業が活躍する傾向がある。

一方，図表2-3の産業AやCは，ほとんど標準化が進まないクローズド領

図表2-3　標準化と付加価値分布の変化

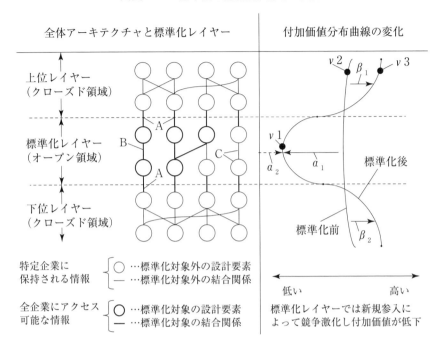

域に位置する。オープン領域の市場規模が拡大するのにあわせて，クローズド領域の市場規模も拡大する。クローズド領域で事業を行う企業は，オープン領域の多数の新規参入という事業環境変化を最大限に活用するために，ビジネス・モデルを構築して競争優位を構築する。例えば，自社が提供する製品（部品）をプラットフォーム化して，オープン領域の新規参入企業に提供したり，さらにはクローズド領域からオープン領域をコントロールしたりする。クローズド領域では，新規参入が抑えられ，限られた数の企業が，市場拡大の恩恵を分け合うので，1社当たりの付加価値は増加する。この動きが図表2-3のβである。

このようなビジネス・モデルの変化は，クローズド領域の高付加価値化を引き起こし，最終的に標準化前から標準化後へと付加価値分布曲線に大きな変化を生じさせる。特に留意が必要なのは，βの力はビジネス・モデルの変化によって引き起こされているということである。過去の標準化研究では，オープン

領域の設定や拡大だけに気をとられ，クローズド領域のビジネス・モデルの変化に着目していなかった。

　標準化を主導する企業は，自らはクローズド領域に位置しながら，オープン領域への新規参入を助長するように，自社のビジネス・モデルをプラットフォーム提供型へと変化させていた。標準化によって生まれるオープン領域では，新規参入企業，なかでも新興国企業が事業機会を得ることによって，短期間の内に巨大でグローバルなビジネス・エコシステムが形成されていたのである。

第4節　オープン標準形成とビジネス・モデルの変質

1.　バリュー・チェーンからビジネス・エコシステムへ

　オープン標準が頻繁に形成されるようになると，従来の競争構造に大きな変化を与え，最終的にはグローバルな分業関係にまで影響を及ぼす。オープン標準が取引ネットワークに与える影響を分析する上で，重要なコンセプトがビジネス・エコシステムである。

　ビジネス・エコシステムは，産業構造を生態系のアナロジーで捉えたものであり，研究者によって捉え方がまちまちである。しかし，競争戦略論の視点からは，次の2点が重要である。1点目は，自然界の生態系のように，ビジネス・エコシステムには，役割が異なる企業が混在している点である。一般的な産業構造では，直接財企業と呼ばれる企業だけで形成されている。通常の部品企業，完成品企業の間の関係を想起したときに，部品企業は直接財企業と呼ばれる。直接財企業だけで形成される産業構造は，ビジネス・エコシステムではない。

　ビジネス・エコシステムでは，直接財企業だけでなく，補完財企業が存在している。補完財企業とは，DVDプレイヤー企業に対してDVDソフト企業のように，お互い直接取引はしていないが，一方の製品が売れると他方も売れる

というような関係のある企業の事である。また，このような「一方の製品が売れれば他方の製品も売れる」という関係のことをネットワーク効果（ネットワーク外部性）と呼ぶ。ネットワーク効果が存在すると，補完財企業が生まれる。先述のDVDの例では，DVD規格というオープン標準が形成されたためネットワーク効果が生じ，補完財企業が生まれた。オープン標準が頻繁に形成されると，多くの補完財企業が誕生する。

　2点目が，生態系の中で特殊な種が存在する，という点である。それがキーストーン種と呼ばれるものである。キーストーン種は，存在量は少ないが，その種を取り除いてしまうと，生態系全体が死滅してしまうという種である（Paine [1966]）。Iansiti and Levien [2004] は，生物学のアナロジーから，産業進化を主導するような特殊な企業が存在すると主張し，その企業の戦略をキーストーン戦略と呼んだ。キーストーン戦略は補完財企業を戦略的に活用するものであり，競争戦略論の分野では，このような戦略をプラットフォーム戦略と呼んでいる。次項で，プラットフォーム企業の競争戦略について説明する。

2. プラットフォーム企業の競争戦略

　プラットフォーム企業は，2000年以降，ビジネス・エコシステムの進化を主導する存在として，盛んに研究が進められている。Gawer and Cusumano [2002] は，プラットフォーム企業の実態を明らかにした先駆的な研究である。彼らは，ビジネス・エコシステム形成で基盤となる製品を提供している企業（例えばインテルやシスコ等）が，どのような企業戦略を持っているのかをフィールド調査した。その結果，プラットフォーム企業は，①産業標準化に対して積極的な姿勢を持っていること，②補完財企業の成長を支援していること，③ビジネス・エコシステムの中における自社のポジショニングを常に考えていること　④①～③に対して戦略的・組織的な対応をとっていること，が明らかになった。

　プラットフォーム企業の戦略研究について，画期的なブレーク・スルーを行ったのが，Rochet and Tirole [2003] による二面市場戦略（two-sided market strategy）の研究である。彼らは，「プラットフォーム・ビジネスとは，ネットワーク外部性で連結された2つの市場の構造を利用するビジネスである」，と定式化した。二面市場というのは，ネットワーク外部性を仲介として，2つの市場がお互い向き合っている様子から名付けられた。

この定式化によってプラットフォーム企業の戦略の研究が飛躍的に進んだ（Evans, et al. [2006]，Parker and Van Alstyne [2005]，Eisenman, et al. [2006]，Hagiu and Yoffie [2006]）。これらの理論研究により，プラットフォーム企業が独特の価格戦略を持っていることが明らかになった。

二面市場の理論では，プラットフォーム企業が「一方の市場にはディスカウント価格」，「他方の市場にはプレミアム価格」というような価格戦略をとった場合，単なる余剰の取り合い（付加価値の奪い合い）を越えて，ダイナミックに需要創造が行われる点が強調されている（Rochet and Tirole [2004]）。例えば，電子書籍ソフトのアドビ社が，読者ユーザーには無料で閲覧ソフトを配布してユーザー数拡大を図り，出版者に対しては高額な電子書籍作成ソフトを販売しているのは，この典型的事例である。電子書籍規格（PDF規格）というオープン標準によって，閲覧ソフト市場と電子書籍作成ソフト市場の間にネットワーク外部性が発生し，二面市場の構造になっているのである。

3. オープン・クローズ戦略

二面市場戦略で展開された議論は価格戦略であり，「2つの市場が面している」ことは，所与の条件であった。ところが，同様の問題を，全く異なる側面から接近したものが，一連の標準化戦略の研究である（Tatsumoto, et al. [2009]，小川 [2009]，[2014]，立本ほか [2011]，渡部編 [2011]）。彼らの研究は，「2つの市場」を所与の条件とは考えず，「2つの市場を創出する」こと自体が戦略であると考え，そのため戦略手段として標準化の戦略的活用を主張している点に独自の貢献がある。そして，この競争戦略のことを「オープン・クローズ戦略」と呼んでいる[2]（小川 [2014]）。

彼らがモデル化した標準化戦略を図示したものが図表2-4である。この標準

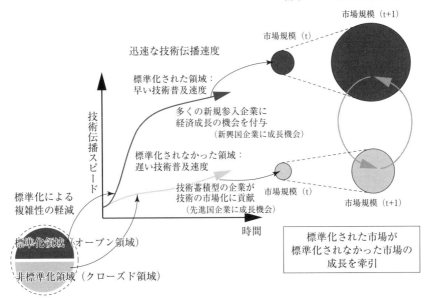

図表2-4　標準化戦略：オープン領域とクローズド領域

化戦略では「オープン領域とクローズド領域」および「先進国企業と新興国企業」の2つが戦略的要素となる。前述のコンセンサス標準化の議論で見たように，コンソーシアムによる標準化を戦略的に活用した場合，1つのシステムがオープン領域とクローズド領域に二分される。オープン領域とクローズド領域の濃淡をはっきりとつけることが，標準化戦略の第1段階となる。

標準化戦略の第2段階では，オープン領域に新規参入者を呼び込み，自らはその新規参入者を手助けするようなプラットフォームを提供する事業へとビジネス・モデルを変化させる。このようなビジネス・モデルの変化は，自らの組織体制の変更を伴うため，強いリーダーシップと戦略性が必要となる。

オープン領域の参入者には，新規企業や新興国企業が多く含まれる。オープン領域は，技術情報が公開されているため，技術蓄積が重要な競争要因でなくなる。ここで重要な成功要因は，柔軟な投資戦略による生産規模拡大や，ロー・

コスト・オペレーションが競争要因であり，これらに秀でる新規企業や新興国企業が活躍することになる。生産規模の拡大は，プラットフォームの普及にもつながる。

　標準化戦略の第3段階では，新規企業や新興国産業はプラットフォームを受容しながら，短期間の間に大規模な投資を行うことにより，成長機会を享受している。そして，先進国産業は新興国産業にプラットフォームを大量に提供する事によって経済成長を達成している。先進国産業と新興国産業の間で，国際分業が成立することによって，需要創造が行われ，経済成長が実現している。プラットフォームによってシステムが二分されることによって，先進国企業と新興国企業の協業が可能となり，さらに新規参入によってコスト競争や投資が行われ需要が創造されることを「プラットフォームの分離効果（Separation effect of platform）」と呼び，グローバル市場への影響が注目されている（Tatsumoto, et al.［2009］）。

第5節　オープン標準を使った競争戦略とグローバリゼーション

　二面市場戦略やオープン・クローズ戦略の実現性を強力に後押ししているものが，昨今のグローバリゼーションである。オープン・クローズ戦略では，オープン領域とクローズド領域の企業で，技術蓄積水準が異なることが成功の鍵になる。すなわち，同じような技術蓄積の水準の企業間では，オープン・クローズ戦略は上手くいかない。

　技術蓄積が十分ではないが，事業拡大意欲が旺盛であるような企業にとって，オープン領域は新規参入の魅力的チャンスになる。ここに，クローズド領域の企業から参入に必要な技術情報やソリューション提供が得られれば，新規参入の成功率は高まるだろう。クローズド領域の企業にとっても，そのような支援によって自社の事業を成長させることができる。

　今一度，図表2-3を見て欲しい。$v1$をみると，もともとオープン領域にい

た企業は，標準化を行うことによってa_1だけ付加価値が下がるという風に認識する。しかし，新規参入企業はa_2だけ付加価値のある市場が創造されたという風に認識する。この認識のギャップを利用するのがオープン・クローズ戦略の本質である。

オープン・クローズ戦略が機能するためには，既存技術の蓄積や産業の暗黙のコンテクストが分からないために，参入できなかった企業が必要である。彼らは潜在的な新規参入企業である。このような，潜在的な新規参入企業の巨大なプールとなっているのが，新興国の産業である。1990年代以降より，発展途上国と旧社会主義国で経済の自由化が行われ，先進国との貿易や直接投資が拡大したためである。これら新興国の産業は世界経済への新規参入者である。

オープン・クローズ戦略は，この新規参入の動きを上手く自社の成長に結びつけたものである。そのためこの戦略が一度上手く回り始めると，そのビジネス・エコシステムは新興国産業の成長とともに非常に強固に成長を続ける。パソコンや半導体分野での台湾産業や韓国産業成長は，まさにこの典型例である。近年のスマートフォン分野では中国産業もこの流れに加わっている。

本章では，欧米のイノベーション制度の変更の視点から，産業環境の変化をおった。企業共同を促すようなイノベーション環境の変化によって，頻繁にオープン標準が形成されるようになったことを明らかにした。その後の競争戦略は，オープン標準による多数企業の共同行動と，その戦略的活用に大きく影響を受けている。そして，新興国産業が世界経済に参加する過程で，この競争戦略は大きく後押しされている。2007年にスマートフォンが登場し，瞬く間に世界中に広がって，従来の有力企業を撤退に追いやったのは，この典型的な事例である。

多くの日本産業は，残念ながらこのメカニズムを上手く活用できていない。ちょうど1980年代に欧米の産業が体験したような調整過程を，いま体験している。ただし，その動きはかつてよりも急激である。本章が新しいメカニズム理解の一助になれば幸いである。

ま と め

　激化した国際競争を反映して，1980年代の欧米ではイノベーション政策の変更が行われた。コンソーシアムなど企業共同を推奨するような産業環境が出現し，コンセンサス標準化という新しい標準化プロセスも登場し，頻繁なオープン標準の形成が行われた。オープン標準は国際的な分業構造に影響し，多くの分野でグローバルなビジネス・エコシステムが形成された。パソコン，スマートフォン，インターネット上の多くのサービスが，このようなグローバルなビジネス・エコシステムの上に成長している。

　ビジネス・エコシステムでは多様な企業が活躍するが，特にプラットフォーム企業は産業進化を主導する重要な企業である。プラットフォーム企業は二面市場戦略やオープン・クローズ戦略を競争戦略として頻繁に用いる。グローバリゼーションは，この戦略の実現を協力に後押ししているが，同時に，新興国産業の産業成長も助長されている。よって，この戦略プロセスが機能し始めると，そのビジネス・エコシステムは新興国産業の成長とともに非常に強固に成長を続ける。日本産業でこのメカニズムを活用している例は少ない。しかし，グローバリゼーションという環境変化を最大限に活用するためには，理解しなくてはいけない必須のメカニズムとなっている。

―【キーワード】――――――――――――――――――――――――――
グローバリゼーション，国際標準，企業の共同行為，コンソーシアム活動，コンセンサス標準，独禁法，オープン標準，ビジネス・エコシステム，補完財企業，プラットフォーム企業，二面市場戦略，オープン・クローズ戦略，新興国企業

　本章は，立本［2011］を元に，大幅な加筆を行い，作成した。また，本章作成にあたり，Farrell and Saloner［1988］の協調交渉ゲームのモデル構造などについて，筑波大学大学院ビジネス科学研究科の牧本直樹教授に多くの示唆をいただいた。また，

本章作成にあたり，科学研究費助成事業より支援を受けた（科研費番号 25705011『グローバルなビジネスエコシステムにおけるプラットフォーム戦略の成功要因』）。ここに記して謝意を示す。

〈注〉
1) 2社で構成されるコンソーシアム（175件）の内，Bellcore 社（7社のジョイントベンチャー）が87件を占めているという特殊事情を考慮した件数である。
2) オープン・クローズ戦略は，本来の意味からは，オープン・クローズド戦略が正確であるが日本語の語感から，オープン・クローズ戦略と呼ばれている。

〈参考文献〉
淺羽　茂 [1998]「競争と協調」『組織科学』第31巻第4号。
今井健一・川上桃子 [2006]『東アジアのIT機器産業　分業・競争・棲み分けのダイナミクス』アジア経済研究所。
上山明博 [2006]『プロパテント・ウォーズ』文藝春秋。
小川紘一 [2009]『国際標準化と事業戦略』白桃書房。
小川紘一 [2014]『オープン＆クローズ戦略　日本企業再興の条件』翔泳社。
小川紘一・高都広大・北村学 [2011]『AdobeのPDFにみるソフトウェアビジネスの知財マネージメント』IAM Discussion Paper, No.24, 東京大学知的資産経営総括寄付講座。
川上桃子 [2012]『圧縮された産業発展―台湾ノートパソコン企業の成長メカニズム―』名古屋大学出版会。
榊原清則 [1995]『日本企業の研究開発マネジメント』千倉書房。
新宅純二郎・江藤学 [2008]『コンセンサス標準戦略』日本経済新聞社。
新宅純二郎・天野倫文編著 [2009]『ものづくり国際経営』有斐閣。
田中俊郎 [1991]『EC統合と日本』日本貿易振興協会。
土屋大洋 [1996]「セマテックの分析」法学政治学論究，第28号，525-558頁。
立本博文 [2011]「オープン・イノベーションとビジネス・エコシステム：新しい企業共同誕生の影響について」『組織科学』第45巻，2号，60-73頁。
立本博文・高梨千賀子 [2010]「標準規格をめぐる競争戦略―コンセンサス標準の確立と利益獲得を目指して」『日本経営システム学会誌』Vol.26, No.2。
立本博文・小川紘一・新宅純二郎 [2011]「オープン・イノベーションとプラットフォーム・ビジネス」『研究　技術　計画』Vol.25, No.1, 78-91頁。
徳田昭雄・立本博文・小川紘一編著 [2011]『オープン・イノベーション・システム―欧州における自動車組込みシステムの開発と標準化』晃洋書房。
丸川知雄・安本雅典 [2010]『携帯電話産業の進化プロセス』有斐閣。
宮田由紀夫 [1997]『共同研究開発と産業政策』勁草書房。
宮田由紀夫 [2001]『アメリカの産業政策―論争と実践』八千代出版。
安室憲一 [2009]「内部化理論の限界有効性」立教ビジネスレビュー，第2号，9-17頁。
渡部俊也編 [2011]『ビジネスモデルイノベーション』白桃書房。
渡辺尚・作道潤編 [1996]『現代ヨーロッパ経営史―「地域」の視点から』有斐閣。

Baldwin, C. Y. [2011], "Bottleneck strategies for business ecosystem", Presentation at Sloan school, MIT, at 21 Jan. (Download from http://www.people.hbs.edu/cbaldwin/, Access at 1 Aug. 2011)
Bush, V. [1945], *Science The Endless Frontier*, US Government Printing Office.
Cargill, C. F. [1989], *Information technology standardization*, Digital press.
DeCourcy, J. [2007], "Research joint ventures and international competitiveness," *Economics of Innovation and New Technology*, Vol.16, No.1, pp.51–65.
EC [European Council] [1985], "New Approach to Technical Harmonization and Standards," *Council Resolution 85/C 136/01*, European Council, May 7.
Eisenmann, T., G. Parker and M. W. Van Alstyne [2006], "Strategies for two-sided markets," *Harvard Business Review*, Vol.84, No.10, pp.92–101.
Evans, D. S., A. Hagiu and R. Shmalensee [2006], *Invisible Engines*, MIT Press.
Farrell, J. and G. Saloner [1988], "Coordination through committees and markets," *The RAND Journal of Economics*, Vol.19, No.2, pp.235–252.
Farrell, J. and T. S. Simcore [2009], *Choosing the rules for Consensus Standardization*, Mimeo. (Available at SSRN:http://ssrn.com/abstract=1396330)
Funk, J. L. [2002], *Global Competition between and Within Standards* (2nd ed.), Palgrave Macmillan.
Gawer, A. and M. Cusumano [2002], *Platform Leadership*, Harvard Business Press.
Hagiu, A. and D. Yoffie [2006], "What's Your Google Strategy?," *Harvard Business Review*, Vol.87, No.4, pp.74–81.
Hoskisson, R. E., L. Eden, C. M. Lau and M. Wright [2000], "Strategy in Emerging Economies," *The Academy of Management Journal*, Vol.43, No.3, pp.249–267.
Iansiti, M. and R. Levien [2004], *The Keystone Advantage*, Harvard University Press.
Jorde, T. M. and T. J. Teece [1990], "Innovation and Cooperation," *Journal of Economic Perspectives*, Vol.4, No.3, pp.75–96.
Link, A. [1996], "Research Joint Ventures," *Review of Industrial Organization*, Vol.11, pp.617–628.
Link, A., D. Paton and D. S. Siegel [2002], "An analysis of policy initiatives to promote strategic research partnerships," *Research Policy*, Vol.31, pp.1459–1466.
Lundvall, B. A. [1992], *National Systems of Innovation*, London: Printer.
Majewski, S. E. and D. V. Williamson [2004], "Incomplete contracting and the structure of R&D joint venture contracts," *Advances in the Study of Entrepreneurship, Innovation and Economic Growth*, Vol.15, pp.201–228.
Miles, R. E. and C. C. Snow [1986], "Network organization," *California Management Review*, pp.62–73.
Nalebuff, A. M. and B. J. Brandenburger [1996], *Co-Opetition*, Doubleday Business.
Nelson, R. R. [1987], *Understanding Technical Change as an Evolutionary Process*, Amsterdam: North Holland.

OTA [Office of Technology Assessment, U.S. Congress] [1992], *Global Standards*, TCT-512, Washington, DC: U.S. Government Printing Office.

Parker, G. G. and M. W. Van Alstyne [2005], "Two-sided network effects," *Management Science*, Vol.51, No.10, pp.1491-1504.

Paine R. T. [1966], "Food web complexity and species diversity," *American Naturalist*, Vol.100. pp.65-75。

Porter, M. E. [1990], *The Competitive Advantage of Nations*, Free Press.

Rochet, J. and J. Tirole [2003], "Platform competition in two-sided markets," *Journal of the European Economic Association*, Vol.1, No.4, pp.990-1029.

Rochet, J. and J. Tirole [2004], *Two sided markets: An overview*, Mimeo, IDEI University of Toulouse.

Tatsumoto, H., K. Ogawa and T. Fujimoto [2009], "The effect of technological platforms on the international division of labor," in Gawer, A. (ed.), *Platforms, Markets and Innovation*, Cheltenham, UK and MA, US: Edward Elgar.

Teece, D. J. [1986], "Profiting from Technological Innovation," *Research Policy*, Vol.15, No.6, pp.285-305.

Teece, D. J. [2007], "Explicating Dynamic Capabilities: The Nature and Microfoundations of (Sustainable) Enterprise Performance," *Strategic Management Journal*, Vol.28, pp.1319-1350.

Vonortas, N. S. [1997], "Research joint ventures in the US," *Research Policy*, Vol. 26, pp.577-595.

(立本　博文)

第 3 章

多国籍企業の組織デザイン戦略

第 1 節　はじめに

　組織は戦略に従う[1]，戦略は組織に従う[2]，と言われるように組織と戦略の相互関係は強い。事実，すばらしい戦略を策定しても，組織がその戦略を実行する能力を有していなければ，戦略は成功しない。また逆に，すばらしい組織であっても，戦略そのものが差別化されていなければ，戦略は成功しない。そのため，企業の持続的競争優位性は，連続的に変化する環境に，いかに戦略と組織を適応させるかにかかっている。しかし，変化する環境に対して，唯一，最善の戦略と組織などはありえない。環境の変化に適合させて戦略と組織も変化させていく必要がある。

　本章では多国籍企業の組織デザインを取り扱うことが主な目的なので，海外子会社の組織も射程に入れたグローバル組織の進化とマネジメントについて，議論していくことになる。グローバル組織の進化とマネジメントについての議論を深めるためにも，まずは次節で環境，戦略，組織の関係について明らかにしていき，その後に，グローバル組織の進化とマネジメントについて議論していくことにしよう。

第2節　組織進化のプロセス

1．戦略と組織の相互関係

　環境には，大きく2つのタイプに分類することが可能である。1つは，競争・市場環境からなる外部環境である。もう1つは企業の組織などの内部環境である。企業の持続的成長の鍵は，この2つの内部・外部環境への適合関係をいかに創るかにかかってくる。多国籍企業の場合，この環境の多様性は著しく増大することになる。実際，環境にしても，世界各国で事業展開している海外子会社の競争・市場環境は多様である。例えば，競争・市場環境の変化が激しい国で事業展開している子会社もあれば，組織にしても，多様な民族をマネジメントしなくてはならない環境で活動している子会社もある。

　それでは，環境と戦略の適合関係をより具体的にみてみよう。図表3-1からわかるように，競争・市場環境がAからBに変化し，その変化に適応するために戦略Bを策定しても，組織がAのままでは戦略Bを実行することはできない。たとえ実行できたとしても，その戦略は失敗するだろう。

　今，述べたような戦略と組織のミスマッチは，現実のビジネスではよく起こ

図表3-1　戦略・組織・環境の相互作用関係

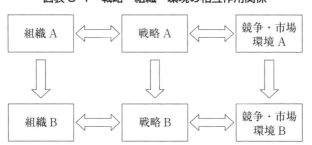

りうることである。例えば，海外での事業展開の割合が高くなっているにもかかわらず，依然として国内事業中心の組織構造のままでは，事業環境と組織の間でミスマッチが生じてしまい業績低下の原因にもつながってしまうことになる。また，このような組織と環境との不適合は，海外に事業展開している企業ばかりではなく，国内で事業展開している企業でも起こりうる。組織が成熟化すると市場・競争環境の変化に適合させて，戦略や事業構造の転換が極めて難しくなる。実際，主要事業分野が成熟化していることを早い段階から組織として認識しているにもかかわらず，新しい事業構造に変革できない企業が多い。市場も成熟化するが，それに連動して組織も成熟化するからである。

　さらに，戦略と組織が環境との間に不適合を起こす，もう1つの重要な要因は，戦略を策定する上での組織の持つ経営資源の問題が大きい。企業は長い事業展開を通じて，独自性の高い経営資源を蓄積してくることになる。この独自性の高い資源は，差別化の源泉でもあるが，国内で培った独自性の高い資源は，海外展開の大きな足かせとなり，組織を変革できないケースも多い。そのため，設立からすぐに海外展開するボーングローバル企業（生まれながらのグローバル企業）は，海外展開するときに，大きな組織変革が不要なため，スピーディに海外展開することが可能と言われている。逆に，日本で競争優位性を盤石に構築した企業ほど，海外に展開することに時間を要することになる。

　例えば，トヨタの海外現地生産は，日本の自動車メーカーでは最後発であった。トヨタの生産システムが最も効率的に運営できるのが日本であったからである。つまり，国内で高度に差別化された資源や組織の仕組みほど，簡単に海外には移転することが困難である。

　以上のように，戦略と組織は相互依存的な関係にある。とはいえ，前述したように，環境が連続的に変化する以上，唯一，最善の戦略と組織などはありえない。環境の変化に適合させて戦略と組織も変化させていく必要がある。それでは，まずグローバル化という大きな環境変化とともに，どのように組織は進化しマネジメントを変えていかなくてはならないのかを，次項から見ていくことにしよう。

2. グローバルジレンマへの対応

　海外事業の比率が高まってくることによる，最初の大きな組織上の変化は国際事業部の設置である。海外に事業展開をした当初は，海外事業に関することは輸出事業部門が担当する。しかし，輸出事業から海外生産へと海外展開のレベルを上げていくと，輸出以外の海外生産に関する知識やノウハウが求められてくる。その結果，輸出部では対応できず，輸出，海外生産での技術援助などで海外事業を一元的に管理する形で国際事業部が形成されることになる。海外事業に関する権限と責任が国際事業部に付与され，海外子会社をマネジメントすることになる。

　しかし，さらにグローバル化のレベルが進展すると，製品戦略1つとっても，国内と海外を二分して戦略を展開する意味が薄れてくる。例えば，海外生産の比率や海外の売上げが，国内の売上げと生産を凌ぐというグローバル化の高い段階に達した場合，国内と海外を二分して捉えた組織構造は，戦略との不適合を起こすことになってしまう。事実，1960年代に多国籍企業としてのピークを迎えたアメリカの多国籍企業の場合，1960年代半ばまでに，新しい組織構造をめざして，国際事業部を廃止してしまうという事態が生じた（Stopford and Wells [1972]）。つまり，国際事業部制は，グローバル組織へ移行する過渡期の形態として認識されるということである。実際，海外事業の規模が拡大すればするほど，生産の調整にしても世界的な視野に立って行う方が合理的である。

　ここで国内と海外を二分して捉えないグローバル組織が登場してくることになる。どのようなグローバル組織のタイプに移行するかは，その企業の採用した国際成長戦略によって異なる。国外での製品多角化率が10%，国外での売上げ比率が50%という範囲を超えた場合，企業は世界的製品別事業部制もしくは地域別事業部制をとると言われている（Stopford and Wells [1972]）。

　世界的製品別事業部制とは，製品系列ごとに事業部を形成し，その事業部が世界的視野に立って計画とコントロールを行う責任と権限を付与される組織構造である。それに対して地域別事業部制とは，世界をいくつかの地域に分割し，その地域ごとに業務全体にわたる責任を持つ地域担当者を配置する組織構造で

ある。つまり，子会社を地域ごとに統括するための事業部を設置し，権限－利益責任を与えるという組織構造である。

地域別事業部制や世界的製品別事業部制は，多国籍企業が国際事業部制から脱却した1つの発展段階として位置づけられる。しかしながら，いずれの組織もグローバル経営の複雑性という点から考えると，極めて単純な組織形態である。

多国籍企業の組織マネジメントの場合，分権化と集権化，異質性と同質性，効率性と適応性など常にトレードオフの課題を創造的に解決していくことが求められる。前述した地域別組織と製品別組織についても，例えば，製品別組織ではグローバルな規模で効率性は追求できても，地域の特性ごとに細かな適応が難しくなってくる。多国籍企業が持つ，ジレンマと言ってもいいのものである。つまり，地域別組織は，現地適応に過度に傾斜した組織であり，他方，製品別組織は過度にグローバル統合，標準化に適した組織といえるかもしれない。

この両方の組織の持つデメリットを解消しようとするのがマトリックス組織と言える。例えば，事業統括の軸を製品軸に置く場合でも，もう1つの軸として地域軸を置き，地域の特殊性によりよく適応する形のマトリックス，すなわち製品別事業部と地域別事業部の下に各子会社の事業を置く組織形態である。

グローバル・マトリックスの組織的な特徴は，異なった責任領域を代表する2人の管理者の間で二重の権限，命令系統が成立しており，それぞれの統括軸を代表する責任者がタテとヨコの2軸から1つのライン部門を指揮する組織形態である点に特徴がある。しかし，この組織を効率的に運営することは容易ではない。というのも，二元的命令系統を持つということは，通常の一元的命令系統を持つ組織に比べて調整コストが高くつくからである。

このマトリックス組織の本質的な課題である調整コストの問題を解決し，多国籍企業のジレンマであるグローバルな効率性と各地域への適応性という難しい課題を解消するために登場してくるのが，フロントバック組織（Galbraith [2000]）である。

この組織は，名前の通りフロントエンド，バックエンドに大きく分けられる。フロントエンドが顧客あるいは地域，国を中心として組織化されており，バッ

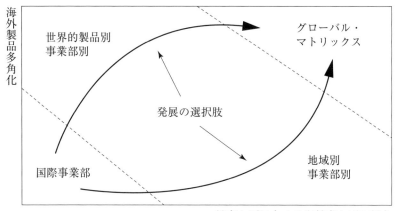

図表3-2 グローバル組織の進化

(出所) Stopford and Wells [1972] 訳書。

クエンドが製品を中心として組織化されている。そして，2つの部門は異なった機能を有している。例えば，研究開発や生産といった機能はバックエンドに，そしてマーケティングやサービスといった機能はフロントエンド配置されることが多い（小橋 [2004]）。つまり，フロントエンドで市場の問題を，バックエンドで製品の問題を扱い，その二元性によってグローバル企業のジレンマであるグローバルな効率性とローカルな要求に対応しようとする組織構造である。

3. 2つのネットワーク組織の連動

今までの組織構造の進化に関する議論の根底にあるのは，グローバルな効率性とローカルな適応性という多国籍企業が本質的に抱えるグローバル企業のジレンマについて，いかに対応するのかということが主要な課題である。また，1990年代に注目を集めたトランスナショナル戦略（Bartlett and Ghoshal [1989]）も，多国籍企業が持つジレンマにフォーカスしている。欧米日企業それぞれの競争優位性の源泉である適応性（欧州企業の強み），効率性（日本企業

の強み），知識移転（アメリカ企業の強み）の間には，一方の優位性を達成しようとすると他方の優位性が実現できないというジレンマが存在する。これらのジレンマを解決する方法としてトランスナショナル戦略では，統合ネットワークという組織構造が提唱されている。

　しかし，グローバルな組織は，なにもグローバル企業が抱えるジレンマの問題を解決するためだけに進化してきたわけではない。多国籍企業の組織そのものが，競争優位性の源泉でもある。というのも，グローバル化のレベルを上げていくとともに進化するグローバル企業の組織は，差別化された統合ネットワークとしても捉えられるからである。前述したが，多国籍企業は異なる多様な環境での事業展開を通じて独自の組織能力[3]（以下，能力）を構築する海外子会社群のネットワークから形成されるからである。

　このような海外子会社群のネットワークは，多国籍企業の内部ネットワークまたはグループネットワークと呼ぶことができる。この内部ネットワークの他にも，多国籍企業は同時に，競争企業，供給者，顧客などの外部企業のネットワークを同時に持っている（図表3-3）。換言するならば，この2つネットワークは，海外子会社が活動する取引ネットワークとも言える。多国籍企業の海外子会社は，内と外に存在する他のアクター（グループの他の子会社，顧客，供

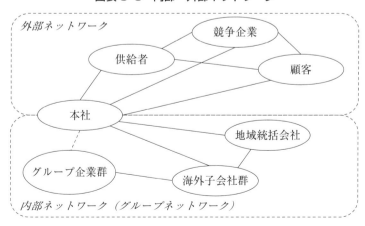

図表3-3　内部・外部ネットワーク

給者，競争企業）を含むビジネスネットワークに埋め込まれている。そのため，ネットワークの中にいる海外子会社の能力は，これらアクターとの相互作用を通じて具体化し，開発されていくことになる。

　そもそも，多国籍企業の競争優位性というのは，単一の親会社だけで形成されるものではない。各国に配置されている海外子会社の能力をいかに引き出したり，結びつけたりするかにかかっているとも言える。そのため，多国籍企業の本社は組織構造を変えて適応させるだけではなく，そのプロセスにおいて的確に海外子会社の能力を見抜き，そしてその能力を活用しなくてはならない。

　2000年代になってから，特に日本企業においてもグローバルレベルで海外子会社の能力を活用するグローバルグループ経営[4]が叫ばれるようになったのは，グローバルレベルで持続的競争優位性を構築している欧米のグローバル企業は，海外子会社の能力を取り込んだり，競争相手とのアライアンス関係を通じて競争優位性を構築しているからである。

　つまり，エクセレントなグローバル企業は，内部および外部の2つのネットワーク組織を活用することで競争優位性を構築しているのである。ここでは前者の内部ネットワークの組織マネジメントを中心に議論していくことにしよう。というのも，まず最初に内部ネットワークをマネジメントできるスキルを持たなければ，組織風土やマネジメント・スタイルが異なる外部関係者である顧客，供給者，さらには競争企業などとのアライアンスネットワークをマネジメントすることは，不可能と考えられるからである。

　次節では，海外子会社の能力を生かすという点から，新しい地域統括会社の役割と本社マネジメントについて議論していくことにしよう。

第3節　グループネットワーク組織のマネジメント

1. 海外子会社の強みを生かす

　伝統的な多国籍企業論では，競争的な強みというのはすべて本社で創られるという前提があった。そして，その強みを海外子会社に移転することでグローバルな競争優位性が構築されると主張する。つまり，伝統的なグローバル戦略というのは，親会社が常に戦略の中心に位置し，子会社は親会社から与えられた戦略を忠実に実行する手段として見なされてきた。事実，多国籍企業の研究分野では意思決定の公式化と集権化，また本社が子会社のポートフォリオをいかに統合するかということに分析の焦点があった。

　実際，実践的にもまた理論的にも，海外子会社は市場参入者のプロバイダー，または親会社からの技術移転の受益者として，伝統的に捉えられてきた。このような視点は，親会社と子会社とのあいだの階層的関係を前提にしている。そのため，いかに子会社を配置，調整するかということに，グローバル競争戦略の焦点が当てられてきた。しかし，子会社は現地環境への適応を通じて親会社を凌ぐ能力を構築することは，よくあることである。例えば，海外子会社が現地環境のニーズへの適応を通じて新しいビジネスモデルを構築し，そのビジネスモデルを本社に逆移転したり，他の地域へ展開するなどの事例である。

　日本でワンカンパニー戦略というビジネスモデルを有名にした米国のデュポンが，まさにその例にあたる。デュポンのワンデュポン戦略の流れは，2005年，名古屋に設立したオートモーティブセンターを起源とする。このセンターができるまで，デュポンでは8つの事業部と5つの合弁企業が，それぞれ別々に製品を開発し，顧客である自動車メーカーに販売していた。この仕組みでは，顧客にとっては取引関係が煩わしく，デュポンにとっても顧客へのアクセスが非効率であった。そこでオートモーティブセンターを設立し，顧客に対する窓

口を1つにまとめたのが，現在のワンデュポン戦略である。このセンターでは，事業部間の壁を越えてデュポンが顧客に提供可能な技術や製品が展示されている。

しかし，ただの展示場ではない。このセンターを通じて，顧客はデュポンのあらゆる事業部と接点を持つことが可能になる。そのため，デュポンは顧客が解決してほしい技術的課題について，全社的に取り組むことが可能になる。現在では顧客とともにイノベーションを起こす共同開発センターという位置づけになっている。事実，今日まで，顧客との協業を通じて数多くのイノベーションが生み出されている。現在では，イノベーションセンターと名称が変更されており，自動車業界以外の顧客も数多く足を運んでいるという。日本で生まれたこのビジネスモデルは，他の海外地域にも移転されている。

このような海外子会社の能力を発掘し，活用するのはもちろん本社の役割であることは間違いない。しかし，本社がすべての海外子会社のノウハウを発掘し獲得するには，物理的・文化的距離が隔たりすぎている。そこで，海外子会社と本社のリンケージとして重要な役割を担うことになるのが地域統括会社である。

地域統括会社と言えば，今までは地域における人事労務，経理などといった管理部門的側面を担うミニ本社の役割を担ってきた。しかし，昨今のグローバル企業の地域統括会社は，むしろよりリージョナルオフィス的役割を担う組織として位置づけられてきている。リージョナルオフィスとは，地域内での重要な知識・ノウハウをもれなく発掘，獲得し，しかもそれらをグローバル企業内の他国のオフィスにしっかりと移転するといった，イノベーションのリレーの役割を担う組織である（浅川［2003］）。今や，グローバル企業の地域統括会社はイノベーションリレーとしての役割だけではなく，海外子会社の能力を高度化させる上においても重要な役割を担ってきているのである。

2. 地域統括会社の戦略的役割

もともと地域統括会社にはさまざまな役割がある。1つは，本社に対して地

域の利益，立場を代表する役割である。もう1つは，地域本社としての役割である。ただ，今までの地域本社というのは，海外の子会社を適切に管理・モニタリングすることが主要な業務であった。しかし，今日，東南アジアのような成長市場で期待されている地域統括会社の役割というのは，より戦略的な業務を担うことである。戦略的業務を遂行する上でも重要になるのが，地域内にある多様な知識や情報を本社や他の子会社に伝達することである。

　もちろん多国籍企業のネットワークで，このような知識やノウハウの移転は，世界の拠点を統括する本社の役割である。しかし，前述したように，本社は現場の知識・ノウハウを発掘し獲得するには，物理的・文化的距離が隔たりすぎている。しかも，現地で有力な情報は暗黙知的な部分も多い。暗黙知的な部分が多いのなら，子会社の現場スタッフに任せるのがベストだという考え方もある。しかし，現場スタッフでは，現地での重要な知識でも，それが当然すぎるために，本社や他の子会社に有力なものであるということを認識できないケースも多い。

　例えば，東南アジアのように成長市場ではあるが，経営の競争・市場環境の多様性が増大する地域では，本社が各国の子会社の知識・ノウハウを管理すること自体が難しいし，現地子会社の経営環境そのものを理解できないケースも多い。そこで，地域統括会社が各子会社から生み出される知識・ノウハウを精査し，本社や他の子会社に対して有益なものかどうかという判断をする。そして，有益なものと判断した場合には，その情報を本社に移転したり，他の子会社に水平展開することで，グローバルにかつ現地に根ざしたスピーディな意思決定を行うことが可能になる。さらには，本社や他の子会社との連携も情報共有を通じて促進されることになるので，グループ企業の中でのイノベーションを創発する機会を増大させることも可能になる。

　このようなグループ全体の情報共有化は，イノベーションを創発するだけではなく，本社と子会社とのコンフリクトの解消にもつながる。例えば，ある化粧品メーカーの日本本社は東南アジアの現地子会社に，売上げが右肩上がりで伸びていたため，10円の製品値上げの要求を行った。この本社からの要求に対して，その現地の子会社のトップは値上げに反対し，「本社の事業部門は，現地

で10円を値上げすることの意味がわかっていない」と述べている。この事例のように，本社が現地環境のニーズを理解していないがために，本社と現地子会社の間でコンフリクトが生じたり，また，現地拠点が顧客ニーズを把握していても，本社の対応が遅く，結果的にビジネスチャンスを逃したというケースもよくあることである。

　このようなケースでも，地域統括会社が現地子会社の意見が妥当なものであることを，本社に適切に伝えることで，本社と子会社との間の不要なコンフリクトを解消し，ビジネスチャンスを逃さないスピーディな意思決定を実現することが可能になる。

　地域統括会社の能力や役割を高度化するためには，親会社の事業部門と地域統括会社との間の役割と責任分担を明確にすることが必要となる。というのも，成長市場に立地する地域統括会社は，現地で完結するような機能と権限が与えられることが必要になるケースもあるからである。そうした場合，商品・ブランドを担当する本社の事業部門と，地域統括会社との間に組織運営上の課題も生じてくる可能性もある。そのため，どの程度まで本社から地域統括会社に権限を委譲し，それに合わせて責任範囲をどのように設定すべきか，現地の事業環境に合わせながら設定することが必要であろう（青木・吉川［2011］）。

　地域統括会社の役割も大きく変革すると，それに呼応して，当然のことながら，本社の現地子会社のマネジメントも変えていかなくてはならなくなる。次節では海外子会社に対する本社の新しいマネジメントについて議論することにしよう。

第4節　グローバル本社の機能

1．シナジーバイアスからの脱却

　新しいグローバル組織のマネジメントの鍵は，本社による集権と分権の微妙なバランスから構成される。案件によっては集権的な管理を強め，積極的に子会社のマネジメントに介入していく。逆にまた，案件によっては大幅に子会社に権限を与えて自由にやらせる。しかし，大幅に権限を分権化しても，その子会社の戦略行動は，グループ全体の戦略行動に適合しているということが必要とされることは言うまでもない。

　例えば，世界中から知識を獲得して，顧客価値創造につなげるというメタナショナル経営の場合，新規の知識獲得については，現地の自律性が必要ではあるが，それを移転，活用する段階になると，現地拠点は本社と密な連携が要求される。ここでも，その時々の状況に応じた自律性と統制の最適バランスを保つ必要がある。それでは，自律性と統制の最適なバランスを取るための本社のマネジメントはどのようなものであろうか。

　本社が微妙なバランスをとるマネジメントを行うには，まずは海外子会社に過剰なシナジーを期待しないことであろう。本社はある地域で成功した手法を，すぐに他の地域で活用することを意図することが多い。つまり，シナジーバイアスである。例えば，ある日本のメーカーの本社は，米国のラテン系の人たち向けに作成した広告が大ヒットしたことに気を良くし，その広告を欧州のラテン系の人たちへの広告にも活用できると考え，同じ広告の内容を欧州に流すことになった。しかし，結果は散々なものであった。同じラテン系の人といえども，欧州と米国では文化や育った環境が異なっていたため，同じ広告でも受け止め方が異なっていたからである。

　この事例のように本社は，すぐに共通性のものがあるとシナジーを探求する

傾向があるが，多少の共通性の程度では，シナジーを望むべくもない。つまり，本社は関与しない方が経営的にはベストな子会社の事業に対しても，「収益性が高いから」とか，「シナジーの可能性が高いから」という理由で，関与することが多い。しかし，それが，逆に子会社の事業の成長性をとめることも多い（Goold and Campbell [2002]）。

にもかかわらず，多くの企業がグローバルレベルでシナジー追求にこだわる傾向がある。というのも，多くはないがグローバルレベルでシナジーを実現している企業があるからである。例えば，よく言われる例として世界的なコングロマリット企業（複合企業体），GE グループの事例がある。GE キャピタルが，GE の航空エンジン事業の製品寿命や故障率データを活用することで，航空機リース事業において他に真似のできない優位性を構築している事例である。しかし，GE の例は航空機エンジン事業も，キャピタル事業も，もともとその分野での市場シェアが高く，しかも，技術的ならびにマーケティングの優位性を持っているからこそシナジーが創造できるのである。弱い事業同士を単純に結びつけても，競争環境が厳しい今日ではシナジーを実現できるわけではない。

2. グループネットワークとしての価値の向上

それでは，本社はどのようにグループネットワークとして価値を向上させることができるのであろうか。確かなことは，今までのように子会社をただ単に管理，モニターするだけではグローバルレベルでグループネットワーク全体の価値を向上させることはできない。そのため，海外子会社の持つ事業特性に適合したマネジメントが求められることになる。例えば，本社のコア事業に連動しているような子会社は，徹底的に支援するし，また，逆に本社が支援するような知識を持ち合わせていない子会社に対しては，大きな権限を与えて自由にやらせたり，場合によっては他の企業への売却を考えるということも必要となるであろう。

このような海外子会社に対してメリハリをつけたマネジメントを実行するには，まずは，グループネットワーク全体で共有化できるような稀少な経営資源

を見いだすことが必要である。経営資源の共有化というと，設備や情報システムなどのタンジブル（有形な）資源をすぐに思いつくが，ここで述べている経営資源というのは，タンジブル資源だけではなく，技術，ブランド，マネジメント・ノウハウなどのインタンジブル（無形な）資源も含んでいる。もちろんインタンジブルな資源としては，グループ企業を束ね，コントロールできる要因と言われるビジョンや経営理念の存在がある。しかし，グローバルレベルで企業を束ねるには，ビジョンや理念だけでコントロールすることは難しい。ましてや，最近のように，買収や合弁などを通じて企業文化などが異なる企業をグループ内に抱えることになると，単にビジョンや理念だけでコントロールすることは困難になる。

　例えば，80年代に買収を通じて企業規模を拡大してきた世界的な食品企業ネスレは，理念やビジョンをグループとして非常に重視しているが，それと同時に，本社が戦略的に管理するブランドによっても海外子会社をマネジメントしている。また，ポストイット（付箋紙）の開発で有名な世界的化学・電気素材メーカーであるスリーエムは，多種多様な製品群を抱える企業ではあるが，その基礎には粘着技術を徹底的に追求する研究開発部門の存在がある。これをグループで抱えることで，経営資源を安定的にグループ企業に供給し，グループシナジーを生み出している。

　上記の事例のように，グループネットワーク全体で活用できる共通資源を見つけることで，本社は各グループ企業へどのような支援を提供するかが明確になり，グループシナジーを追求することが可能になる。また，このような共通資源を見いだすことで，逆に，本社が支援できない事業を有している子会社をも見いだすことができる。つまり，本社の支援を提供することが必要ないだけではなく，むしろ他の企業にその子会社が担当している事業を売った方が，逆に価値が高まる場合のケースも見出すことが可能となる。

　例えば，武田薬品工業（以下，武田）は医薬のコア（中核）事業とそれ以外のノンコア事業を明確に位置づけ，ノンコアの分野については，自社で展開するよりも，外部企業と提携することでより一層伸びる可能性があると判断された事業については，むしろその事業を将来的にパートナー企業に譲渡することを

視野に入れて提携を行っていた。実際，業務用のビタミン事業の分野では，武田は自社内で事業を継続するよりも，世界的なドイツの化学企業であるBASF社との提携を通じて事業展開することで，より事業の価値が高まると考え，将来的には事業売却を前提にした合弁を設立した。つまり，武田で事業を継続するよりも，むしろ他の企業に売却することで，より一層の価値が高まると本社が考えたからである。

第5節　本社の新しい役割

1．ペアレンティングの条件

　武田の事例のように，他社に売却することによって事業価値が高まるのであれば，その事業を売却するという方法は，今までのグループ企業に対するマネジメントとは異なるものである。このような新しいグループ企業に対するマネジメントの考え方は，ペアレンティングと呼ばれている。この概念は，イギリスのコンサルタント（Goold and Campbell [2002]）によって提唱された概念である。親子というアナロジーを用いることで本社とグループ企業の新しい関係を解き明かそうというものである。

　よく知られているように子供を育てるには，母性原理と父性原理があるが，この概念は後者の父性原理をベースにした子会社マネジメントを提唱している。母性はすべての子供を平等に扱うのに対して，子供の能力と個性に応じて類別するというのが父性原理である。換言するならば，母性原理はグローズドシステムであり，子供を外敵から守り育てる立場であるが，後者はオープンシステムであり，子供を社会の風雪にさらすという立場をとる。ペアレンティングをベースにした子会社マネジメントでは，事業の自律性と競争力を高めるために，事業（子会社）のタイプ別に，ある者はオープンシステムの環境へあえて投じ

鍛えさせる，ある者は独立させるといった，事業ごとにペアレンティングの中身を変えていくことである（中島ほか [2002]）。

それでは，本社がペアレンティングをベースに子会社をマネジメントする場合，子会社のマネジメントに介入し成功するには，第1に事業ユニットのマネジャーが協力を妨げる問題を特定化できている時である。第2に介入すれば確実に問題が解決できるという青写真があり，さらに成功するだけのスキルを本社が併せ持っている場合であるとされている（Goold and Campbell [2002]）。

介入の成功事例としては，ある多国籍企業のドイツ子会社の事例が挙げられる。このドイツの子会社は，他のイタリアやフランス子会社のマネジャーが新製品の値打ちがわからず適切な価格設定ができないと考え，開発した新製品に関する情報を囲い込んでいた。そこで，本社の経営陣が，利益とコスト計算を順序立てて説明し，すべての国で一定水準の価格を維持できると保証することではじめて，ドイツ子会社のスタッフの硬直化した態度が解けたという。つまり，NIH症候群[5]から抜けだせたという。この事例は，海外子会社でのコラボレーションを妨げる問題が特定でき，そして，その問題を解決するスキルを本社が持っていたのでペアレンティングが成功した事例である。

2. メリハリのある支援提供

グローバル競争が激化すればするほど，単に本社が海外子会社を管理，モニターするという今までの手法では競争優位性を構築することはできない。今までの事例からも理解できるように，本社は海外子会社の事業を支援し，グループ全体としての価値をいかに高めるかに，その存在意義があると言っても過言ではない。換言するならば，いかに，部分最適化ではなく，グループ全体として価値を高める全体最適化を追求することが必要とされる。

そのためには，本社が各子会社の事業の成功要因は何かということを明確に把握することがまず必要とされるであろう。そして，その成功要因を実現するためには，子会社が持つ単独の経営資源で可能なのか，それとも，本社のどのような経営資源や支援を提供することが，成功要因の実現に必要なのかを考慮

することである。今までのように，本社だから子会社の事業に介入するというのではなく，子会社の行う事業の競争環境やライフステージによっては，たとえ，本社が資源や支援を提供しても，付加価値を創造できない事業も出てくる。

また，グループのネットワークの中で，高い競争力を独自に身につけた子会社の場合，つまり，戦略子会社などの場合は，本社が付加価値を提供するのは難しくなってくる。実際，成功要因を自力でクリアできる能力の高い子会社にすれば，本社からの指示はむしろ事業の自由な成長を阻害するものにもなりかねない。

このような能力の高い戦略子会社は，むしろ自由に事業展開させることで，グループの企業価値に貢献させることである。さらには，武田とBASFの事例からもわかるように，むしろグループの中で事業を抱えるよりも，外に出すことで事業価値が高まるのであれば，むしろ過剰な介入をするのではなく，グループの外に出すということも必要であろう。つまり，確実に事業の価値を高めることができるスキルを持っている場合のみ，介入するというペアレンティングの考え方が，今後の本社マネジメントで重要なポイントになるであろう。

ま と め

本章では多国籍企業の組織進化のプロセスとマネジメントを議論してきた。多国籍企業も，海外展開の当初は輸出事業部で対応するが，海外生産の比率が高まってくると国際事業部制に移行する。国際事業部制までは，国内と海外を二分して組織が編成されるが，海外事業がより一層拡大してくると，国内と海外を分けないグローバル組織（製品別事業部制他）が生み出されてくることになる。グローバル組織の共通の目的は，多国籍企業が本質的に抱えるジレンマ（適応性と効率性などの相反する目的など）を解決することであった。

しかし，多国籍企業の組織はジレンマを解決するためだけに進化してきたわけではない。多国籍企業の組織そのものが，競争優位性の源泉でもあるからで

ある。なぜなら，多国籍企業の組織は，差別化された統合ネットワークとしても捉えることができるからである。事実，多国籍企業は，異なる多様な環境での事業展開を通じて独自の組織能力を構築する海外子会社群のネットワークから形成される。この海外子会社のネットワークを生かすには地域統括会社と本社の役割分担の明確化，そして，本社の子会社に対する新しいマネジメントとして，ペアレンティングという手法が必要とされる。

【キーワード】

戦略，本社，組織，ネットワーク，組織能力，競争優位性，海外子会社，ペアレンティング，グループ，シナジー

〈注〉
1) 米国の著名な経営史研究者，チャンドラー（Chandler, A. D. Jr.）の事業部制の研究から導き出された命題である。詳しくは訳書［2004］を参考のこと。
2) 「戦略は組織に従う」という反対命題を提起したのが，アンゾフ（Ansoff, H. I.）である。詳しくは，訳書［2007］を参考のこと。
3) 組織能力については，さまざまな定義が存在する。本章では，長い時間をかけて形成する，模倣困難なその組織固有の強みと定義する。
4) グローバルグループ経営とは，国内外の子会社の経営をグローバルな視点から全体最適化を意図してマネジメントすることである。グループ経営の対象は，親会社が50％以上の株式を所有している子会社のことである。そのため，本章での内部ネットワークとは，グループ経営と同じ意味である。
5) 正式には Not Invented Here syndrome と書く。ある組織や国が，別の組織や国（あるいは文化圏）が発祥であることを理由に，そのアイデアや製品を採用しない，あるいは採用したがらないことを言う。

〈参考文献〉
青木雅幸・吉川拓未［2011］「地域経営実現のための地域統括本社のあり方」『NRI Management Review』26号，6-9頁。
浅川和宏［2003］『グローバル経営入門』日本経済新聞出版社。
青島　稔［2011］「グローバル化推進のための本社機能改革」『NRI Management Review』26号，2-5頁。
梅澤高明「グループ経営の再構築」『日経産業新聞』2002年10月3日。
江夏健一・太田正孝・藤井健編著（2013）『国際ビジネス入門（第2版）』中央経済社。
小橋　勉［2004］「フロントバック組織：グローバル企業の新たな組織構造」『日本経営学

会誌』第11号，28-38頁。
茂垣広志［2006］『国際経営―グローバルマネジメント―』学文社。
髙井　透［2014］「グループシナジーを創り出す全体最適経営」『JRガゼット』Vol.322，1月号，交通新聞社，43-46頁。
寺本義也・廣田泰夫・髙井透［2013］『東南アジアにおける日系企業の現地法人マネジメント』中央経済社。
中島済・小沼靖・荒川暁［2002］「ペアレンティング：本社組織の新しいミッション」『Diamondハーバード・ビジネス・レビュー』8月号，48-59頁。
藤野哲也「第10章国際経営組織」吉原英樹編［2002］『国際経営論への招待』有斐閣ブックス。
Ansof, H. I. [1979], *Strategic Management.*（中村元一監訳［2007］『戦略経営論（新訳）』中央経済社。）
Bartlett, C. A. and S. Ghoshal [1989], *Managing Across Borders: The Transnational Solution*, Harvard Business School Press.（吉原英樹監訳『地球市場時代の企業戦略』日本経済新聞社，1990年。）
Chandler, A. D. Jr. [1962], *Strategy and Structure.*（有賀裕子訳［2004］『組織は戦略に従う』ダイヤモンド社。）
Galbraith, J. R. and D. A. Nathanson [2000], *Strategy Implementation*, Jossey-Bass,（斉藤彰吾監訳［2002］『グローバル企業の組織設計』春秋社。）
Goold, Michael and Andrew Campbell [2002], "Desperately Seeking Synergy," *Harverd Business Review*, August, pp.96-109.（西尚久訳［2002］「シナジー幻想の罠」『Diamondハーバード・ビジネス・レビュー』8月号，96-109頁。）
Hill, Charles W. L. [2011], *International Business: Competing in the Global Marketplace*, McGraw-Hill.（鈴木泰雄・藤野るり子・山崎恵理子訳［2014］『国際ビジネス3』楽工社。）
Lu, Tracy and Zahir Ahmed [2013], "Management tensions to integrate a global organization: A subsidiary's perspective," *New Zealand Journal of Applied Business Research*. Vol. 11, Issue 2, pp.43-58.
Stopford, J. M. and L. T. Wells, Jr. [1972], *Managing the Multinational Enterprise*, Basic Books.（山崎清訳［1976］『多国籍企業の組織と所有政策』ダイヤモンド社。）

（髙井　　透）

第4章

国際マーケティング戦略

第1節　日本企業にとっての国際マーケティング課題

　「苦戦続きだった中東地域で，ある機能を新たに付加した携帯電話がバカ売れしました。何をつけたか分かりますか」（産経新聞 2012年4月10日）。かつて，サムスンの社長は日本人ビジネスマンにこう問いかけたそうである。答えは方位磁石。この機能のおかげでイスラム教徒は，簡単にメッカの方向を探し出すことができる。では，インドの冷蔵庫のドアに鍵が付いているのはなぜだろう。同社のホームページ上には，「子供が，美味しいプリンをこっそり食べてしまわないように」とある。これは好ましいワーディングである（たとえ使用人による盗難を防ぐ機能だとしても）。他にも，「厚手な庫内の冷蔵庫はなぜ必要か」「中国内陸部の洗濯機の排水溝がよくつまってしまうのはなぜか」など，この種の問いはいくつもある。重要なのは単に正解を思いつくことではない。いかにして，企業が新興市場でいかにこれらの問いを発見し，マーケティング戦略につなげていったかである。

　かつて世界市場を席巻した日系電機メーカーのパフォーマンスは必ずしも好調とは言えない。2013年の日系電機メーカー大手8社（日立製作所，パナソニック，ソニー，東芝，富士通，三菱電機，シャープ，NEC）の売上高合計は約

46兆4,093億円。同年のサムスン売上高はたった1社で22兆3,000億円。営業利益を比較すると，日本電機メーカー大手8社合計の1兆7,472億円に対して，3兆6,000億円と約2倍。こうした圧倒的な存在感の所在はどこにあるのか。

2007年，台湾のある日系電機メーカーの現地法人の社長は次のように述べた。「我が社には台湾での長年の歴史があり，消費者に信頼されている」「韓国企業は年間の利益を上回るような経済合理性のない広告投資をしている」「したがって，韓国企業は台湾法人にとってライバルではなく，真のライバルは社内の他の海外拠点である」。これらの観察は当時の経営環境を所与とすると，正しいと言えるだろう。しかし，韓国企業による短期間の大規模な広告投資は，数年の間に世界各国で日本企業の地位を覆していった。

日本企業がかつて成功してきたのは主に欧米の先進国市場や新興国（ないしは，発展途上国）における富裕層に対するマーケティングであった。しかし，新興市場の台頭によって明らかになったのは，かつての日本企業の成功モデルが単純には通用しないという事実である。では，日本企業に足りなかったものは何であろうか。本章では，「動態的な変化」という観点で国際マーケティング戦略を捉え直すことで，今日の実践に耐えうるような基本的な考え方を提示することを目的とする。

第2節　新興市場の動態性

1. 新興市場の成長

2014年版フォーチュン・グローバル500には中国石油化工集団，中国石油天然気集団，国家電網公司をはじめ，95社の中国企業がランクインしている。この数字はアメリカの128社に次ぐ2位で，日本企業数は57社で3位につけ

ている。2005年の中国企業数15社の6倍以上。この10年間に何が起こったのであろうか。

　新興国ないし新興市場という類型は，その名の通り「新興している (emerging)」，つまり，経済的に成長している国家ないし経済圏を意味する。冷戦終結後の新興国は，ブラジル，ロシア，インド，中国からなるBRICsに代表される。他にもNEXT11やVISTAなどいくつかの類型方法がある。国際マーケティング戦略の観点からの新興市場の重要は，これまでに先進国からの経験から培われた実践を再考する必要がある点である[1]。

　Shethは，新興市場の特質として市場の異質性，先進国とは異なる社会政治的ガバナンス，資源の経常的欠乏，非ブランド競争，そして，不十分なインフラストラクチャーの5点を挙げている[2]。市場の異質性は特に重要である。個別の新興市場は，現地で自己完結しており，分散していて，規模が小さく，小規模企業が多い。また，消費者の約40〜50%は低所得層に属している。そのため，ニーズは多様化しておらず，消費者にとっては製品・サービスに対する購入可能性と接近可能性が重要となる。また，新興市場の60%はブランド付けされていない製品から構成される。当然ながら，中古品の売買や物々交換を通じた市場取引も行われている。そして，資源制約や不十分なインフラストラクチャーのために，多国籍企業は新たなチャネルを構築し，革新的に市場にアクセスする必要がある。

　図表4-1は世界資源研究所と国際金融公社による2007年のレポート「次なる40億人」から世界市場を購買力平価によって所得階層ごとに切り分けたものである。高所得層は，2万ドル以上の年間所得を有する約3億人の人口から構成される。このセグメントをこれまで先進国出身の多国籍企業がターゲットとしてきた。中間所得層は，年間所得3,000ドル以上の約14億人から構成され，ボリューム・ゾーンないしニュー・ミドル・クラスと呼ばれる。いま世界中の多国籍企業が新たなターゲットとしている階層であり，グローバル競争の鍵を握ると言っても過言ではない。そして，最後の層が，BOP（Base of Pyramid）と呼ばれ，その多くが1日2ドル以下で暮らす，世界人口の72%を占める貧困層である。Prahaladは，BOPをネクスト・マーケット，あるいは，

図表 4-1　世界市場の構造

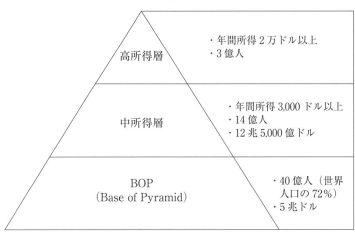

（出所）　世界資源研究所・国際金融公社［2007］より作成。

イノベーションの源泉と捉え，いかにして顧客へと変容させるかの重要性を説いた[3]。

　こうした所得階層が1国の中に混在することには注意が必要である。例えば，2010年度版通商白書では，中国には2009年時点で，年間所得35,000ドル以上の富裕層が2,000万人，5,000ドル以上の中間層が4.6億人，5,000ドル未満の低所得層が8.4億人いると試算されている。つまり，新興市場戦略の構築は，富裕層，中間層，低所得者層という所得が分散した市場での戦略の構築に他ならない。これは，すべての所得層に対するマーケティングを行うことは意味しない。しかし，これらの所得層の「変化」を念頭にマーケティング戦略を構築することが極めて重要となる。

　第1の変化は成長性である。日本貿易振興会が2011年に行った試算によると，2005年に4億人だったボリューム・ゾーン人口は，2030年には12億人に達する。なかでも東アジア・太平洋地域のそれは，2005年の1.3億人から2030年の7.3億人に成長すると見積もられている。こうした成長性は，多国籍企業にとっての機会であり，国際マーケティング実践を新興国向けに構築する

ための論拠である。

　むしろ，よりソフトな側面での変化の方が重要かもしれない。例えば，KravetsとSandikciは，新自由主義的に社会がシフトしたトルコにおける人類学的調査を通じて，伝統的なミドル・クラスとは異なる，新しいミドル・クラスのファッションに対する3つの感性を識別している[4]。第1の感性は，ベスト・セルフ Inc. である。まるで経営を行うように合理的に，ファッションを通じて「最善の自分」を目指す。第2の感性は，ｉアベレージ。これは，個性の発揮とミドル・クラスであることのバランシングを意味する。第3は，自信なきコスモポリタン（国際人）。これは，自らがグローバル・ミドル・クラスの一部であると感じつつも，疎外感を感じている状態である。換言すれば，海外よりも高い価格と低い品質の海外ブランド品しか国内で手に入れられないと感じるがゆえの疎外感である。これら3つの感性は「型にはまった創造性」に集約される。つまり，個性を求めつつも，平凡な結果に終わってしまう消費パターンである。こうした先進諸国とは異なる新しい消費者の創発に対していかに対応したら良いのであろうか。

2．消費者の動態性

　今日，日本企業が新興市場でライバルに打ち勝つためには，現地にニーズをくみ取った製品開発が急務だと言われている。また，新興市場の消費者は，その購買力ゆえに価格に対して敏感であるとも言われている。現地ニーズと購買可能な価格，これだけに新興市場におけるマーケティング戦略は終始するのであろうか。そこで，次のような実験結果を検証してみよう。

　　「あなたの1カ月の可処分所得は【X】です。【Y】を購入するとき，次の
　　【Z】をどの程度重視しますか」
　　【X】：低所得（3万円〜10万円未満），中所得：（10万円〜17万円未満），
　　　　　高所得：（17万円〜24万円未満）
　　【Y】：シャンプー，ジーンズ，冷蔵庫，ノートパソコン，飲料水
　　【Z】：価格，品質，ブランド，機能，デザイン

はじめに消費者を高・中・低3つの所得区分に分割している。この区分は，年間所得36万円から288万円を3分割したもので，ボリューム・ゾーン（図表4-1における中所得層）の所得水準にほぼ対応している。彼らが【Y】の5品目を購入する際，【Z】の価格，品質，ブランド，機能，デザイン各項目をどれだけ重要視するか5点尺度で質問している。これを中国と日本のオンライン・パネル（それぞれn = 309）を用いて検証した結果が図表4-2である[5]。

　全体的な傾向として，所得増加に伴って，価格の重要性は低下し，他の購買基準の重要性が上昇する。また，所得増加に伴って重要性が大きく増す基準は，デザインとブランドである。所得増加への反応が少ない基準は，品質と機能で

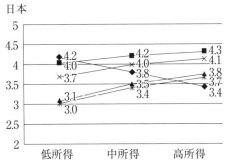

図表4-2　購買決定因の日中比較

（出所）　Baba and Hara [2014]。

ある。すなわち，ボリューム・ゾーンの消費者が，先進国並みの所得（年間200万円以上）を獲得する過程において，価格に対する敏感性は低下する。同時に，所得増加に対して，デザインやブランドといった主観的基準がより敏感に反応し，品質や機能といった客観的基準はあまり敏感に反応しないことがわかる。

次に，2国間の比較を行ってみよう。単純に平均値の絶対値を比較してみると，日本よりも中国の方が，価格志向が低く，品質，ブランド，機能，デザイン志向が高いことがわかる。この結果から，少なくとも意図としては，中国人消費者の方がより要求が厳しいことがわかる。ここで注意せねばならないのは，中国と日本の被験者で回答傾向が異なる可能性がある点である。一般的に，質問に対してポジティブに回答する傾向をヤー・セイイング（Yea-Saying）と呼ばれる。中国の被験者の回答傾向がこれにあてはまる場合，結果を解釈する際には注意が必要となる。また，中国人被験者の品質志向が日本人よりも高いことは，過剰品質を求める日本人像とは直感的に異なる。これもまた，昨今の中国における品質を巡る社会的関心に影響を受けているのかもしれない。

さらに，2国間の低所得から高所得での変化率を検討してみよう。価格に関しては，日本が-17.9%，中国が-30.7%と圧倒的に中国消費者の方が価格を重視しなくなる傾向が読み取れる。ブランドに関しては日本が21.7%，中国が13.9%，デザインに関しては日本が20.8%，中国が17.7%と，いずれも日本の方が変化率は高い。ただし，中国の平均値がそもそも高いことを考えると，これら2基準の重要性は両国において高いと考えられる。

以上のような簡単な分析結果から「日本企業は，新興国市場で適応化（現地ニーズに基づいた低価格製品の開発・販売）を行うべきなのか」という実務的な問いを考えてみよう。おそらく，短期的にはイエスであろう。なぜなら，ボリューム・ゾーンの中の低所得層は，価格に対して敏感だからである。ただし，中長期的にはノーである。なぜなら，中国人消費者が所得増加に伴い，デザインやブランドをより重要視するようになるからである。つまり，日本企業の新興市場における現在の評価が，高品質かつ高ブランドであるならば，短期的な低価格および現地ニーズ・ベースの適応化戦略は，長期的に足かせとなる可能

性がある。したがって，品質とブランドを毀損することなく，新興国でマーケティングを行うという，より困難な課題が浮上する。これは，新興市場の動態性に焦点をあてて国際マーケティング戦略を策定することに他ならない。

第3節　動態的なマーケティング戦略

1. 伝統的な国際マーケティング戦略策定プロセス

ここで，議論の基準点として伝統的な国際マーケティングとは何かを考えてみよう。「異なる経営環境下で，いかにしてマーケティングを行うか」がその基本的問題意識である。伝統的な国際マーケティング活動は，図表4-3の通りである。まず，国際マーケティング・リサーチによって，海外市場の評価を行う。次に，国際市場を切り分け（国際市場細分化），自社の資源と勘案して標的を定

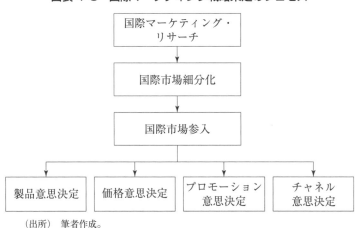

図表4-3　国際マーケティング戦略策定のプロセス

（出所）　筆者作成。

め（ターゲティング），そして，標的とする消費者の心理に自社ブランドを植え付ける（ポジショニング）。その後，輸出，ライセンシング，合弁，提携，完全子会社の設立など，どのような形態で現地市場に参入するかを決定する。これら3つの段階は，現地における国際マーケティング活動を実施するための上位の戦略的意思決定である。現地市場参入までの戦略的意思決定が行われると，マーケティング・ミックス（製品，価格，プロモーション，チャネル）に関する，より具体的な意思決定が行われる[6]。

国際マーケティングのディシプリン（学問領域）は，先進市場を中心とした，比較的安定した市場での活動を前提として構築されてきた。しかしながら，すでに概観してきたように，新興市場の急激な成長と変化は，こうしたディシプリンを見直すことを求めている。いわば，より動態的な視点で国際マーケティングを捉え直さねばならない。すなわち，単なる経営環境の「異質性」のみならず，その「変化ないし動態性」をもディシプリンの中心に置く必要がある。

2. 新しい市場の認識論

かつて国際マーケティングの発展段階は進化論に考えられてきた[7]。初期参入段階では，参入すべき国と参入形態を選択する。現地市場拡大段階では，複数国間でマーケティング戦略を修正し，新ブランドを開発・獲得し，各種コストを共有化する。そして，グローバル合理化段階では，国や地域間でマーケティング・ミックスを調整し，マーケティングと調達や生産とを統合し，グローバルな観点で資源配分を行う。しかし，近年の新興国の成長によって，国際マーケティングは新たな段階へと至っている。

グローバルな配置を完了した多国籍企業にとって，今日の国際マーケティング戦略の課題は，「複数市場への同時対応」である。先進国市場および新興市場の富裕層で国際マーケティング能力を構築してきた企業にとって，新興市場への対応は新たな挑戦である。そこで，すでに経験を積んでいる先進国市場と新たな学習を試みる必要のある新興市場に対して同時にマーケティングを行わねばならない。この観点からDouglasとCraigは，図表4-4のように5つの市

図表 4-4 セミ・グローバル・マーケティングの構成要素

	先進国市場	グローバルおよび地域セグメント	国家中心要素	地方市場・都市貧困層	国家クラスター
重要課題	▶低成長・成熟市場 ▶新興市場出身企業との競争増大	▶セグメント識別 ▶効果的なメディアと流通チャネルの識別 ▶グローバルなイメージを損なわずに特定の市場コンテクストに実行を適合	▶現地での競争 ▶経済・文化的ナショナリズムの増大 ▶急速に変化する消費者の嗜好や市場成長パターンへの適応	▶消費者の異質性 ▶低水準の消費者所得 ▶基礎的市場インフラの欠如 ▶制度の欠落 ▶分断した市場	▶市場を超えた消費者の異質性 ▶国内および国家クラスターを超えた市場インフラ開発 ▶市場間のメディア利用可能性の違い ▶流通構造の差異
戦略的急務	▶製品およびプロモーション戦略におけるイノベーション ▶国境を越えたさらなる戦略の統合・調整と戦略実行 ▶国を超えた製品、アイデア、スキル、ベルトプラクティスの移転	▶国や地域を越えて類似した嗜好や選好を有する消費者の識別および到達 ▶グローバルおよび地域でアピールする製品・プロモーション戦略の開発	▶国特有の需要パターンや嗜好に製品・販売促進戦略を適合 ▶現地市場インフラに実行を調整 ▶現地の経営資源・投入物を利用	▶現地市場知識の開発と消費者ニーズ・行動の社会的理解 ▶低コストの機能的製品の開発 ▶流通アクセス構築の必要性 ▶現地化されたプロモーション・ツールの利用 ▶消費者へ権限付与	▶現地市場知識の開発 ▶現地の経営資源・投入物の利用 ▶現地市場条件への戦略・戦術適応化 ▶国家クラスター内で類似したニーズ・条件を有する市場の識別 ▶市場を超えて製品やベストプラクティスを移転する機会の識別

(出所) Douglas and Craig [2011] p.88.

場圏を識別している[8]。

5類型のうち，先進国市場とグローバル・地域セグメントは，先進国出身の多国籍企業が伝統的に主戦場としてきた市場である。先進国市場は，成長の鈍化と競争の激化に特徴付けられる。そのため，新製品開発とプロモーションの革新が求められる。また，国境を越えた戦略の統合・調整や知識移転を通じて，より洗練されたマーケティングを行うことが求められる。グローバル・地域セグメントは，国境を越えて類似した選好を有する市場である。これには，豊かな消費者，環境意識の強い消費者，そして，グローバルな消費文化に属する消費者が含まれる。先進国の消費者のみならず，所得増の著しい新興国の中間層の登場はこの市場のポテンシャルを高めている。

残りの3市場は，より今日的な市場観を表している。国家中心要素は，BRICsの中でも中国，インド，ブラジルに代表されるような1国内で多国籍企業が収益を上げられるようなボリューム・ゾーンを形成する市場を意味する。これらの市場は，すでに議論してきたように急激な変化に特徴付けられる。いかに，変化に対して適応するかが急務となる。地方市場・都市貧困層は，BOPに対応している。BOP市場は，合算すれば世界全体で5兆ドルの規模をなすものの，個別市場間の異質性は極めて高い。さらに，制度やインフラの欠如は，多国籍企業に対して，これまでとは異なるマーケティング実践を求める。最後の国家クラスターは，1国での規模は小さいものの成長著しい新興市場をグルーピングした市場である。具体的には，先進国（韓国），新興工業国（メキシコ，フィリピン，トルコ），途上国（エジプト，インドネシア，イラン，ニカラグア，パキスタン，ベトナム），そして，大規模低開発国（バングラデシュ）が含まれる。いかにしてこれらの市場から収益性あるセグメントを識別するかが重要となる。

DouglasとCraigは，これらの市場圏に対するマーケティングを「セミ・グローバル・マーケティング」と呼んでいる。すなわち，グローバルな統合を目指す理想論的な戦略構築の視点を超えて，現地の差異性を再度強調するような国際マーケティングのあり方を提案しているのである。

3. 標準化と適応化を通じた動態的な能力構築

標準化・適応化意思決定は，国際マーケティング研究の中心的なトピックであった。すなわち，自国とあるいはグローバルに同じようなマーケティングを行うか（標準化），国別の差異に合わせるか（適応化）の意思決定である。こうした問題意識は，第二次世界大戦後にアメリカ企業が海外進出を本格化する中で，自国とは異なる経営環境に直面したことに始まる。このジレンマはやがて同時達成問題へと変容していった。例えば，広告の基本構造を標準化しながら，コピーやアートワークなど周辺部分を適応化すといった考え方である。換言すれば，標準化を通じた規模の経済性やブランドイメージの共通化と，適応化を通じた現地差異への対応を同時達成するのである。

馬場は，コンティンジェンシー理論に依拠しながら，標準化と適応化を通じた動態的な国際マーケティング能力の構築を論じている[9]。第1に，適応化は多様性を生む。すなわち，異質な現地環境への適応化によって，現地の異質な顧客ニーズを充足し，現地特有の知識を学習する。しかしながら，これは多様かつ複雑な現地ユニットの管理につながりコストを上昇させる。そこで，第2に，標準化によって多様性を管理する。多様化した活動を合理化することで，標準化の利益を獲得する。そして，第3に，管理可能な多様性はさらなる適応化を許容する。標準化を通じて獲得された利益を，次期の適応化へと投資するのである。多国籍企業は，こうした標準化と適応化のループを通じて国際マーケティング能力を動態的に向上させる。

この枠組みに基づいて今日の国際マーケティング戦略策定プロセスを検討すると，現在は「新興市場への適応化」が重要視されているといえる。新興市場の成長は，先進国出身の多国籍企業にとって，経験の少ない新しい経営環境の創発と言い換えることができる。まず，国際マーケティング・リサーチを通じて現地地市場を理解し，現地向けのマーケティング実践を開発する必要がある。次に，現地の購買力を考慮した製品の開発と市場化を目指す必要がある。しかし，こうした適応化アプローチは，組織や実践の複雑性を増加させ，高い管理コストを生じさせる。

これからの先進国出身の多国籍企業に求められているのは，新興市場への適応化から「標準化へのシフト」に焦点を合わせたマーケティング戦略の構築である。国別に分断した活動を複数国間で合理化することで，コスト節約を行う必要がある。また，現地購買力に基づいた低価格戦略を通じた，短期的な視点での適応化がブランド資産に負の影響を与えているのならば，ブランド戦略の見直しも行わねばならない。さらに，新興市場で学んだ知識を他の市場に移転することで多国籍企業としての優位性を高める努力も必要となる。

動態的な視点で国際マーケティング戦略を策定するためには，探索と活用のバランシングが重要となる。新興市場を攻略する観点では，新規の戦略を開発する探索モードが強調されてきた[10]。しかし，多国籍企業はすでに構築してきた資源を活用することでその強みをさらに発揮することができる[11]。適応化を通じた探索と標準化を通じた活用を繰り返すことで，新興市場のみならず，グローバルなネットワーク全体における国際マーケティング能力は向上しうる。

ま と め

新興市場の成長は，先進国出身の多国籍企業に対して新たな課題をもたらした。それは，新興市場の急激な変化への対応である。成長著しい新興市場は，市場の異質性や制度インフラの欠如をはじめとして先進国市場とは異なる特質を有している。さらに，ニュー・ミドル・クラスと言われる新しい消費者層も登場している。彼らは，所得上昇に伴って，価格志向からデザイン・ブランド志向へとシフトしている。

こうした世界市場の変化は多国籍企業に対してこれまでの国際マーケティング戦略の再考を促している。先進国市場やグローバル・地域セグメントのみならず，国家中心要素，地方市場・都市貧困層，国家クラスターといった新興国市場やBOPをも射程に入れたセミ・グローバル・マーケティングによって複数市場への同時対応が求められている。

そのためには，標準化と適応化を動態的に繰り返すことで国際マーケティング能力を構築するという視点が必要となる。適応化ないし探索を通じた新興市場戦略のみならず，グローバルな観点での標準化ないし活用をも考慮することで，次なる競争のアリーナでの国際マーケティング戦略の策定が可能となるのである。

【キーワード】

新興市場，動態性，BRICs，ボリューム・ゾーン，BOP，セミ・グローバル・マーケティング，標準化・適応化，探索・活用

〈注〉
1) Arnold and Quelch [1998].
2) Sheth [2011].
3) Praharad [2004].
4) Kravets and Sandikci [2014].
5) なお，両国の被験者の実際の所得は，30％程度日本が高い。これは，オンライン・パネルであるため，中国被験者の所得平均が高いことに起因する。購買力平価を勘案するとその差はなお少なくなるだろう。
6) 国際マーケティング戦略の全体像を学習するにはKotabe and Helsen [2008] を参照。
7) Douglas and Craig [1989].
8) Douglas and Craig [2011].
9) 馬場 [2007]。
10) 天野 [2009]。
11) 臼井・内田 [2012]。

〈参考文献〉
天野倫文 [2009]「新興国市場戦略論の分析視角：経営資源を中心とする関係理論の考察」『国際調査室報』Vol.3, 69–87 頁。
臼井哲也・内田康郎 [2012]「新興国市場戦略における資源の連続性と非連続性の問題」『国際ビジネス研究』Vol.4 (2), 115-132 頁。
世界資源研究所・国際金融公社 [2007]『次なる40億人：ピラミッドの底辺（BOP）の市場規模とビジネス戦略』
〈http://www.wri.org/sites/default/files/pdf/n4b-j.pdf〉。
馬場 一 [2007]「グローバル・マーケティングの革新」諸上茂登・藤澤武史・嶋正編著

『グローバル・ビジネス戦略の革新』同文舘出版,113-130頁。

Arnold, J. David and John A. Quelch [1998], "New Strategies in Emerging Markets," *MIT Slone Management Review*, 15.（A. K. グプタ・D. E. ウエストニー編著,諸上茂登監訳 [2005]『スマートグローバリゼーション』同文舘出版。）

Baba, H. and Y. Hara [2014], "The Relationship of Income Change to Buying Criteria in the Middle of Pyramid:International Comparison between Japan and China," CIMaR 2014 Conference proceedings.

Douglas, S. P. and C. S. Craig [1989], "Evolution of Global Marketing Strategy: Scale, Scope and Synergy," *Columbia Journal of World Business*, 24（3）, pp.47-58.

Douglas, S. P. and S. C. Craig [2011], "Convergence and Divergence:Developing a Semiglobal Marketing Strategy," *Journal of International Marketing*, Vol.19, No.1, pp.82-101.

Kravets, O. and O. Sandikci [2014], "Competently Ordinary:New Middle Markets," *Journal of Marketing*, Vol.78, July, pp.125-140.

Kotabe, M. and K. Helsen [2008], *Global Marketing Management*, 4th Ed., John Wiley & Sons, Inc.（小田部正明・K ヘルセン（栗木契監訳）[2010]『国際マーケティング』碩学舎。）

Praharad, C. K. [2004], *The Fortune at the Bottom of the Pyramid*, Whaton School Publishing.（C. K. プラハラード（スカイライトコンサルティング訳）[2010]『ネクスト・マーケット：「貧困層」を「顧客」に変える次世代ビジネス戦略（増補改訂版）』英治出版。）

Sheth, J. N. [2011], "Impact of Emerging Markets on Marketing:Rethinking Existing Perspectives and Practices," *Journal of Marketing*, Vol.75, July, pp.166-182.

（馬場　一）

第5章

グローバル・ブランド戦略

第1節　製品ブランドへの注目

　企業が利益（ここでは粗利益から差し引かれる各種税金や為替差益・差損，有価証券売買損益などを考慮しない）を高める方法は，端的にいうとコストを削減すると同時に売上高を増大させることである。1980年代以降，主要先進諸国では経済成長が鈍化しており，当該企業では自国市場のみに依存した売上高の増大をもはや期待することが難しくなっている。製品やサービスの開発や生産，流通にかかるコストの削減により，伸び悩む売上高からできるだけ多く利益を残そうとしてきたものの，企業間の競争が熾烈に展開されている中でコスト削減のみでは利益を維持することすら困難である。そのため，企業は売上高を増大させることが焦眉の課題であり，当該企業では安定した売上高を生み出す可能性が高い「ブランド」を構築したり，すでにブランドを所有している場合はそれを積極的に活用したりしようとする流れが生まれてきた。

　ブランド研究の第一人者であるアーカー（Aaker [1991]）によると，ブランドとは「ある売り手の製品・サービスを識別し，競合他社のそれと差別化することを意図した，特有の名前，ロゴ，シンボル，スローガン」である。自社の製品・サービスと競合他社のそれが明確に異なることを示すとともに，仮に製

品自体の差別性が乏しいとしても最終消費者（以下，消費者と略記）の脳内で形成される観念（イメージ）には差別性を与えることがブランドの根本的な役割である。また，ブランドがもたらす機能的・観念的差別性は自国のみならず諸外国でも有効に機能する可能性があり，特に海外売上高比率を高めようとする企業はブランドに対して大いに注目している。ブランドは大きく企業ブランド，事業ブランド，製品ブランドの3つに区分されるが，紙幅の都合によりすべてを取り扱うことは難しいため，本章では主に製品ブランドへ焦点を当て，それが国境を越えていかに活用されているのかを説明する。

第2節　製品ブランドの活用

　企業がある新製品を市場導入しようとする際，まったく新しい製品名を付与してそれをブランド化させるのは膨大な時間とコストを費やす割に売上高や利益の増大に貢献しないばかりか，経営資源配分上の問題から既存製品ブランドの安定的地位を脅かすことさえある（オリバー［1993］）。そのため，消費者のみならず流通企業や供給企業などのさまざまな利害関係者からすでに肯定的評価を得ている既存製品ブランドをその新製品に用いることは1つの有効な方策である。これをブランド拡張（brand extension）という。

1.　ブランド拡張の進展

　ブランド拡張はその方向性によって，ライン拡張（line extension），カテゴリー拡張（category extension），およびブランド伸張（brand line stretch）の3つに区分される。ライン拡張とは，ある既存製品ブランドを同一製品カテゴリー内における別セグメントの製品に付与することであり，またカテゴリー拡張とは，ある既存製品ブランドを異なるカテゴリーの製品に付与することである。さらにブランド伸張は基本的に，ある既存製品ブランドを同一製品カテゴ

リー内の異なる価格帯の製品に適用することであり，より上位の価格帯に拡張させる上方伸張とより下位の価格帯に拡張させる下方伸張がある。

かつてはライン拡張がブランド拡張の主流であった（Farquhar [1989]）が，近年はカテゴリー拡張を積極的に行う企業が増加している。例えば，韓国・LG電子のディオス（DIOS）はもともと冷蔵庫の製品ブランドとしてスタートしたが，現在ではオーブンや食器洗い機といった他の製品カテゴリーにも拡張されている。また，1955年に市場導入されたユニリーバのダヴ（Dove）は本来ボディケア用の石鹸であり，ライン拡張として2008年からアロマ用，2012年から敏感肌用を展開しているが，ボディケア以外にもヘアケアやフェイスケアにもカテゴリー拡張を行っている。しかも，ヘアケアでは通常のもの以外に傷んだ髪用や年配用へライン拡張を行っており，またフェイスケアではメイク落とし用や男性用へライン拡張を行っている。

このような現象は日本でも顕著である。例えば，大正製薬のパブロンは市場導入当初，総合感冒薬のみであったが，現在では鼻炎用，咳用などへのライン拡張のみならず「パブロン365」という製品ブランドで予防医療用のマスクやハンドジェルにもカテゴリー拡張されている。また，製靴のアキレスは2003年に子供用の運動靴「瞬足」をトラック競走用として市場導入したが，2011年にはダンス用，2012年には大人用にライン拡張しており，現在ではそれにとどまらず帽子やバッグ，歯ブラシ，なわとびにもカテゴリー拡張を行っている。製品カテゴリーがあまりにも離れている場合は依然として別の製品ブランドにすることがあるものの，カテゴリー拡張による消費者の知覚リスク（perceived risk）をあえて克服しようとする企業が一般的になりつつある。

さらに，すでに優れたイメージを有する製品ブランドをより積極的に活用しようとする企業の動きは，特に多国籍企業において所有する製品ブランド群のグローバルな再編成という形で加速している。

2. 製品ブランドのグローバルな再編成

多国籍企業はさまざまな事業を有しており，各事業においてすでに肯定的評

価を得ている特定の製品ブランドを拡張させることはもはや一般的である。また，当該企業がすべての製品ブランドを本国のみで導入することを想定するべきではなく，一部の製品ブランドを国内市場にとどめたとしても多くは国境を越えて展開している。

多国籍企業の所有する製品ブランドは，ある1カ国のみで市場導入されるローカル・ブランド（local brand），ある地理的地域（geographic area）で市場導入されるリージョナル・ブランド（regional brand），そしてグローバル・ブランド（global brand）に区分される。グローバル・ブランドとは，主要先進諸国を中心として世界的に市場導入され，海外売上高比率が高く，さまざまな利害関係者によって肯定的に評価された製品・サービスの名称である（井上[2004]）。また，ここでいうリージョナルは，欧州連合（European Union：EU）や北米自由貿易協定（North American Free Trade Agreement：NAFTA）といった複数国による地域経済圏（regional economic zone）を指すとは限らず，欧州や北米のような比較的緩やかな意味での地域（region）を指す場合もある[1]。

現時点の多国籍企業では，世界市場シェアに占める日米欧の割合が依然として高く，開発途上国市場が注目されているとはいえ当該市場が必ずしも主要であるとはいえない。そのため，多くの国々に導入されているとしても，それらの大半が開発途上国であるならばグローバル・ブランドの要件を満たしているといえない。また，上記を満たしているとしても，国内だけで世界市場シェアの大半を占めているような海外売上高比率の低い製品ブランドもまたグローバル・ブランドとはいえない。

第3節　グローバル・ブランドへの注目

多くの国々で特定のブランドを共通に活用しようとする動きは近年に限ったことではない。例えば竹内＝ポーター（Takeuchi and Porter [1986]）は，多

国籍企業におけるマーケティング活動のさまざまな要素の中でブランドの世界標準化度が相対的に高いことを明らかにしている（図表5-1参照）。国や地域による特殊性が相対的に高い流通政策や価格政策での世界標準化度は他のマーケティング活動と比べて低いが，ブランドは市場導入する多くの国々で標準化しやすいことが示されている。ただし，彼らが指しているブランドとは企業ブランドであり，製品ブランドについてはどうなのかが明らかでなく，また標準化した製品ブランドを各国でブランド拡張などによっていかに運用するかという，より現代的な課題についても触れられていない。

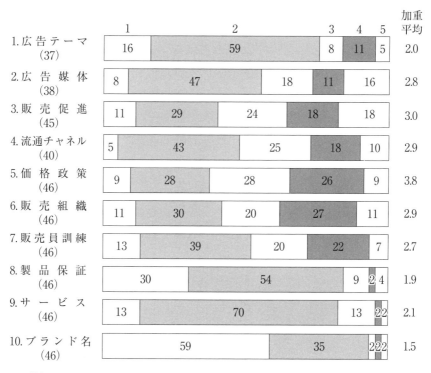

図表 5-1　多国籍企業におけるマーケティング活動の世界標準化度

	1	2	3	4	5	加重平均
1. 広告テーマ (37)	16	59	8	11	5	2.0
2. 広告媒体 (38)	8	47	18	11	16	2.8
3. 販売促進 (45)	11	29	24	18	18	3.0
4. 流通チャネル (40)	5	43	25	18	10	2.9
5. 価格政策 (46)	9	28	28	26	9	3.8
6. 販売組織 (46)	11	30	20	27	11	2.9
7. 販売員訓練 (46)	13	39	20	22	7	2.7
8. 製品保証 (46)	30	54	9	2	4	1.9
9. サービス (46)	13	70	13	2	2	2.1
10. ブランド名 (46)	59	35	2	2	2	1.5

（注）　1：世界共通，2：各国ともやや似ている，3：どちらともいえない，4：国によってやや異なる，5：国によって異なる
（出所）　Takeuchi and Porter［1986］（訳書，132頁）．

製品ブランドが国境を越えて市場導入される現象については欧州を中心に検討されてきた（Barwise [1993]）。その要諦は，EU ないしその前身の欧州共同体（European Community：EC）において関税や為替の障壁が弱まる中，他の構成国へ製品をより効果的に市場導入するためには，自国で一定の評価を得た製品ブランドを域内で標準化するのが望ましいということである。しかしながら，この時点では複数の地域経済圏間ではなく1つの地域経済圏内における展開を念頭に置いていることから，グローバル・ブランドというよりもむしろリージョナル・ブランドとしての議論が主であった。

1990年代半ば以降，市場導入範囲が特定の地域経済圏よりもさらに広範な製品ブランドをグローバル・ブランドとして認識するようになり，その概念を精緻化する研究や多国籍企業におけるグローバル・ブランドの現状を明らかにする研究，グローバル性（globalness）に関する研究が多くみられるようになった。ここでいうグローバル性とは，ある製品ブランドを複数の国・地域に市場導入していること自体が消費者にとって価値を有することである（Holt, et al. [2004]）。

トイレタリー製品を主な事業領域とする英蘭多国籍企業であるユニリーバは，2000年に「ブランド・フォーカス作戦」と称し，当時の全製品ブランド1,600のうち1,200を廃止してわずか400製品ブランドのみを残すことでマーケティング努力を集中させた。また，米国のトイレタリー多国籍企業であるP&G（Procter & Gamble）も2001年に「コアビジネス・コアブランド政策」を実行し，多くのローカル・ブランドを売却してグローバル・ブランドになり得る300製品ブランドのみを選別している。このようにグローバル・ブランドに対して重要な位置づけを与える多国籍企業が増加している。

日本多国籍企業においても2000年代に入りグローバル・ブランドの強化が進んでいる。例えば資生堂では，その製品ブランド「SHISEIDO（いわゆるグローバルSHISEIDO）」を日本や主要先進諸国，開発途上国・地域の中でも主要なところには以前から標準化されたブランディングで市場導入していたが，2008年以降は各大陸の隅々にも導入しつつある。また，コーセーの「雪肌精」は2004年から東アジアを越えて米国でも導入しており，また2007年には

UAEにも導入している。さらに，ライオンでは各製品カテゴリーの中で特定の製品ブランド（洗剤の「トップ」，シャンプー・石鹸・ボディソープの「植物物語」，ハンドソープの「キレイキレイ」，歯ブラシの「システマ」）をグローバル・ブランドと定め，ブランディングを標準化して東アジアおよび東南アジアに導入している。

　近年の多国籍企業がグローバル・ブランドを重視する理由として次の３つが挙げられる。第１に，過度に増加した製品ブランドを世界連結売上高への貢献に応じて取捨選択するためである。それにより，投資が分散してそれぞれの規模が小さくなったり所有製品ブランド間でカニバリゼーション（食い合い）が起こったりするリスクが減少すると考えられている。第２に，グローバル性に付加価値を見い出す消費者はグローバル・ブランドを結節点とした強固なコミュニティを形成する傾向があり，彼らが自発的にグローバル・ブランド独自の付加価値を維持・増進させると考えられているためである（Muniz and O'Guinn［2001］）。第３に，自国中心主義（ethnocentrism）がそれほど強くない国の消費者に対してはグローバル・ブランドが当該消費者の好意度に正の影響をもたらすためである（Dimofte, et al.［2008］）。消費者の自国中心主義が強い場合は逆に負の影響を及ぼす可能性がある点でグローバル・ブランドの有するそのグローバル性は諸刃の剣ともいえるが，ローカル・ブランドよりも優れた知覚品質[2]（perceived quality）をもたらす可能性が高いと考えられている。

　また，グローバル・ブランドを頻繁に購買できるほどの所得に乏しい開発途上国の消費者であっても，それが持つグローバル性を理解する意志と能力が備わりつつあることがまた近年の研究で明らかにされている（Barki and Parente［2010］）。開発途上国はいずれも独自の文化を有しているが，グローバル・ブランドは当該諸消費者の自国中心主義を越えて影響を与える可能性がある。「開発途上国に対しては製品のみならず製品ブランドもローカルでなければならない」という考え方は，当該消費者の多様な側面を一面的に捉えるものであり，再考を促す契機となっている。

第4節　リージョナル・ブランドの展開

　すでに収益の柱として確立しており，また開発途上国市場へ効果的に導入できる可能性があるグローバル・ブランドは，多国籍企業にとって非常に魅力的な経営資源の1つである。ただし，一見同じように見える多国籍企業の製品ブランド再編成という現象をグローバル・ブランドだけではなくローカル・ブランドやリージョナル・ブランドも含めた視点から捉えると，従来とは異なる構図を見い出すことができる。つまり，製品ブランドのグローバルな再編成はさらに「グローバル・ブランドへより傾斜するタイプ」と「ローカル・ブランドやリージョナル・ブランドも含めて重層的に編成するタイプ」に区分できるということである。

　前述のP&Gは，2014年現在で製品ブランドをさらに99まで絞り込み，そのうちグローバル・ブランドに位置づけられている50の製品ブランドが世界連結売上高の90％以上をもたらしている（井上［2014］）。同様に，フランスのトイレタリー多国籍企業であるロレアルはいくつかのローカル・ブランドとリージョナル・ブランド（InnéovやOmbrelle, SoftSheen Carsonなど）を残してはいるものの，わずか16のグローバル・ブランドに経営資源を集中させることによって高い成長率を達成している（Kapferer［2002］）。これらの企業は，製品ブランドのグローバルな再編成においてグローバル・ブランドへの傾斜を志向しているといえる。

　スイスの食品・飲料多国籍企業であるネスレにおいてもグローバル・ブランドの相対的重要性が高いのはP&Gやロレアルと同様であり，グローバル・ブランドに位置づけられているごく少数の製品ブランドが世界連結売上高のおよそ70％を占めている（井上［2009］）。しかしながら，当該企業はおよそ9,800のローカル・ブランドとリージョナル・ブランドを依然として所有している点でP&Gやロレアルとは異なっている。また，ローカル・ブランドやリージョナル・ブランドの数こそネスレと異なるものの，このような現象はベルギーの

飲料多国籍企業であるアンハイザーブッシュ・インベブにおいても同様であり，3つのグローバル・ブランド（Budweiser, Beck's, Stella Artois）以外に2つのリージョナル・ブランド（Hoegaarden, Leffe）と70のローカル・ブランド（カナダでのLabatt Blueやブラジルでの Skol，中国での Baisha など）を所有している（井上［2013］）。当該企業は，製品ブランドのグローバルな再編成をグローバル・ブランドのみならずローカル・ブランドやリージョナル・ブランドも含めて重層的に行うことを志向していると捉えることができる。

　スマートフォンやタブレットのように各国の言語がソフトウェアにあらかじめプリインストールされ，電源などの規格も各国にフィットするようあらかじめ設計されていれば，先進国であろうと新興国であろうと製品ブランドをそれぞれの適切な市場セグメントに導入することでいわゆるグローバル市場を形成することが可能である。しかし，そのような産業を他に見い出すことは困難であり，ほとんどの産業において市場はグローバル化するどころかむしろローカル化あるいはリージョナル化しつつある（Rugman［2001］）。また，近年は先進国よりもむしろ新興国市場が企業成長の原動力として重視されており，ボリューム・ゾーンと呼ばれる中間所得者層やベース・オブ・ピラミッド（Base of Pyramid：BOP）と呼ばれる低所得者層に対する一層のアクセスが必要とされている。ローカル・ブランドやリージョナル・ブランドは，新興諸国やそれらによって構成される地理的地域に導入されていることが多いことから，当該諸国でもグローバル・ブランドの影響力が大きいとはいえローカル・ブランドやリージョナル・ブランドの有用性を軽視することはできない。

　一部の多国籍企業がグローバル・ブランドのみならずリージョナル・ブランドにも関心を払う理由として，これまで次の3つが指摘されている。第1に，ある国でローカル・ブランドが確立された場合，当該企業がその観念的差別性を近隣諸国にも移転させ，リージョナル・ブランド化を図るためである。卓越したローカル・ブランドは他国でも寡占的優位性を有し，外部環境の差異や他社ローカル・ブランドとの競争を凌駕する可能性が高いと一般に考えられている。

　第2に，さまざまな地域経済圏の成立・拡大により，関税障壁が弱まって有

利になった域内貿易を通じてローカル・ブランドの差別性を他国にも移転させやすくなったためである（Barwise [1993]）。EU や NAFTA はもちろん，南米南部共同市場（MERcado COmún del SUR：MERCOSUR）や東アフリカ共同体（East African Community：EAC）といった地域経済圏が各大陸に点在している現在，多国籍企業がある国のローカル・ブランドをリージョナル化させることにより各圏内で高いプレゼンスを獲得できる可能性がある。

　第3に，多国籍企業において本国と進出地域に地理的および心理的懸隔がある場合，親会社が地域統括本社にその代理としての役割を与えるためである。地域統括本社を設立するのは日米欧多国籍企業が多く，シンガポールや香港，オーストラリアに立地することが一般的である。情報が瞬時に世界中を駆け巡る現在でも，地理的懸隔は親会社による集権的な意思決定を阻害する要因の1つである。また，本国と進出地域が心理的あるいは文化的に親和するならば親会社が直接に現地子会社を統制できるため地域統括本社を設立する必要性は低いが，欧米とアジアでは地理的・心理的懸隔があまりに大きい。そのため地域統括本社に親会社の代わりをさせ，その象徴としてリージョナル・ブランドを市場導入すると考えられている。

　リージョナル・ブランドは，それ自体が市場導入する諸国市場や地理的地域の売上高増大に貢献するばかりでなく，将来のグローバル・ブランド候補として育成されるという側面も持つ。グローバル・ブランドがその差別性をいつまでも維持できるとは限らない。ゴーイング・コンサーン（going concern：継続企業）を目指して売上高を今後も安定化させるシステムとしてリージョナル・ブランド（あるいはそのベースとなるローカル・ブランド）が重視されることもある。その意味で，「グローバル・ブランドの戦略」と「グローバルな製品ブランド戦略」は区別して考える必要がある。

ま　と　め

　現時点で「グローバル・ブランドに傾斜するタイプ」と「ローカル・ブランドやリージョナル・ブランドも含めて重層的に編成するタイプ」のどちらがグローバルな製品ブランド戦略として望ましいかを判断することは難しい。なぜなら，各国でのローカル/リージョナル・ブランドの浸透度が多国籍企業によって異なるからである。ローカル・ブランドやリージョナル・ブランドを各国で早期に確立させた企業は今後もそれらを有効に活用しようとするであろうし，国際寡占間競争の中でそれに出遅れた企業は逆にグローバル・ブランドへの集中を高めてそれを各国のマーケティング環境に応じて個別にブランド拡張させようとするであろう。

　また，多国籍企業が標的とする市場の地理的範囲によって，その親会社が所有する製品ブランドに対してどの程度責任を持つかが異なり，それは製品ブランドのグローバルな再編成の方向性に影響を与えると考えられる。主要な標的市場が世界各地に分散している場合，当該企業は現地子会社や地域統括本社への分権化を指向し，ローカル・ブランドやリージョナル・ブランドに関わる主要な意思決定権限を積極的に委譲しようとするであろうし，一方で主要な市場が自国周辺の国々に収まっている場合は親会社がグローバル・ブランドのみならず当該諸国でのローカル・ブランドやリージョナル・ブランドの展開に対しても意思決定を主導しようとするであろう。

　グローバル・ブランドは，それぞれの多国籍企業において極めて数が少ないながらも非常に重要な位置づけにあるといえるが，それはグローバル・ブランドを梃子にグローバル・マーケティング戦略全体を世界標準化するということではない。ブランディング（製品・サービスの名前やロゴ，シンボルなどの付与）を標準化したとしても，ブランド拡張などによる各国での運用はそれぞれの現地子会社に任されているという点で世界標準化と現地適応化のミックスが追求されている。

──【キーワード】──────────────────────
製品ブランド，グローバル・ブランド，リージョナル・ブランド，ローカル・ブランド，製品ブランドのグローバルな再編成

〈注〉
1) ただし，これは大阪ブランドや青森ブランドといった，ある1カ国における地域（area）を意味しない。
2) 知覚品質とは，消費者がある製品に対して認識する品質であり，当該製品自体の物的品質（physical quality）とは異なる（Aaker [1991]）。

〈参考文献〉
井上真里 [2004]「グローバル・ブランド管理の新傾向―日産自動車ブランドマネジメントオフィスの事例を中心に―」『国際ビジネス研究学会年報』第10号，73-89頁。
井上真里 [2009]「なぜ多国籍企業にとってグローバル・ブランドは重要か」日本大学商学部『商学集志』第79巻，第1号，23-37頁。
井上真里 [2013]「製品ブランド管理の進展がグローバル・マーケティング枠組みに与える示唆」日本商業学会『流通研究』第15巻，第2号，63-76頁。
井上真里 [2014]「多国籍企業におけるリージョナル・ブランド重視の背景」日本大学商学部『商学集志』第84巻，第2号，43-58頁。
オリバー，テレンス [1993]『ブランド価値の評価実務 経営戦略としてのブランド管理と運用』ダイヤモンド社。
Aaker, D. A. [1991], *Managing Brand Equity*, Free Press.（陶山計介・尾崎久仁博・中田善啓・小林哲訳 [1994]『ブランド・エクイティ戦略―競争優位をつくりだす名前，シンボル，スローガン―』ダイヤモンド社。）
Barki, E. and J. Parente [2010], "Consumer Behaviour of the Base of the Pyramid Market in Brazil," *Greener Management International*, Vol.56, pp.11-23.
Barwise, P. [1993], "Brand Equity：Snark or Boojum?," *International Journal of Research in Marketing*, Vol.10, pp.93-104.
Dimofte, C. V., J. K. Johansson and I. A. Ronkainen [2008], "Cognitive and Affective Reactions of U.S. Consumers to Global Brands," *Journal of International Marketing*, Vol.16, No.4, pp.113-135.
Farquhar, P. H. [1989], "Managing Brand Equity," *Marketing Research*, Vol.1, September, pp.24-33.
Holt, D. B., J. A. Quelch and E. L. Taylor [2004], "How Global Brands Compete," *Harvard Business Review*, Vol.82, No.9, pp.68-75.
Kapferer, B. [2002], "Is There Really No Hope for Local Brands?," *The Journal of Brand Management*, Vol.9, January, pp.48-54.
Muniz, A. M., Jr. and T. C. O' Guinn [2001], "Brand Communities," *Journal of Consumer Research*, Vol.27, March, pp.412-432.

Rugman, A. [2001], *The End of Globalization : Why Global Strategy is a Myth and How to Profit from the Realities of Regional Markets*, Amacom.

Takeuchi H. and M. Porter [1986], "Three Roles of International Marketing in Global Strategy," in Porter, M. E. (ed.), *Competition in Global Industries*, Harvard Business School Press, pp.111-146.（土岐坤・中辻萬治・小野寺武夫訳［1989］『グローバル企業の競争戦略』3章，ダイヤモンド社，109-154頁。）

（井上　真里）

第 6 章

国際市場参入戦略
―マクロ分析の視点から―

第 1 節　はじめに

　アップル（Apple）は新型パソコン Mac の製造を，2013 年より台湾と中国の委託先から米国自社工場内生産へ戻した。中国 PC 業界最大手のレノボと提携している NEC パーソナルコンピュータは，レノボ・ジャパンのノートパソコン "Think Pad"（元 IBM 製品）の生産を 2012 年秋から米沢事業場で試験的に開始した。海外子会社から国内工場へ生産を再転換するといった「国内回帰」（リショアリング：reshoring）が，先進国の企業の中で徐々に起こりつつある。

　過度の国外生産は本国内生産に代替し，国外に優れた技術を多く移転しがちなため，ミクロ的には本社の技術をはじめ経営資源力を弱め，マクロ的には本国の競争力を弱める恐れがある。言い換えると，全社的な競争優位を強めるための海外生産が本国の国家競争優位を奪いかねないため，本社機能の脆弱化が危惧される。

　本国本社から自立化した海外子会社の能力と活力をさまざまな事業体に取り込み全社的に活用可能な「メタナショナル型多国籍企業」[1)]なら，本国の競争優位や本社の経営資源力の衰えを問題視するまでもないであろうが，日本には

メタナショナル型がそれほど多くない。

そこで，本章では，「対外直接投資（Foreign Direct Investment；FDI戦略）」と「本国からの輸出戦略（以下，輸出戦略と略記）」との関係に加え，本国の国家競争力と企業競争力がもたらす両戦略への影響ならびに両戦略が及ぼす国家競争力と企業競争力へのフィードバック的な影響にも焦点を当てていく。その際，Rugman［2009］が提示した理論的フレームワーク，すなわち「企業特殊的優位（Firm-specific advantages；FSA）」／「国家特殊的優位（Country-specific advantages；CSA）」マトリックス[2]が有する多国籍企業の外国市場参入行動に対する理論的側面（theoretical aspects）を包摂したうえで，アジア太平洋州の各種オンラインデータを基にして仮説的関係を検証するとしよう。

最後に，分析結果をふまえて，日本企業の今後の国際市場参入戦略のあるべき姿を提言したい。

第2節　主要な先行関連学説のサーベイ

国際市場参入方式選択を扱った学説のうち，本章の目的に合致したものに，Rugman［1981］による「多国籍企業の参入方式選択の時系列」が着目される。多国籍企業が有する企業特殊的優位（FSA）は時間が経つにつれて低下するので，標的市場への参入の初期段階で本国からの輸出，その次にFDI，最終段階で技術供与が最善になると力説している。

他方，小島［1977］は「日本型直接投資論」[3]を唱え，比較優位が本国内で顕在的に働く限り，FDIは時期尚早とみなされ，輸出が最適という。海外直接投資が最適となるのは，投資受入国に潜在的な比較優位が働く段階とみなす。その時点での直接投資は投資受入国からの輸出を促し，投資国側は別の比較優位にある産業に特化し，輸出を伸ばせると唱道している。

両学説の違いは明確である。Rugmanが企業特殊的優位（ミクロ），小島清が一国産業の比較優位（マクロ）というように，分析レベルが異なるし，FDI

への転換時期について Rugman 説からは早期転換が示唆される。そのため，世界全体では，小島説が輸出促進（指向）型，Rugman 説が輸出代替型の FDI を示唆すると考えられる。両説が一致するのは，輸出が対外直接投資に先行する点だけに限られる。

　本章で考察要因とする「国の競争優位」が多国籍企業を出現させると明示した点では，Porter [1990] [4] が優れる。Porter は「国の競争力を決定するものは何か」を究明すべく，国の競争優位を作り上げるメカニズムを関連産業の集積という面から理論体系化しようと試みた。産業集積（クラスター）内で関連企業のイノベーションが発生し，そういった企業が多国籍企業化していくと，国の競争優位につながるという論理体系が打ち立てられた。とりわけ注目すべきは，競争のダイヤモンドという考え方にある。それは，①企業の戦略，構造およびライバル企業間競争，②「要素条件」，③「需要条件」，④「関連・支援産業」から構成される。「本国のダイヤモンドの徹底利用はもちろんのこと，技術先端国に研究開発拠点を配置して高度熟練労働力と研究インフラストラクチャーなどの要素条件を取り込み，その技術的成果をアジアにおける安価な労働力を活用した現地生産現場で生かし，アジアから世界へ製品を輸出する[5]」という事業の流れが解説できる。それゆえ，各国間におけるダイヤモンド構成の差異が輸出と FDI に影響を及ぼすと示唆される。

　1980 年代から本国の競争優位に着眼してきた Rugman は，本国の国家特殊的優位（CSA）が多国籍企業の企業特殊的優位（FSA）の強化に役立つ点を重視し，FSA/CSA マトリックスを援用しながら，中国系多国籍企業など新興国系多国籍企業の出現を説明している（Rugman [2009]）[6]。

　本章の目的は，国際市場参入方式を代表する輸出と FDI の関係に，本国の競争力と当該国の企業の競争力がどのように影響を及ぼすかを，仮説的な因果関係を想定した測定パターンに分けて実証する点にある。かかる目的には，Rugman によって提示された FSA/CSA マトリックスが最も適していると考えられる。ゆえに，この理論的フレームワークを分析のために応用していく。

第3節 対外直接投資のマクロ分析に必要な諸変数の定義と分析目的

まず,本章における分析に欠かせない鍵概念を列記し説明してみる。

① 輸出特化係数(Export Specialization Index)= $\dfrac{(当該国の輸出額-輸入額)}{(輸出額+輸入額)}$

指数値が0よりも大きければ大きいほど,1国の輸出競争力が高いことを示す。

② 対外直接投資残高特化係数(FDI Stock Specialization index)[7]&対外直接投資フロー特化係数(FDI Flow Specialization index)

対外直接投資(FDI)とは,海外事業活動を行うための投資に他ならない。本国の親会社(または本社)が受入国となる外国に子会社を設営するために資本や経営資源を移転するといった外国市場参入方式。他方,対内直接投資(Inward Direct Investment; IDI)は,諸外国から経営権取得を目的とした国内への投資を受け入れることを意味する。この投資を通じて,競争力が強い外国企業の子会社が自国内に設営される結果,将来的に産業競争力強化に役立つ。

FDI残高特化係数= $\dfrac{(通算年にわたるFDI残高-IDI残高)}{(FDI残高+IDI残高)}$

FDIフロー特化係数= $\dfrac{(各年におけるFDIフロー額-IDIフロー額)}{(FDIフロー額+IDIフロー額)}$

双方とも正の値が大きくなるに従って,対外直接投資力が強いと判断される。特に,フローの方がこうした判断に役立ちやすい。

③ 国家競争力ランク(National Competitiveness Rank)

ここでのランクはIMD(International Institute for Management Development)が導き出した方法論に従う。国家競争力のランク付けに関係する要因を挙げてみよう。第1に,国家競争力=f(国内総生産,国内消費,物価水準,失業率,労働の流動性,仕事への動機付け,経営者のビジネスへの態度,経営慣

行（下請け系列取引など取引先がグループ内で確定，卸売りを介する取引など），事業の生産性と効率性，技術面の社会的資本整備充実度，科学面の社会的資本整備充実度，教育水準，国家の財政政策[8]）。

第2に，多国籍企業における本国特殊的優位（本国から出自することの優位性）が考慮される。例えば，本国出身の企業として本国の優れた人材や技術を活用できるというような優位性を持つ。

では，アジア太平洋州における主要な13カ国の国家競争力ランクを見てみよう。1997〜2009年における世界全体での平均順位（国名の右に記した数値）で算定すると，13カ国内での順位は以下のようになる[9]。1997年と2009年の世界ランクも併記しておく。

2014年に報告された13カ国の世界ランクを高い順に列記すると，次の通りとなる（国名の左側に付いた丸囲み数値は，アジア太平洋州13カ国内の順位と一致）[10]。①シンガポール第3位，②香港第4位，③マレーシア第12位，④台湾13位，⑤オーストラリア第17位，⑥ニュージーランド第20位，⑦日本第21位，⑧中国第23位，⑨韓国第26位，⑩タイ第29位，⑪インドネシア第37位，⑫フィリピン第42位，⑬インド第44位。

		平均順位	1997年	2009年
第1位	シンガポール	2.9	2位	3位
第2位	香　港	5.2	3位	2位
第3位	オーストラリア	9.5	15位	7位
第4位	台　湾	16.2	18位	23位
第5位	ニュージーランド	17.5	11位	15位
第6位	日　本	21.1	17位	17位
第7位	マレーシア	21.8	14位	18位
第8位	中　国	23.3	27位	20位
第9位	タ　イ	30.6	31位	26位
第10位	韓　国	31.0	30位	27位
第11位	インド	35.6	41位	30位
第12位	フィリピン	38.5	29位	43位
第13位	インドネシア	46.8	38位	42位

2014年における国家競争力世界ランクを1997～2009年の期間平均値と比較したら，ランクの変動が非常に激しい国も存在する。国家競争力が最大限アップしたのはマレーシアである。次いで，インドネシアとなる。他方，国家競争力ランクを最大限落としたのは，変動率という基準から見て，オーストラリアに他ならない。インドがそれに次いでランク・ダウン率が大きい。シンガポールと香港は安定して最上位に君臨している。

　次に，13カ国のアジア太平洋州内における企業競争力ランク付けを試みる。1997～2009年という期間内での順位付けとともに，2010～2014年における国別の企業競争力ランク（最新年の期間の順位は（　）内に記す）も表すとしよう。

　第1位日本（第6位），第2位台湾（第4位），第3位韓国（第5位），第4位シンガポール（第2位），第5位香港（第1位），第6位オーストラリア（第7位），第7位マレーシア（第3位），第8位中国（第8位），第9位ニュージーランド（第11位），第10位インド（第9位），第11位タイ（第10位），第12位フィリピン（第12位），第13位インドネシア（第13位）。

　企業特殊的優位と国家特殊的優位という概念を組み合わせたRugmanの外国市場参入方式決定に関するFSA/CSAマトリックスに当てはめるため，1997年～2009年の国家競争力と同期間の国別の企業競争力を順位ソートしてみる。1997～2009年における企業競争力順位および国家競争力順位を基準にランク1（高）～4（低）というように4段階で格差を付け，分類化してみる。輸出競争力とFDI力に結び付けるため，企業競争力を国家競争力よりも重視してクラスター化を試みる。（企業競争力順位の高低分類基準値，国家競争力順位の高低分類基準値）というような表し方で多段階のクラスターに分けることができる。その結果を矢印の左側に示す。同様の基準値を当てはめて，2010～2014年という期間内での両競争力順位の変化に合わせ，クラスターの移動先を矢印付きで示す。矢印の右側に最近年のクラスターが示される。なお，ニュージーランドは分析対象外なので，クラスターから外す。

　④　企業競争力ランク（Firm's Competitive Rank）

　技術開発力やビジネスの効率性などを総合判断してランク付けされる。企業

クラスターⅠ (1, 1)　　　シンガポール→クラスターⅠ（変化なし）
クラスターⅡ (1, 2)　　　日本→クラスターⅥ (2, 3)
　　　　　　　　　　　　台湾→クラスターⅡ（変化なし）

クラスターⅢ (2, 1)　　　香港→クラスターⅠ (1, 1)
　　　　　　　　　　　　オーストラリア→クラスターⅤ (2, 2)
クラスターⅣ (1, 3)　　　韓国→クラスターⅥ (2, 3)
クラスターⅤ (2, 2)　　　マレーシア→クラスターⅡ (1, 2)
クラスターⅥ (2, 3)
クラスターⅦ (3, 2)　　　中国→クラスターⅥ (2, 3)
クラスターⅧ (3, 3)　　　タイ→クラスターⅧ（変化なし）
クラスターⅨ (3, 4)　　　インド→クラスターⅩ (4, 4)
クラスターⅩ (4, 4)　　　フィリピン→クラスターⅩ（変化なし）
　　　　　　　　　　　　インドネシア→クラスターⅩ（変化なし）

競争力を算出する際に選ばれる指数の中から代表例を挙げれば，以下3つが特に重要となる。下記項目などに世界的な企業の経営幹部が0～10点という指標値から1つを選んで調査回答を寄せるといった方式が採択されている[11]。

1) 革新的能力（innovative capacity）度

新製品，新生産工程，新サービスを創出するような企業の「革新的能力」が国の経済の中で高いかどうか。アジア太平洋州13カ国の中で2012年に革新的能力が高く評価された国を挙げると，第1位に台湾（得点が指標値10点満点の中で7.50），第2位にシンガポール（7.00），第3位にマレーシア（6.90），第4位に韓国（6.80），第5位に日本（6.67），第6位に香港（6.53）となっている。

2) 知識移転（knowledge transfer）度

企業と大学との間で知識移転が高度に展開されたかどうかが経営幹部に問われ，回答が得られる。その集計結果によると，第1位にシンガポール（得点は10点満点中の7.40），第2位に香港（6.98），第3位に台湾（6.63），第4位にマレーシア（6.40）と続き，日本は韓国（5.19）の後を追って第8位（5.13）に

過ぎない。

3) 知的財産権（intellectual property right）保証度

科学的なインフラストラクチャーにも関わる項目であり，知的財産が価値を十分にとどめられるよう知的財産権が施行されているかどうかが問われる。知的財産権保証度の第1位はシンガポール（8.26），第2位はオーストラリア（8.09），第3位は香港（7.63），第4位は日本（7.36）となり，その後にニュージーランド（7.33），台湾（7.21），マレーシア（6.92）と続く。

これら3部門における日本への評価は，アジア太平洋州13カ国の中だけでも，第4位と第5位と第8位という結果に終わり，企業競争力でシンガポール，香港，台湾，マレーシアに劣るという現状が待ち構えているも同然である。

では，本章の目的として重要な課題，すなわち，国家競争力ランクと企業競争力ランクという考え方を用いて，これら競争力が輸出特化係数および対外直接投資（FDI）残高特化係数とどのような関係にあるかを，アジア太平洋州の11カ国のデータを操作化して明確にしてみよう。その際，輸出入とFDIおよびIDIとに影響を及ぼす要因を抽出し，どういった関数関係が導き出されるかを3つのクラスター（類似国群）ごとに調べる。類似したクラスターに属する国の間でもFDI行動に差異があると仮定し，さらに解明を進める。特に，日本と台湾に対して韓国のFDIの決定因が同じかどうかを判別する。

以上の分析を通じて，輸出とFDIが「補完関係」にあるか，「代替関係」にあるかが明らかとなる。ここで，補完関係とは，輸出とFDIが相互に増大し合うから，偏相関係数が＋の符号を取り，統計的に有意水準5％以内で有意となるケースで示される。FDIの増大が輸出を少なくさせるという関係が見られた場合，代替関係とみなせる。代替関係が示された場合には，FDIの行き過ぎと暗示され，グローバル化を見直す必要があると診断してよい。

以下，国家競争力ランクと企業競争力ランクとのマトリックスの中で，アジア太平洋州の主要国の輸出とFDIの数的関係を類別化するとしよう。

第4節　国家競争力と企業競争力と輸出力とFDI力の測定パターンと結果

　まず，国家競争力，企業競争力，輸出競争力，FDI力といった4つの概念の関係付けを試みる。

　第1に，国家競争力（本国特殊的優位）が強いと，本国の比較優位が高まり，輸出競争力に結び付く。第2に，企業競争力が強いと，国際競争力を上げて，輸出競争力も強くなる。第3に，企業競争力は経営資源優位（企業特殊的優位）から得られるから，FDIを行いやすくなる。第4に，国家競争力（本国特殊的優位）は企業競争力の源泉となり，FDIの実施に向かわせる。

　輸出競争力には，国家競争力と企業競争力がほぼ同一レベルで重要（シナジーが働く）と考えられる。FDIの場合，企業間で輸出実績以上に差が付きやすいから，企業競争力が本国特殊的優位よりも随分重要な決定因になるとみなせる。すると，仮説的な測定パターンは10種類に分かれる。

Ⅰ　企業競争力＝強＆国家競争力＝強→輸出競争力＝強＆FDI＝強
Ⅱ　企業競争力＝強＆国家競争力＝やや強→輸出競争力＝強＆FDI＝強
Ⅲ　企業競争力＝やや強＆国家競争力＝強→輸出競争力＝強＆FDI＝やや強
Ⅳ　企業競争力＝やや強＆国家競争力＝やや弱→輸出競争力＝やや強＆FDI＝やや強
Ⅴ　企業競争力＝やや強＆国家競争力＝やや強→輸出競争力＝強＆FDI＝やや強
Ⅵ　企業競争力＝やや強＆国家競争力＝やや弱→輸出競争力＝中立＆FDI＝中立
Ⅶ　企業競争力＝やや弱＆国家競争力＝やや強→輸出競争力＝やや強＆FDI＝やや弱
Ⅷ　企業競争力＝やや弱＆国家競争力＝やや弱→輸出競争力＝やや弱＆FDI力＝弱
Ⅸ　企業競争力＝やや弱＆国家競争力＝弱→輸出競争力＝弱＆FDI＝弱
Ⅹ　企業競争力＝弱＆国家競争力＝弱→輸出競争力＝かなり弱＆FDI力＝かなり弱

図表 6-1　国家競争力と企業競争力が与える輸出競争力と対外直接投資力への影響に関する仮説関係

国家競争力 \ 企業競争力	4＝弱い	3＝やや弱い	2＝やや強い	1＝強い
1 強い			Ⅲ 輸出力強い／FDI力やや強い	Ⅰ 輸出力強い／FDI力強い
2 やや強い		Ⅶ 輸出力やや強い／FDI力やや弱い	Ⅴ 輸出力強い／FDI力やや強い	Ⅱ 輸出力強い／FDI力強い
3 やや弱い		Ⅷ 輸出力やや弱い／FDI力弱い	Ⅵ 輸出力中立／FDI力中立	Ⅳ 輸出力やや強い／FDI力やや強い
4 弱い	Ⅹ 輸出もFDIもかなり弱い	Ⅸ 輸出力弱い／FDI力弱い		

（出所）Rugman［2009］を参照にしてフレームワークを筆者が作成。

　これら測定パターンのうち，企業競争力と国家競争力で構成されるマトリックスの中に，輸出競争力とFDI力の組合せを当てはめてみよう。すると，図表6-1のマトリックスが描ける。これは，Rugman［2009］のFSA/CSAマトリクスに沿っている。Euromonitor社の各種オンラインデータを基にして，アジア太平洋州内で13カ国をランク付けさえすれば，企業競争力と国家競争力の順位を総合的に把握するだけで，ニュージーランドを除く12カ国が図表6-1で示されるマトリックスのセルのどこかにプロット可能となる。果たして，企業競争力と国家競争力の順位付けを基にして位置付けられた国々が，仮説的に想定されるような輸出力とFDI力を持ち得るかを検証してみたい。

第5節　分析結果

　国家および企業の競争力が及ぼす輸出特化係数とFDI残高特化係数への影響に関する仮説を検証すべく，データが欠如しているニュージーランドとインド

ネシアを除く11カ国を対象とし，データ処理を行った。

図表6-2ではFDI残高特化係数が高い順で11カ国が上から順次並べられ，分析結果が要約されている。輸出力とFDI力の検証結果に関して，符号の○は仮説と一致し，×は仮説に反し，△は判明付かずということを意味する。

仮説と一致して，輸出特化係数で定義される輸出競争力よりもFDI残高特化係数で表示されるFDI力に対して，企業競争力が国家競争力を上回って重大な貢献を果たしている。企業と国家の競争力の輸出競争力への影響度は同程度と仮説化したものの，輸出競争力への寄与に対しても企業競争力の強さが国家競争力をやや上回る。

ところが，企業競争力と国家競争力の総合力が仮説化された因果関係に結び付いたのは，従属変数のうち，FDI力よりも輸出競争力の方でやや多い。なぜなら，国家競争力と企業競争力の総合順位が高い国家群に，シンガポール，オーストラリア，香港といったFDI残高特化係数が上位に達してない国が入っているからだ。Porterが示した「競争のダイヤモンド」に従えば，シンガポー

図表6-2　国家および企業の競争力が及ぼす輸出特化係数と対外直接投資残高係数への影響に関する仮説の検証

	輸出特化係数		FDI残高	IDI残高	FDI残高特化係数	国家競争力	企業競争力	輸出力の検証	FDI力の検証
台湾	4位	0.05	175,140	45,458	0.588	2	1	○	○
日本	3位	0.069	680,168	203,323	0.540	2	1	○	○
韓国	5位	0.048	95,676	90,822	0.026	3	1	○	○
香港	8位	-0.017	775,920	835,764	-0.037	1	2	×	×
マレーシア	1位	0.094	67,580	73,262	-0.040	2	2	○	×
オーストラリア	11位	-0.047	194,712	272,161	-0.166	1	2	×	×
シンガポール	6位	0.04	189,094	326,142	-0.266	1	1	○	×
インド	9位	-0.027	61,765	123,288	-0.332	4	3	○	○
中国	2位	0.087	147,949	378,083	-0.437	2	3	△	○
フィリピン	10位	-0.041	5,795	21,413	-0.574	4	4	○	○
タイ	7位	0.015	10,857	104,850	-0.812	3	3	△	○

（注）投資残高の単位は百万$，2009年度で測定。輸出特化係数は1997〜2009年で各年測定した平均値。インドネシアの輸出と投資残高のデータは1997〜2003年にわたり入手不可能なため，省略。

ル，オーストラリア，香港は技術や熟練労働をはじめとした要素条件と恵まれた輸出環境および投資環境が整っているだけに，外資系企業の進出先としても魅力的である。そのため，上記3国の場合，国家競争力の高さがかえって外資の呼び水となり，いきおい外資流入が多くなりがちで，企業，国家ともに競争力が高いながらも，FDI残高特化係数にマイナスの符号が付く結果となっている。したがって，自国の国家競争力には，その国から外国に直接投資が向かうばかりではなく，海外からの優れた事業資本の受け皿にもなるという面を無視するわけにはいかないであろう。

とはいえ，Rugmanが多国籍企業の国際市場参入方式決定に幾度となく適用してきたFSA/CSAマトリックスが効果を失うというものでもない。図表6-2に見られる分析結果には統計的な厳密性を欠くとはいえ，FSA/CSAマトリックスからの説明効力が及ぶ国も少なくない。上述した通り，従属変数のうちFDI力よりも輸出力の方が，企業競争力と国家競争力の総和と正比例的な関係になりやすいのは確かである。だが，Rugmanも重視したFDI力の検証から，輸出競争力よりもFDI力に対してこそ，企業競争力ランクが国家競争力ランクを上回って優先すべき重大な影響要因になるという仮説なり仮定は正しいと証明された。

総合的な分析結果の解釈は以上の通りである。次に，分析結果から提示可能な個別的特徴を参入方式別に概観してみよう。

輸出力の検証を通じて，輸出特化係数が高い国，すなわち1位マレーシア，3位日本，4位台湾，5位韓国，6位シンガポールにおいて国家競争力と企業競争力が相乗して輸出特化係数に反映された一方で，輸出特化係数の順位が割合に低いオーストラリア（11位）と香港（8位）には両競争力が直結していない。オーストラリアと香港は仮説に反し，例外的ケースとなる。

FDI力を示すFDI残高特化係数については，その係数値で上位3カ国に位置する台湾，日本，韓国および下位4カ国インド，中国，フィリピン，タイでは仮説に一致した結果となっている。逆に，FDI残高特化係数で中位にある香港，マレーシア，オーストラリア，シンガポールは国家競争力と企業競争力の総合順位が高いことがFDI力に結び付かず，仮説と合致しない。

この結果，再説となるが，国家競争力と企業競争力が及ぼす効果に関する仮説関係では，輸出競争力と比べて，FDI力に当てはまらないケースが多い。
　両競争力の総合的な上位グループの中で，シンガポール，オーストラリア，香港，マレーシアとは対照的に，企業競争力と国家競争力の高さが輸出にもFDIにも結び付く国として，台湾，日本，韓国が選ばれたのは注目に値しよう。図表6-3では，これら3カ国が◎付きで明示されている。
　1997～2009年の間，台湾，日本，韓国はまさに仮説を支持し，輸出とFDIが理想的な段階にある。純収支残高（純ストック）ベースでFDIを取り上げた時，個別産業レベルではなく，国家全体としてみたら，FDIが輸出代替的ではないことの証左となるからだ。
　ただし，これら3カ国のFDI残高特化係数を比較すると，台湾と日本は0.5を超え，韓国は0.026に過ぎない。両国群でこの特化係数値に差をもたらした要因は何であろうか。本章の分析フレームワークに従うと，韓国の企業競争力

図表6-3　1997～2009年で見た11カ国の国家競争力と企業競争力に関するマトリックスの検証結果

		企業競争力			
		4＝弱い	3＝やや弱い	2＝やや強い	1＝強い
国家競争力	強い　1			Ⅲ　×香港 ×オーストラリア	Ⅰ　△シンガポール
	やや強い　2		Ⅶ　○中国	Ⅴ　△マレーシア	Ⅱ　◎日本 ◎台湾
	やや弱い　3		Ⅷ　△タイ	Ⅵ	Ⅳ　◎韓国
	弱い　4	Ⅹ　◎フィリピン	Ⅸ　◎インド		

（注）◎は国家競争力と企業競争力が輸出にもFDIにも結びつくケース。○はプロットされた位置と予想結果がほぼ一致。△はいずれか一方が該当。×は双方ともに該当しないケースを表す。
（出所）Rugman［2009］を参照してフレームワークを筆者が作成し，Euromonitor Dataを拠り所として国をプロット。指数間の関係はSPSSを用いて算定。

が相対的に劣ることに加え，FSAの形成過程でCSAの活用が日本や台湾に比べて少ないと仮定される。その仮定が正しいかどうかを調べるため，国家競争力ランク2の日本と台湾が同ランク3の韓国と峻別可能かどうか，正準判別分析によって明らかにしてみよう。

諸変数の分析単位を合わせるため，類別化変数に各年のFDI純フロー額を採択する。正準判別関数1の正準相関係数 = 0.999（有意確率0.1％未満で有意）なので，関数1の正準判別関数係数値だけに着眼する。FDI純フロー額にプラス貢献するのは影響力の大きい順から，政府支出額，財輸出額，サービスの輸出額，年貯蓄額となり，他方，マイナスへの影響力は大きい方から国内消費高，財の輸入額，サービスの輸入額という順になる。国内消費高はCSAの1変数に該当するものの，国内投資に目を向けさせる要因となりやすい。政府支出額，財輸出額，サービスの輸出額，年貯蓄額はCSAの形成に欠かせない。FDI純フロー額で韓国を上回る日本と台湾は，かかるCSAをFSAに盛り込めてFDIに両優位性を発揮でき，逆に韓国はFSAの形成過程でCSAをうまく取り込めず，そのためFDIの際にFSAが効力を及ぼしにくと解せる。

さて，既述のFDIの残高もフローも，2009年までのデータに限られ，上記分析では現況を語るに説得力を欠くと懸念されよう。

そこで，4種類のデータを刷新して偏相関分析を行い，2009～2013年における12ヵ国（インドネシアを追加）の国家競争力と企業競争力と輸出競争力ならびにFDI力のマトリックスを示すとしよう。すると，日本と韓国が図表6-3における◎から図表6-4において△へと当てはまりを悪くしているのが，気がかりな点である。台湾はそれ以前からの国家および企業の競争力による輸出競争力およびFDI力への影響関係を持続している。目を見張るのがマレーシアである。理想的な企業競争力と国家競争力の向上が図られ，双方が輸出競争力およびFDI力の強化を促進している。

日本の場合，2005年以降，FDI純フロー・ベースで測定すると，FDIによる輸入高への影響は少ないものの，輸出高には明らかにマイナス要因（有意水準1％未満で有意）となっている。2010年後半から2012年まで続いた急激な円高のために企業競争力はもとより国家競争力までもが削がれた。より深刻な

図表6-4　2010〜14年における12カ国の国家競争力と企業競争力に関するマトリックスの検証結果

(注)　◎は国家競争力と企業競争力が輸出にもFDIにも結びつくケース。〇はプロットされた位置と予想結果がほぼ一致。△はいずれか一方が該当。×は双方ともに該当しないケースを表す。
(出所)　Rugman [2009] を参照してフレームワークを筆者が作成し，Euromonitor Data を拠り所として国をプロット。指数間の関係はSPSSを用いて算定。

ことに，長期にわたる過度のFDIが輸出代替を生み，2009年まで示現されたFDI力と輸出競争力の相互的な関係がもはや変転を余儀なくされた。

このようなFDIの輸出代替効果に加えて，FDIが自国企業の優れた経営資源の国際移転を助長する余り，親会社内の経営資源不足による企業競争力の減退ひいては国家競争力の弱化につながるようだと，日本企業としてもFDI一辺倒から本国内投資への回帰に目を向けなければならないであろう。国内投資に注力し，輸出マーケティングをもう一度見直す機運と余裕があってよい。

データ分析の二期間比較結果が暗示するように，日本企業にとって輸出かFDIかを選択する際，マクロの視点に立ってグローバル化から国際化への揺り戻しを意識すべき時を迎えているかもしれない。その意味でも，「グローバル・マーケティング」から「輸出マーケティングの見直しを含めた意味での国際マーケティング」への戦略転換を図れるかどうか，注視したい。

ま　と　め

　本章は，日本企業に提言したい国際市場参入戦略の「新機軸」を見出すため，輸出と FDI といった参入方式に及ぼす企業競争力と国家競争力の影響に関するマクロ分析の導入を企図した。そのため分析方法論として Rugman 説でポピュラーな FSA/CSA マトリックスを援用した。アジア太平洋州 11 カ国のデータを分析し，かかるマトリックスの有効性をも検証した。

　輸出特化係数で定義される輸出競争力よりも，FDI 残高特化係数で表示される FDI 力に対して，企業競争力が国家競争力を上回って貢献度は大きい。まさに仮説と一致する。企業と国家の競争力による輸出競争力への影響度は同程度と仮説化したが，輸出競争力に対しても企業競争力の強さが国家競争力をやや上回って結び付く。ただし，企業競争力と国家競争力の総合力が仮説化された測定パターンに結び付くのは，FDI 力よりも輸出競争力である。シンガポール，オーストラリア，香港，マレーシアでは企業競争力と国家競争力の高い総合順位が FDI 残高特化係数に反映されない。かかる例外こそあれ，FSA/CSA マトリックスは有効とみなせる。

　FDI 残高特化係数上位 3 カ国における二期間比較分析を通じて，台湾企業と対照的に，日本企業は両競争力の FDI 力への寄与を弱め，FDI が輸出と代替関係に転化したようだ。国内投資への回帰を基底とした「輸出マーケティングの見直しを含む国際マーケティングの再展開」が，国際市場参入戦略の「新機軸」にふさわしいと予言できよう。

【キーワード】

アジア太平洋州，国家競争力ランク，本国特殊的優位，企業競争力，企業特殊的優位，輸出特化係数，対外直接投資残高特化係数，輸出代替的直接投資，輸出マーケティング，国内回帰（リショアリング）

〈注〉
1) メタナショナル型多国籍企業の特徴については，浅川［2003］が詳しい。メタナショナル型多国籍企業による国際市場参入方式の選択は，本章での分析対象に合致しない。ゆえに，対象外とみなす。
2) Rugman［2009］p.51, Figure, 3.1. に FSA/CSA マトリックスが図示されている。
3) 小島［1977］は，1970 年代までの日本企業による海外直接投資を「順貿易志向型」，アメリカ企業のそれを「逆貿易志向型」と分類している。
4) Porter［1990］は「競争のダイヤモンド」を企業の戦略展開を規定するものとして提示している。
5) 諸上［2004］8-9 頁の論述に従う。
6) Rugman［2009］pp.52-59 において，FSA/CSA マトリックスが適用され，中国系多国籍企業の出現の必要十分条件が説明されている。FSA としては，中国企業が持つ豊富な財務資源，安価な割に比較的能力に優れた豊富な労働力，組立てやオープン・モジュールにおける強みが挙げられる。CSA には，製品ライフサイクルの後期に行われやすいコモディティ・タイプの製品の国際生産を中国が得意としていることが関係する。藤澤［2012］第 4 章においても，中国系多国籍企業による外国市場参入戦略の特徴がインド系多国籍企業の参入戦略特性とともに詳述されている。
7) 対外直接投資フロー特化係数よりも対外直接投資残高特化係数を重視して分析に適用するのは，直接投資残高が外国での総生産高に直結しやすいからである。他方，直接投資フローは受入国での生産増を生むのにタイムラグが生じる上に，生産増加額に関係してはいても総生産高を直接反映しない。
8) 日本のように，長年にわたる財政政策と国家投資政策の結果，対 GDP 赤字国債発行残高比率がイタリアに肩を並べるというように異常に高ければ，国家の財政状況が苦しいと判定され，国家競争力ランクに大きなマイナス材料となる。
9) 調査対象国は，1997～98 年に 46 カ国，1999～2000 年に 47 カ国，2001～02 年に 49 カ国，2003～05 年に 51 カ国，2006 年に 53 カ国，07～08 年に 55 カ国，09 年に 57 カ国。データの出所は，*IMD World Competitiveness Yearbook*, 1997～2009。
10) データの出所は，*IMD World Competitiveness Yearbook*, 2014。
11) 企業競争力の源泉と調査項目と各国別の結果については，IMD WORLD COMPETITIVENESS ONLINE 1995-2014，より明らか。

〈参考文献〉
浅川和宏［2003］『グローバル経営入門』日本経済新聞社。
小島　清［1977］『海外直接投資論』ダイヤモンド社。
藤澤武史編著［2012］『グローバル・マーケティング・イノベーション』同文舘出版。
藤澤武史［2012］「新興国系多国籍企業の市場参入戦略モデル」大石芳裕・桑名義晴・田端昌平・安室憲一監修，多国籍企業学会著『多国籍企業と新興国市場』文眞堂，第 4 章。
諸上茂登［2004］「グローバル・マーケティングの背景と諸機会」諸上茂登・藤澤武史『グローバル・マーケティング（第 2 版）』中央経済社。
諸上茂登・藤澤武史・嶋正［2007］『グローバル・ビジネス戦略の革新』同文舘出版。
Euromonitor International, *GMID*, 2011 ～ 2012.

Euromonitor International, *Passport*, 2013 ～ 2014.
Euromonitor International, *WAMDAS*, 1997～2010.
Forsgren, M. [2008], *Theories of Multinational Firm*, MPG Books Ltd.
IMD World Competitiveness Yearbook, 1995 ～ 2014.
Porter, M. E. [1990], *The Competitive Advantage of Nations*, Free Press.（土岐坤・中辻萬治・小野寺武夫・戸成冨美子訳［1992］『国の競争優位』ダイヤモンド社。）
Rugman, A. [1981], *Inside the Multinationals*, Croom-Helm.（江夏健一・中島潤・有澤孝義・藤澤武史訳［1983］『多国籍企業の内部化理論』ミネルヴァ書房。）
Rugman, A. [2009], "Theoretical Aspects of MNEs from Emerging Economies," Ramamurti, R. & Singh, J. V. eds. *Emerging Multinationals in Emerging Markets*, Cambridge University Press, Chapter 3.

（藤澤　武史）

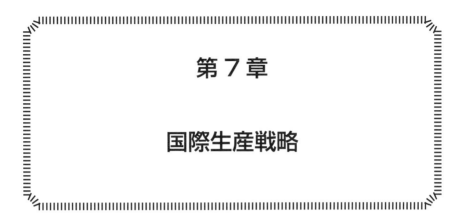

第1節 生産システムの国際化
―日系企業の強みの海外移転―

　伝統的な貿易論の枠組みに従えば，企業による海外生産拠点の設立は要素コストの比較優位によると考えられる。すなわち労働コスト，原材料コスト，資本コストなどが本国と比較して優位であれば，企業は生産拠点を要素コストの比較優位を有する国へ移転する。しかし，日系製造企業の国際化の小史を概観するに，要素コストの比較優位の枠組みだけでは，国際生産戦略は説明できない。いわゆる競争優位と比較優位の総合により，生産システムの国際生産戦略を初めて論じることができる[1]。本章では，生産システムが競争優位の源泉となる産業を念頭において議論を展開する。まず本節では企業の国際化の初期段階で盛んに議論された生産システムの海外移転について解説する。本国で有する生産システムの優位性（企業特殊優位）の内容を確認し，それら優位性をいかにして効率的に海外へ移転してきたのかをみていこう。

1．日系製造企業が持つ生産システムの優位性

　日系製造企業は長い年月をかけて，高品質，低コスト，短納期（QCD）の徹

底的な追求により，世界的に高い競争力を有する生産技術の蓄積と生産システムの構築を推進してきた。1960年代，日系製造企業は国内で生産した製品の輸出を国際戦略の中心にすえていた。輸出は日系製造企業の飛躍的な成長を支えることとなるが，一方で輸出相手国の国際収支や雇用機会に大きな影響を与えるようになった[2]。この貿易摩擦問題を回避するため，1970年代初頭より日系製造企業は先進国への海外直接投資による海外生産拠点の設立を開始する[3]。産業よって多少異なるものの，特に自動車とエレクトロニクス産業において，国内工場で蓄積してきた生産システムが海外生産拠点の設立と共に随時移転され，国際生産システムの構築が開始された。そして海外生産拠点に移転された生産システムは現地国の特殊な資源（人的資源，現地サプライヤー，顧客，研究機関，政府による諸政策）と結びつき，新たな生産技術や知識を創造するに至っている。現地で創造された生産技術と知識は，主に現地市場に適応した製品の修正と開発に活用されてきた。

　ところで，このように積極的に海外へ移転された日系製造企業の生産システムにおける優位性ないしは強みとはいかなるものであったのか。一般に，日系製造企業の生産における強みは，需要変動に応じた「多品種少量生産」を高次元で達成するための製造現場における品質管理運動や生産技術（工程の設計と管理）の蓄積にある。例えば，前工程が後工程にとって必要な部品だけを必要なときにだけ生産し，仕掛かり在庫を最小化する「ジャスト・イン・タイム生産（JIT）」や市場において必要とされる完成品を最適な数量だけ柔軟に生産することを可能にする「混合流入生産」は，日本のマザー工場で生まれ，海外の工場へ移転された生産システムである。さらには現場において権限委譲された従業員が自らの作業に不断の改善を加えることにより，生産システムを日々進化させていく「改善」や「自働化」といった管理方式もまた，「多品種少量生産」を高品質，低コスト，短納期で実現するための組織能力である。

　吉原は，海外移転の対象となる生産システムを3要素に分類している。3要素とは①生産設備，②生産管理，③工場の組織風土である。生産設備とは，工場内の各種機械，装置，ベルトコンベアー，治具，工具などを指す。これら生産設備を使いこなす手法やノウハウは，一般に生産のソフト技術とか生産管理

（工程管理，品質管理）などといわれる。工場の組織風土とは，工場の作業者，技術者，管理者などに共有されている価値観やものの考え方の特色，行動のクセなどを指す[4]。

　また島田は，生産システムの構築や管理，改善における機械と人間の関わりについて「ヒューマンウェア」という概念を用いて説明している。島田はトヨタがGMのフリーモント工場の再生を請け負った合弁プロジェクト「NUMMI」のケースを取り上げ[5]，日系製造企業の強みがハードウェア（機械）とソフトウェアを運営する人間的な要素，すなわち「ヒューマンウェア」に存在すると主張している。「どんなに省力化が進んだ生産システムでも人間のかかわり方はその機能や成果にとって決定的な影響をもつ」[6]と述べ，生産システムにおける優位性が製造現場の従業員とチームによってもたらされていると解説している。これら日系製造企業の生産システムの強みの形成には，終身雇用制度や家族主義的な調和を保つ組織風土，OJT（on the job training）に見られる現場主義といった日本的経営の特徴が基盤となっている[7]。

　近年では藤本らによる製品アーキテクチャ論が，日系製造企業の生産システムの強みと持続性を説明する有力な論理として定着している[8]。製品を構成する部品が持つ機能を相互に微妙に調整することにより完成製品の品質を向上させる「擦り合わせ型製品（あるいはインテグラル・アーキテクチャ）」においては，伝統的に日系製造企業が強みを有すると藤本は主張している。擦り合わせ型製品の典型である自動車産業において，日系メーカー，とりわけトヨタの躍進がこの事実を物語っている。藤本は以下のように述べている。「単純化を恐れずに言うならば，戦後日本企業の得意技は『インテグレーション』（統合），例えば部品設計の微妙な相互調整，開発と生産の連携，一貫した工程管理，サプライヤーとの濃密なコミュニケーション，顧客インターフェースの質の確保などであったと言える。自動車や小型家電に限らず，こうした「擦り合せ能力」や「まとまりの良さ」が競争力に直結する製品では，依然日本企業の国際競争力は健在だ」[9]。

　以上の議論より，海外移転の対象となっている日系製造企業の生産システムの強みは，製造現場における人的な調整能力にあると言える。生産設備や治具

を実際にオペレーションする際に機械の微妙な調整や機械間の連結，再配置などにより生産効率をインクリメンタルに向上させていく人的資源の優位性が特筆されよう。藤本の議論にあるように，日系製造企業の得意とする製品構造が構成部品間の緊密で微妙な相互依存関係を基盤とするとき，製造現場における担当者間，部門間そしてサプライヤーとの関係調整が重要な組織能力となる。そして微妙な調整を伴い日々改善が繰り返される現場の暗黙知は，現場の従業員と主要サプライヤーの間で高いレベルで共有されている。

2. 生産システムの海外移転―マザー工場制―

　優位性（強み）の移転は通常，多国籍企業組織内部の本社と海外子会社間で行われる。組織内部の移転とは言え，国境を越えた知識や技能の移転には多大なコストが伴う。そこで生産システムの強みを効率的に海外へ移転する方法として有力視されてきたのが「マザー工場制」である。山口によればマザー工場（制）とは，「親会社における技術移転のセンターとして，海外からの人材を受け入れ，訓練を行い，海外で運営しやすい製造技術を開発するなど，技術移転戦略の中心を担う大規模な組織単位」である[10]。人的な調整能力を基盤とする組織能力はおのずと暗黙的な知識を形成する。つまりマニュアルではなく，現場での経験の共有を通じた方が，暗黙的な知識や技能が人から人，チームからチームへと移転しやすい[11]。日進月歩で進化する製造現場の組織能力を，継続的に海外工場へ伝えるシステムとしてマザー工場は機能する。図表7-1は，マザー工場制の構成要素を示している[12]。

　山口によれば，マザー工場制は以下のように機能する。まずマザー工場（通常は本国に立地）が海外従業員を受け入れ，マザー工場の従業員とともに現場を共有し暗黙知を共同化する。同時に，マザー工場内に蓄積しているさまざまな組織的な取り組み（ルーティン）や技能を形式知化する努力を通じて，効率的な海外移転を試みる。そして海外工場へマザー工場の従業員（指導員）を派遣して，現場を共有し，さらに知識を共同化していく。このようにしてマザー工場の製造現場に粘着した人的な調整能力や技能などの暗黙知が，多国籍企業

図表 7-1　マザー工場制の構成要素に関する概念図

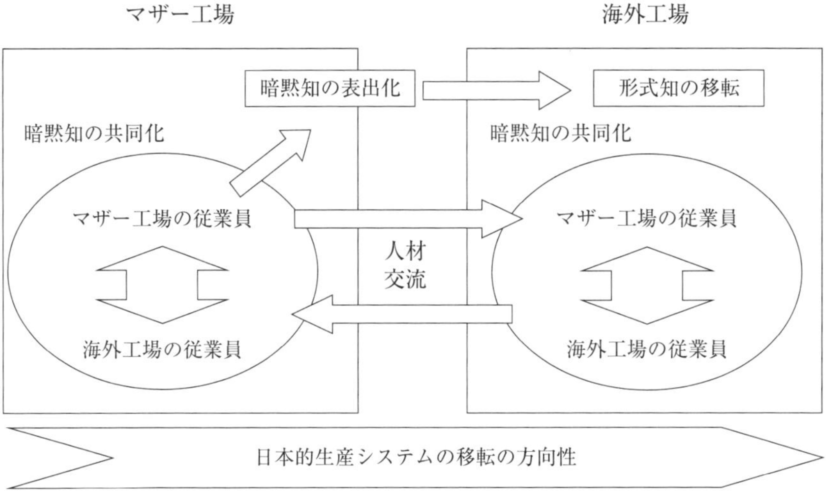

```
マザー工場                          海外工場

       暗黙知の表出化  →  形式知の移転

  暗黙知の共同化           暗黙知の共同化
   マザー工場の従業員  ↔  マザー工場の従業員
         ↕        人材交流       ↕
   海外工場の従業員        海外工場の従業員

          日本的生産システムの移転の方向性 →
```

(出所)　山口［2006］137 頁。

組織内部で時間をかけながらも着実に移転していく。日系製造企業の強みは，知識を容易に形式化しマニュアルなどに落とし込んで移転することができない暗黙知であるため，場の共有を重視した移転方式が採用されてきた。

　しかし，近年このマザー工場制に異変が生じている。急激な生産拠点数，生産台数の拡大に伴い，マザー工場のベテラン従業員が不足し，知識移転のスピードと質の低下を招いている。本国工場の従業員のみに依存したマザー工場制は，その規模の拡大と共に自ずと限界に達する。マザー工場の現地化については，第3節で検討する。

　さて，以上の議論は，自動車や一部のエレクトロニクス産業などの知識集約的な産業を念頭に置いている。労働集約的な産業においても同様に日系製造企業の生産システムの強みの海外移転の論理が当てはまるのだろうか。そこでアパレル・繊維産業の例をみてみよう。アパレル・繊維産業では，生産機能は労働集約的であるため，比較優位の理論に従い，当初は低賃金，安価な原材料の調達を動因に海外へ生産拠点を移転している。生産拠点として中国を選んだユニクロ（ファーストリテイリング社）の場合もまた，固定費用の低減を動因と

して自前の工場を持たずに，現地の独立系工場に生産を委託している。しかし，パートナー工場に生産を委託しているとはいえ，ユニクロは完成品の品質を高水準に維持するため，日本の繊維業界において歴史的に蓄積されてきた生産技術をパートナー工場へ移転しようと試みてきた。「匠チーム」と呼ばれる本国から派遣された技術者集団がパートナー工場に対する技術指導を行っている。染色，紡績，編立て，縫製工場管理などに精通した日本人のベテラン技術者集団からなる「匠チーム」は，週に2，3回，現地のパートナー工場を訪問し，工程ごとの具体的な技術指導を徹底的に行い，現場の技術向上に努めている。その道30～40年の経験を有する匠の指導により，ユニクロ商品の品質は欧米や現地のライバル企業と比較して高水準を維持している。自社工場を持たないユニクロであっても，日系製造企業の強みである製造現場における人的な調整能力や技能の海外移転に努めている。

3. サプライヤー・システムの海外移転

　日系製造企業，特に自動車産業に特徴的な産業構造は，サプライヤー・システムと呼ばれるピラミッド型の階層型分業構造にある。完成品メーカー（例えばトヨタ）を頂点として，1次サプライヤーが大型部品や戦略部品の一部を製造・納品し，その下に1次サプライヤー向けに部品を納入する2次サプライヤーが存在する。このように多い場合で5，6階層にまでサプライチェーンが伸びている。このため，生産システムの強みの構築と維持には，完成品メーカーの組織内部のみならず，少なくとも1次サプライヤーとの関係管理もまた重要となる。特に海外生産拠点の立ち上げと現地での生産能力向上を目指す企業にとって主要なサプライヤーとの関係管理は完成品の高品質と低コストの追求に欠かせない。米国の著名な研究者であるダイヤーは，米国に生産拠点を持つ日系自動車メーカーと米国自動車メーカーのそれぞれのメーカーとサプライヤー関係管理方式を比較研究し興味深い結論を導き出している[13]。彼は自動車メーカーの経営成果（新製品開発の速度，製品の品質，在庫コスト）へ影響を与える要因として「人的資産の特殊性」，「物的資産の特殊性」，「生産現場（site）の

特殊性」という3つを識別している。「人的資産の特殊性」とは，メーカーとサプライヤーの担当者間の人的なフェイス・トゥ・フェイスのコミュニケーションの頻度と質を指す。「物的資産の特殊性」とは，生産設備が自社製品のために開発された特殊品であるかに関わる。そして「生産現場の特殊性」とは，メーカーとサプライヤーの生産現場の立地がどれだけ近接しているかという指標で測定される。一連の実証分析は，日系自動車メーカーの経営成果が米国メーカーと比較して高水準にあることを示している[14]。この分析結果は，上述の3つの特殊性，すなわち完成品メーカーとサプライヤー間での緊密な調整能力，が国際的な競争優位を創出していることを例証している。

　初期の国際生産戦略は，貿易摩擦の回避，安価な人件費等による生産コスト削減，消費地生産による現地市場適応化などを目的としていたが，その経営管理上の焦点は本国で蓄積した生産システムの強みの海外移転に関わる諸問題にあったと総括できよう。次節では，企業の国際化初期段階の生産戦略のあり方と比較して，企業が多国籍化しその活動領域がグローバル化する段階において企業が直面する国際生産戦略上の課題についてみていく。

第2節　国際生産戦略が直面する課題
―ポスト2008年の世界―

　21世紀を迎え，生産拠点のみならず販売拠点，研究開発拠点の国際化が進展している多国籍企業の国際生産戦略の策定と実行は，ますます複雑性を増している。一言で表現すれば，各国・地域市場において持続可能な競争優位を確立するためには製造現場の強みに加え，徹底的な低コスト化と，グローバル市場における急速な環境変化，需要変化へのアジルな対応力が不可欠となっている。本節では，現在，国際生産戦略が直面する課題について解説する。

1. 先進国市場と新興国市場の非連続性問題

　2008年の世界金融危機以前の世界では，先進国市場の安定した成長を前提とした比較的緩やかなグローバル化が進行していた。多国籍企業は従来通り，欧米日市場に軸足を置きつつ，成長する新興国市場へ徐々に対応することが求められていた。しかし2008年以降，世界市場の地図が大きく塗り替わることになる。この劇的な環境変化を正しく予測できたものは皆無であったと言っても過言ではない。サブプライムローン問題とリーマンショックに端を発する世界金融危機は特に北米市場を直撃し，その後先進国市場全体の大幅な縮小を招いた。例えば米国の自動車販売台数（乗用車とトラックの合計）は，2008年の約1,600万台から2009年には約1,000万台にまで，実に3分の2以下に激減している[15]。代わって世界市場を牽引する市場へとそのポジションを高めたのが中国を筆頭とする新興国であった。

　ポスト2008年以降の急激な世界市場の変化は，生産システムにも多大な影響を与えた。新興国市場で求められる徹底的な低価格化と適正品質化の実現に対する新たなミッションが，先進国の多国籍企業に突き付けられたのである。2008年以前までは，先進国市場の顧客を主要なターゲットとして，多品種少量でしかも高品質な製品の生産に注力してきた組織能力が，新興国市場では機能しないという事態を招いた。経営資源と需要のミスマッチが一夜にして顕在化したようなものである。もちろん日系製造企業も2008年以前より，中国市場やASEAN市場において中国企業や韓国企業，現地企業との低価格競争に対応してきた。しかし，2008年以前において多くの日系製造企業の主たるターゲット市場は，安定的に成長を続けていた先進国市場であったため，その対応力は十分なレベルにまで到達していなかった。

　このように生産システムに関する組織能力が，先進国市場と新興国市場では連続的に活用できない現象を，新宅と天野は「経営資源と市場の非連続性」と呼んでいる[16]。この埋めがたいギャップに対して日系製造企業は，非連続性を前提とした国際生産戦略の再編に着手している。先進国市場にも新興国市場にも同時に対応する国際生産システムの構築が課題となった。

2. 規模による低コスト化競争への対応

　新興国市場の台頭は，生産規模を背景とした徹底した低コスト化競争へと多国籍企業を誘った[17]。湯之上によれば，サムソン電子の競争力の源泉は，徹底的な規模追求による低コスト生産体制にあるという[18]。湯之上は半導体のDRAM生産におけるサムソンと日系メーカー（エルピーダとルネサス）を比較し，日系メーカーが製品種類ごとに，高い歩留まり率（欠陥品が少ない比率）と高品質の造り込みに時間，人員，コストを費やすのに対して，サムソンは一定の歩留まり率と品質を確保する一方で，大量生産（量産）体制による徹底した低コスト化の確立に第1の優先を置くと分析している。そのためにサムソンは，追加の試験が必要となる最新技術の導入は極力避け，生産ライン横断的に生産プロセスを標準化して，製造装置を専用機とはせずに柔軟に使いまわすようにしている。最先端の高品質DRAMに対する世界の需要は限られており，その需要の大部分は新興国市場を中心とした低価格製品にあることをサムソンは徹底したマーケティング調査により高い精度で予測し，巨大な生産規模を確保しつつ適正品質製品を低コストで生産する体制を確立している。日系製造企業は，この圧倒的な規模を背景とした低コスト競争に直面し，苦戦している。

3. 製品モジュラー化の進展と国際分業

　前述のように，日系製造企業は，部品と部品とを相互に緊密に調整して製品ごとに特殊な設計を行う「インテグラル（擦り合わせ）」型アーキテクチャ製品の生産に強みを持つと言われている。製造現場の人的調整に基づく優れた擦り合わせ能力は，乗用車や特殊機械，一眼レフデジタルカメラのように，現在でも日本企業がトップシェアを持つ製品カテゴリーにおいて優位性の源泉として機能している。しかし1990年代からPC分野を皮切りとして，次第に「モジュラー（組合せ）」型アーキテクチャが台頭してきた。モジュラー型とは，モジュールと呼ばれる部品と部品の接合部分（インターフェース）が標準化しているため，モジュール部品を寄せ集めて単純に組み合わせることにより，多品種

な製品を生産する設計思想を指す。接合部分が業界内で標準化されている場合,「オープン・モジュラー」型アーキテクチャとなり,広く市場から低価格部品を調達できる。製品ごとに部品をひとつひとつ造り込んでいくインテグラル型とは異なり,大量生産と作業プロセスの効率化,そして結果として低コスト化生産に適している。藤本らによれば,中国や韓国,そして米国においては,モジュラー型アーキテクチャが適した生産要素環境が存在し,これらの国出自の企業による徹底したモジュラー型の低コスト生産により,エレクトロニクス分野において日系企業が劣位に追い込まれた[19]。PC,液晶テレビ,半導体,スマートフォン,タブレットなどが好例であろう。かつてブラウン管テレビの時代には,ブラウン管の部品間の微妙な調整が,画質を大きく左右した。インテグラル型ものづくりに長けている日系電機メーカーは,ブラウン管テレビの世界シェアトップを直走った。しかし液晶テレビの時代になれば,部品がモジュール化し,一部のインテグラル型部品を除いてすべての部品が市場で入手可能となった。韓国や台湾企業はこれら部品を労働集約的生産現場で組み合わせることにより,比較的簡単に高品質な液晶テレビを生産できるようになった。このようにして日系電機メーカーの生産システムにおける競争力は瞬く間に陳腐化するに至った。

　現在でもインテグラル型ものづくりに強みがある日系企業は,モジュラー型生産の得意なアジア企業との協業による活路を模索している。例えば自転車部品のシマノのように,部品のレベルでインテグラル製品を供給し,顧客企業（自転車のセットメーカー）がシマノ製のインテグラル部品を自社のモジュラー製品アーキテクチャの一部品として採用する方法がある。これを藤本は「中インテグラル／外モジュラー」戦略と呼んでいる[20]。この場合,インテグラル部品は標準化して大量生産できるため,収益性も高くなるという。このように日系企業はインテグラル型のものづくりに軸足を置きつつも,モジュラー型生産を得意とする外部企業との協業（分業）により,高品質と低コスト化の双方を追求することを課題としている。高品質一辺倒の時代はもはや過ぎ去ったのである。

4. マーケティングと生産の連携

　生産規模の確保のためには、世界市場に関する詳細でタイムリーな情報の収集と分析が欠かせない。巨大な市場を標的として定めることが、低コスト生産実現の第一歩となる。このためにマーケティングと生産は、緊密に連携しなければならない。近年の新興国市場の拡大を背景として、自動車メーカー各社は独自の新セグメントを開拓している。例えば日産自動車は、新興国市場向けにダットサンブランドを復活させ、一台50万円を切る自動車の開発と生産に乗り出している[21]。湯之上［2013］によれば、サムソン電子ではDRAMの販売市場を予測することがビジネスの根幹であるとの認識から、250名を超えるマーケティング担当者を配置していたという。通常の日系メーカーでは数名程度であったという。サムソンのマーケティング担当者は現地に住み込み、現地で需要を読み、これらマーケティング情報を本社に集約して分析することを通じて、巨大な販売市場セグメントを高い精度で予測してきた。生産技術を磨く前に、マーケティング技術を磨き、生産部門と連結させることが、低コスト生産の前提条件になる。

第3節　国際生産戦略の新機軸

　ポスト2008年のグローバル競争に直面する日系製造企業は、生産技術、組織体制、分業体制、製品アーキテクチャにおける変革を迫られている。本節では、グローバル競争に勝ち抜くための国際生産戦略の新機軸について議論する。

1. 生産・調達の「徹底的な現地化」

　生産要素における比較優位は現在でも国際生産戦略の中核である。安価な生産要素をいかにして自社の競争優位へと取り込むことができるかが鍵である。

そのためには徹底的な生産と調達の現地化が不可欠となる。現地化とは人材，原材料，部品，組立などのあらゆる生産要素を現地で調達し，現地で育成する活動を指す。新宅・天野によるホンダの２輪車事業のケースが，現地化の効果に詳しい[22]。ASEAN市場におけるホンダの２輪車事業は，2000年ごろに安価な中国製品によって劣位に追い込まれた。高品質であるが同時に高価格（20万円程度）に設定されたホンダのバイクは，タイやベトナムのお客様にとっては高嶺（値）の花となっていた。ベトナムでは品質は劣るものの３分の１以下の価格で手に入る中国メーカーのバイクが市場では支持されたのである。この事態を重く受け止めたホンダは，部品，部材の現地調達比率の向上と製品設計の見直しに踏み切った。これまでホンダ独自の品質基準（安全基準）を守ることに固執し，主要部品は日系サプライヤーから調達していたが，これを現地サプライヤーへ切り替えていった。もちろん現地サプライヤーは慎重に選定され，その後も徹底的な技術指導が行われた。このようにして適正品質と低価格化の両立を目指した。この結果，ベトナムでは現地調達率は2001年の53％から2003年には76％にまで上昇している。また製品アーキテクチャも１から現地で見直し，複数製品間で部品を共有化し，抜本的なコスト改革を実行した。この結果，2002年にはベトナムで10万円のバイクを市場導入し，2003年には市場シェアトップに返り咲いた。折しもベトナムにおいて中国製バイクの事故が多発したことも相まって，ホンダはASEAN市場で確固たるポジションを確立した。徹底的な現地化にはマザー工場の現地化も含まれる。新宅・天野によれば，現地で超量産体制を確立するためには，生産技術に関する学習が欠かせない。しかし，本国のマザー工場に頼っていては高コスト体制から脱却できないため，マザー工場機能も現地で確立することが必要となる。

　徹底的な低コスト化実現のためには，本社の従業員や設備が極力関与しない，現地完結型の生産システムの構築を目指さなければならない。しかし，現地マザー工場の設立，現地サプライヤーの長期的な育成，低価格部品の現地調達などが課題となり，「徹底的な現地化」は未だ十分とは言えない[23]。技術漏えいの恐れや有能な現地人材確保と維持の難しさ，そして労働者の質の問題から，すべての現地市場において徹底的な現地化は適さないかもしれない。自社の戦

略に合わせた立地の選択が必要となる。

2. グローバル・マス・カスタマイゼーション

　従来，日系製造企業は各工程において漸進的（インクリメンタル）にコストダウンを推進することに長けている。あらゆる部品，部材，作業工程をそれぞれの担当部門で見直し，一円一銭の単位でコストダウンを積み上げていく方式である。乾いた雑巾をさらに絞るようにしてコストダウンを図ってきた。しかし，本章でみてきたように，徹底的な低コスト生産のためには，システム全体の再編が求められる。

　グローバル・マス・カスタマイゼーション（以下，GMC）とはグローバル市場における巨大な生産規模を確保することと，現地市場への適応化生産を高次元で両立するマネジメント手法である[24]。製品の大量生産とカスタム化の同時達成を志向する「マス・カスタマイゼーション」を発展させた考え方である。以下では国際生産システム全体の再編におけるGMCの実践とその有効性について検討する。

（1）現地市場情報の収集と分析

　第1に，GMCは，各国市場での情報収集と分析から始まる。中国，ASEANそして日本，米国，欧州市場ではニーズや競争環境が異なるため，それぞれ現地のマーケティング部門が市場情報を収集・分析する。サムソンの現地マーケター制度のように，現地の社会に住み込み，徹底的に現地市場（ニーズ，競争相手，変化など）を分析する能力が現地マーケティング組織には求められる。

（2）マーケット＝アーキテクチャ・インテグレータ（MAI）

　第2に，市場情報を一元管理・分析する組織を上位に設置する。マーケット＝アーキテクチャ・インテグレータ（MAI）である。MAI（マイ）は各国の市場情報と製品設計・生産工程情報の調整と統合を行う。徹底的な低コスト生産

図表 7-2 グローバル・マス・カスタマイゼーションの概念図

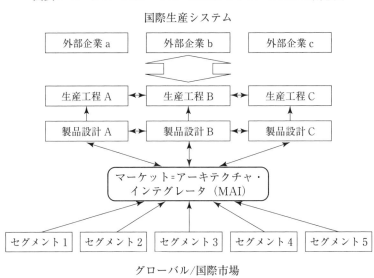

の実現を第一とし，各国のニーズ間の調整を行う。どの国のいかなるニーズを製品へ反映するのか。あるいはどのニーズは削るのか。MAI は最大公約数算出による全体最適を追求する。例えば，2006 年に PC 事業でデルを抜いて市場シェア世界トップとなったヒューレット・パッカード社（以下，HP）では，米国テキサスの本社にグローバル開発チームを編成し，各国のニーズを集約してグローバル製品の設計へ落とし込んでいる[25]。HP は，この組織改革により，先進国市場の PC に対するニーズを最大限反映した，標準化と適応化を同時達成するグローバル製品モデルを開発している。

MAI が一元管理する市場の範囲の決定は，企業（事業）戦略に依存する。新興国と先進国市場は切り離して分析するのが一般的である。前出の HP は先進国市場と中国・インド市場は分割して組織を編成している。またホンダの 2 輪車事業においてもその市場範囲は ASEAN とインド市場に限定している。これは先進国市場と新興国市場の間には埋めがたい差があり，共通点を見出すことが困難であることを示している。

さらに MAI は製品設計（開発と生産）部門と協働し，製品アーキテクチャ

の見直しを行う。部分最適を志向する組織体制とはせず，複数の市場セグメントのニーズを最大公約数として製品設計へ反映する情報の流れが必要である。巨大な生産規模を確保するためには，標準部品，標準製品の大量生産体制を準備しなくてはならない。そのためには市場セグメント横断的に使用できる部品，部材や生産工程を特定し，複数の製品（製品設計と生産工程）を横断するようにして製品アーキテクチャを再構成する。複数の製品に使用する共通プラットフォームの設計も有効である。要するに，一品ずつを個別最適で造り込むことは一部のハイエンド製品のみに絞り，マス市場向けから新興国市場向けのローエンド製品については可能な限り製品設計と部品，作業工程を標準化する。

　しかし，製品横断的な製品アーキテクチャの再構成においては，競争優位の源泉となるインテグラルな範囲を製品設計全体の中に残す必要がある。特に新興国市場向け製品については，複数の製品に組み込む戦略部品にはインテグラル・アーキテクチャを採用し，周辺部品とのインターフェースはモジュラーを採用するのが望ましい。すなわち，差異化要因となる戦略部品の中身は高度な擦り合わせにより造り込み，これら戦略部品を複数の製品に組み込む際のインターフェースはモジュラー型とすれば，戦略部品と非戦略部品の境界が明確となり，部品や部材の共通化が実現しやすくなる。製品ひとつひとつを特殊な製品設計，特殊な部品で造り込むことは，生産システム全体での徹底的な低コスト化には適さない。部品の共通化は，大量一括調達，作業工程の標準化，在庫管理などあらゆる面において徹底的な低コスト化に貢献する[26]。

（3）　国際生産分業体制

　第3の実践は，徹底的な低コスト生産のために外部企業も組み入れた国際分業体制を確立することである。まず世界に分散立地する生産拠点間の調整を密にしなくてはならない。現地ニーズに対応するための生産設備や工程と，グローバル標準の作業工程を明確に分割し，グローバル標準工程については生産拠点間で柔軟に生産量を調整できる体制づくりが望まれる。各生産拠点がスタンドアローンで独自進化を遂げていけば，グローバル市場で生じる急激な需要変動に国際生産システム全体で対応することが困難となる。標準作業，標準工程

を生産拠点横断的に共有し，国際生産システム全体で進化させていくことが望まれる。例えばトヨタは世界4拠点にグローバル生産センター（GPC）組織を設置し，世界同時の生産立ち上げの実現に挑戦している[27]。標準工程については，世界のどの生産拠点でも同じ技術レベルで同じ作業効率で生産を実現しなければならない。このためには事前に製品設計の製品横断的な調整と徹底的な生産の現地化が必要であることは言うまでもない。

また外部企業の活用も国際生産分業体制には欠かせない。これまで日系製造企業は自社独自のものづくり哲学や組織風土を守るため，サプライヤーや外部製造委託業者を活用する場合でも，長期的な取引実績のある企業にその範囲を限定する傾向にあった。しかし，徹底的な低コスト生産を実現するためには，少なくとも非戦略部品や労働集約的な組立工程については，新興国企業を積極的に活用することが必要となる。需要変動は激しく，一社ですべてのリスクを負担することは避けなくてはならない。メイク・オア・バイにメリハリをつけ，自社内（関連会社を含む）で生産する部品や工程（固定費）と，低コスト生産のために新興国企業などへ外注する部品や工程（変動費）を明確に分類し，柔軟に外部企業を活用しなければならない。

日系製造企業は，市場の変化に対応できる柔軟でかつ徹底的な低コスト生産体制の上に，従来からのインテグラルなものづくり能力を組み込む新しい国際生産システムの構築を志向すべきである。

ま　と　め

日系製造企業は生産システムを競争優位の源泉としてグローバル市場で勝ち抜いてきた。90年代以降にはマザー工場制を通じて生産システムの海外移転を進めてきた。しかし，ポスト2008年のグローバル市場は，新興国市場を中心に徹底的な低コスト競争へシフトし，日系製造企業は劣位に追い込まれている。製品アーキテクチャのモジュラー化が進展したことも日系製造企業の劣位性に

拍車をかけている。

　グローバル市場において今後の競争優位の獲得に貢献すると考えられる組織能力とは，グローバル市場を分析するマーケティングと生産システムの連結能力，そして徹底的な現地化による低コスト生産能力にある。

【キーワード】

マザー工場制，現地化，暗黙知，マス・カスタマイゼーション，
製品アーキテクチャ，マーケット゠アーキテクチャ・インテグレータ（MAI）

〈注〉
1) Kogut［1985］, Porter［1986］, Kotabe and Helsen［2008］.
2) 竹田［2013］。
3) 発展途上国における海外生産は先進国に先立って実行された。これを吉原は東南アジア諸国の政府からの要請による「受身的（防衛的）な海外生産」と呼び，竹田［2013］は日系多国籍企業の「前史」と総括している。
4) 吉原［1992］104 頁。
5) 残念ながら合弁会社 NUMMI は，GM の経営危機により 2009 年に解消されている。
6) 島田［1988］105 頁。
7) 山口［2006］91-100 頁。
8) 藤本［2001］，新宅・天野［2009］。
9) 藤本［2001］195-196 頁。
10) 山口［2006］。
11) 金綱［2009］。
12) 山口［2006］136-137 頁。
13) Dyer［1996］。
14) 他にも Takeishi［2001］などがある。
15) OICA（International Organization of Motor Vehicle Manufacturers）によれば，2013 年時点で，販売台数上位 8 カ国を先進国と新興国に分けて集計すると，先進国 4 カ国の合計が約 2,700 万台に対し，新興国 BRICs の合計は約 3,200 万台となっている。
16) 新宅・天野［2009］，天野［2010］。
17) 諸上［2012］。
18) 湯之上［2013］。
19) 藤本・天野・新宅［2009］。
20) 藤本編著［2007］。
21) 日本経済新聞，2012 年 3 月 2 日。

22) 新宅・天野 [2009]。
23) 新宅 [2014] によれば，日系製造業の現地調達率は依然として進展していないという。例えば2007年時点でタイにおける日系自動車メーカー A の現地調達率は 90% を越えるが，トータルの経費ベースで計算すると 60% 程度に留まっているという。日本から輸入する部品の金額は 10% であるものの，この取引に関わる労務費，設備の償却費，その他経費などを組み入れると日本コストは全体の 40% にまで跳ね上がる。この現象を新宅は「見せかけの現地化」と呼んでいる。
24) 臼井 [2006]。
25) 2007年9月の筆者によるインタビュー調査より。
26) 2013年にホンダは世界市場での主力3車種（アコード，シビック，CR-V）の共通部品の比率を2016年までに4から5割程度まで引き上げ，最大で240万台分に共通備品を採用する計画を発表している。年間600万台生産体制を見据え，今後のさらなるコスト競争に備えた英断である。今後に注目したい（日経新聞2013年1月5日朝刊）。
27) 徐 [2012]。

〈参考文献〉

天野倫文 [2010]「新興国市場戦略の諸観点と国際経営論―非連続な市場への適応と創造」『国際ビジネス研究』第2巻，第2号，1-20頁。
臼井哲也 [2006]『戦略的マス・カスタマイゼーション研究』文眞堂。
金綱基志 [2009]『暗黙知の移転と多国籍企業』立教大学出版会。
島田晴雄 [1988]『ヒューマンウェアの経済学―アメリカの中の日本企業―』岩波書店。
新宅純二郎 [2014]「日本企業の海外生産が日本経済に与える影響―海外生産における付加価値分析―」『国際ビジネス研究』第6巻，第1号，3-12頁。
新宅純二郎・天野倫文 [2009]「新興国市場戦略―市場・資源戦略の転換―」『経済学論集』第75巻，第3号，40-62頁。
徐　寧教 [2012]「マザー工場制の変化と海外工場：トヨタ自動車のグローバル生産センターとインドトヨタを事例に」『国際ビジネス研究』第4巻，第2号，79-91頁。
竹田志郎 [2013]『多国籍企業研究と共に』文眞堂。
藤本隆宏 [2001]「アーキテクチャの産業論」藤本隆宏・武石彰・青島矢一編『ビジネス・アーキテクチャ』有斐閣。
藤本隆宏編著 [2007]『ものづくり経営学―製造業を超える生産思想―』光文社新書。
藤本隆宏・天野倫文・新宅純二郎 [2009]「ものづくりの国際経営論：アーキテクチャに基づく比較優位と国際分業」新宅純二郎・天野倫文編著『ものづくりの国際経営戦略：アジアの産業地理学』有斐閣。
諸上茂登 [2012]『国際マーケティング論の系譜と新展開』同文舘出版。
山口隆英 [2006]『多国籍企業の組織能力：日本のマザー工場システム』白桃書房。
湯之上隆 [2013]『日本型モノづくりの敗北零戦・半導体・テレビ』文春新書。
吉原英樹 [1992]「日本的生産の海外移転」吉原英樹編著『日本企業の国際経営』同文舘出版。
Dyer, J. H. [1996], "Specialized Supplier Networks as a Source of Competitive Advantage:Evidence from the Auto Industry," *Strategic Management Journal*, Vol.17, pp.271-291.
Kogut, B. [1985], "Designing Global Strategies:Comparative and Competitive

Value-Added Chains," *Sloan Management Review*, Vol.58, Summer, pp.37-52.（グプタ・ウエストニー編著，諸上茂登監訳［2005］『スマート・グローバリゼーション』同文舘出版。）

Kotabe, M. and K. Helsen［2008］, *Global Marketing Management*, 4th edition, John Wiley & Sons.（栗木契監訳［2010］『国際マーケティング』碩学叢書。）

Porter, M. E.［1986］, *Competition in Global Industries*, Cambridge, Mass. Harvard Graduate School of Business Administration.（土岐坤・中辻萬治・小野寺武夫訳［1989］『グローバル企業の競争戦略』ダイヤモンド社。）

Takeishi, A.［2001］, "Bridging Inter- and Intra-firm boundaries:Management of Supplier Involvement in Automobile Product Development," *Strategic Management Journal*, Vol.22, pp.403-433.

（臼井　哲也）

第8章

グローバルSCMと
ロジスティクス戦略

第1節　グローバルSCMとロジスティクス

1. グローバルSCMとロジスティクスの枠組み

　企業の国際化に伴って，グローバルSCM（supply chain management）がますます重要になっている。調達拠点，生産拠点，販売拠点のいずれか，もしくはそれらの拠点のすべてをグローバルに展開している企業は増加の一途をたどっている。特に近年，日本の企業は国内市場の成長限界と新興国市場の急速な拡大に伴って販売市場をグローバルに広げることにエネルギーを注いでいる。

　一方，開発・調達・生産の各拠点と販売市場が世界中に拡散し，それらの拠点間を結ぶリンクがグローバルに張り巡らされてさらに複雑化する。それにつれてグローバル・サプライチェーン（global supply chain）を維持するために要する資源の負担と，それらのネットワーク全体に影響を及ぼすさまざまなリスクが急速に増すことになる。国際化を志向する企業にとってこれは大きな課題となる。そこでグローバルSCMを実践することが不可欠になるのである。

　まず，SCMとは何か。SCMの世界的な学会であるCSCMP（Council of

Supply Chain Professionals) は，サプライチェーンを次のように定義している[1]。

「サプライチェーン・マネジメントは，調達先の選定・購買と変換を含むすべての活動とすべてのロジスティクス・マネジメント活動を包含する。重要なことは，サプライチェーン・マネジメントはサプライヤーや中間流通，サードパーティー・サービス・プロバイダーと顧客などのチャネル・パートナーとの調整と協調をも含むことである。本質的には，サプライチェーン・マネジメントは企業内部と企業間をまたがる需給マネジメントを統合する。」

また，SCM の企業経営における位置づけとして，「サプライチェーン・マネジメントは，企業内と企業間をまたぐ主要なビジネス機能とビジネスプロセスを，凝縮された高い成果を出すビジネスモデルへと結びつけるための一義的な責任を伴う機能統合である。それは生産や上記のロジスティクス・マネジメント活動のすべてを含み，マーケティング，販売，設計，財務，IT を伴いそれらを横断するプロセスと活動の調整を推進する」としており，「高い成果を生み出すビジネスモデルを創出するために，マーケティング，販売，設計，財務，IT などの他の機能と調整・協力しながら生産・ロジスティクスの機能統合を行うことである」としている。

また，ロジスティクス・マネジメントについては，「顧客の要求に適合するために発地点と消費地点の間の財・サービスと関連情報のフォワード，リバースの流れと保管を効率的・効果的に計画，実行，コントロールするサプライチェーン・マネジメントの一部である」と定義し，その活動内容について，「典型的には，入出庫管理，配車管理，倉庫管理，荷役，注文履行，ロジスティクス・ネットワーク・デザイン，在庫管理，需給計画，3PL 管理を含む。程度の差はあっても，ロジスティクス機能は調達先の選定と購買，生産計画・スケジューリング，包装，組立，顧客サービスをも含む。それはすべての計画と実行のレベルを含む。すなわち，戦略，戦術，オペレーションのすべてのレベルの計画と実行を含む。ロジスティクス・マネジメントは，機能の統合であり，それはすべてのロジスティクス活動を調整し最適化すると同時に，マーケティング，

販売,設計,財務,IT を含む他の機能とともに,ロジスティクス活動を統合する」としている。

以上の SCM の枠組みをグローバル SCM に拡張すると,国境をまたがって展開された自社内の機能拠点と取引先・パートナーや顧客・エンドユーザーの拠点の働きを機能的につなぐための SCM ということになる。

2. グローバル SCM の負荷要因

グローバル SCM に対する負荷となる諸要因を示したのが図表 8-1 である。これらの諸要因は,市場・価値要因,組織要因,ロジスティクス要因,情報・オペレーション要因,制度・インフラ要因から発生しており,より大きくみると事業構造,オペレーション,基盤的要因の3つに分けられる。本来,SCM は顧客価値の創出と事業投資採算性の向上のために企業内・企業間の業務を調整・連携・統合するマネジメントであるが,グローバル・サプライチェーンゆえのこうした諸要因の発生がグローバル SCM の遂行上の大きな障害となるのである。これらの諸要因に対してどのような戦略がとりうるか以下で考察する。

図表 8-1 グローバル SCM に対する負荷となる諸要因

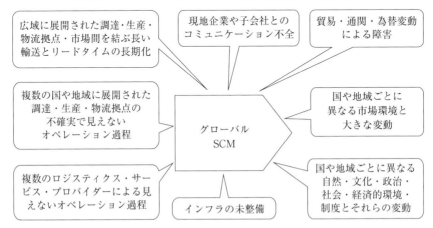

第2節　事業構造とロジスティクス構造のデザイン

1. グローバルSCMと事業構造

　国や地域が異なると市場の特性やニーズにも少なからず違いがあるので，これに対応した製品を開発・生産しなければならない。しかし，グローバルな事業全体の効率性を上げるためには，標準化した製品を大量に生産して規模の利益を創出する必要もある。そのためには，グローバル効率と現地適応化を同時に達成するためにマス・カスタマイゼーション戦略を活用する必要がある[2]。マス・カスタマイゼーションは，延期—投機戦略を活用して，標準化・共通化された部品・モジュールを組み合わせて市場ニーズに適応しながら経営効率も同時に追求する戦略である。例えば近年，擦り合わせ型の産業の代表格といわれた自動車産業で，極めて高度なモジュラー型のビジネスモデルが開発されつつある。従来の部品共通化のレベルを超えて，製品（技術）・工程・設備・組織レベルを統合したモジュラー・タイプの事業設計が行われているため，世界同時に迅速な生産拠点の展開を可能にしている。この点は，日本企業が進めているコストダウンを目的とした現地化戦略のレベルを超えて，グローバルな事業構造そのものの戦略的な転換に基づくものとして注目される。

2. ロジスティクス・ネットワークの構造化

　事業構造の転換がロジスティクス構造にどのような影響を与えるだろうか。まず，ロジスティクス構造は拠点（ノード）と輸送（リンク）からなるネットワーク構造の設計がベースになる。ロジスティクス・ネットワーク設計の目的は，市場の要求に適合したロジスティクス・サービスの実現と，コスト低減およびリスク分散である。経営効率の向上を図るためには規模の経済を活かすべ

く，拠点を集約し輸送リンクを太くする必要がある。しかし，市場へ製品を供給するのに要するリードタイムを短くし，またリスク発生時の対応を目的とすればノード・リンクを分散化することになる。こうした異なる方向性を持った課題に対してこれらを極力同時に解決する手段を組み合わせることになる。

例えば，製品の多仕様化の程度と調達・生産拠点の集約化・分散化の程度を組み合わせるとインバウンド・ロジスティクス・ネットワークの形態について下図のような戦略マトリックスが形成される。

図表 8-2　製品仕様の多様性とロジスティクス・ネットワーク戦略

拠点 \ 仕様		製品仕様の多様性	
		低い（標準化）	高い（適応化）
調達・生産拠点	集中	標準製品・部品の 集中調達・生産 大量一括輸送	多仕様製品・部品の 集中混流生産 混載多サイクル輸送
	分散	標準製品・部品の 分散調達・生産 （マルチソーシング） ルートの切替輸送	多仕様製品・部品の 分散調達・生産 ハブ・アンド・スポークを 活用したネットワーク輸送

このマトリックスをみると，事業（製品）構造とロジスティクス・ネットワークの構造が密接に関係しあって，ロジスティクス・マネジメントの戦略が決定されることがわかる。例えば，標準化された部品／製品を特定の大規模生産拠点で集中生産し，大量一括輸送すればロジスティクス・ネットワークの運用効率は最大化するが，市場への適合性やリスクへの耐性は低下する。他方，調達・生産拠点は集中させながらも製品は市場に合わせて多仕様化させるとしよう。同じ製造ラインで多仕様な製品を混流生産させ，混載輸送をかけると，生産拠点や輸送の規模を高めつつ部品調達や製品の供給サイクルを多頻度化させ，効率とサプライチェーンのサービス率を同時に向上させることができる。例えば，自動車部品の海外におけるミルクラン調達やSPAのグローバル商品調達体制はこのような事業戦略とロジスティクス・ネットワークの構造が密接に関連してデザインされているのである。部品生産段階と製品組み立て段階でこの

ような仕様設計の共通化と多仕様化を組み合わせたものが前述のマス・カスタマイゼーションであり，ロジスティクス・ネットワークも組み合わされて実現可能になることが理解されるだろう。

第3節　グローバルSCMのオペレーションと情報戦略

1. グローバルSCMの情報システム

　グローバルSCMでは，川上の調達から川下の市場までの供給リードタイムが非常に長くなる恐れがある。そうなると市場の変化への対応が遅れ，フォレスター効果によって末端の需要変動が川上にさかのぼって増幅されるリスクも高まる。こうしたリスクを回避するためにはサプライチェーン全体で情報を共有し，プレイヤー間でオペレーションを同期化させることが求められる。情報共有による同期的オペレーションの例としてVMI（Vendor Managed Inventory）が挙げられる。サプライチェーンの川下企業からの発注に基づいて順次，川上のサプライヤーが供給するのではなく，末端の実需用情報と川下の在庫情報を川上で共有し，川上のサプライヤーから必要量のみ補充する仕組みである。ウォルマートとP&GやKRAFTなどのメーカーとのCPFR（Collaborative Planning Forecasting and Replenishment）の取り組みも原理的には同様である。こうしたサプライチェーンにおける情報共有は大きな効果をもたらす。

　しかし，グローバル・サプライチェーンでは海外工場や現地サプライヤーの生産工程の進捗状況や，海外での通関状況，船会社に荷渡しした後の積み荷の状況等，その業務プロセスの状況が把握できない場合が非常に多い。ましてや，サプライチェーンの段階を経るごとに，原材料，部品，仕掛品，完成品，梱包品，パレット，コンテナと在庫・荷姿の状態が変化するのである。形態の変化

した製品がグローバル・サプライチェーンのどの場所でどのような状態にあるのかを把握することは容易ではない。まず，貨物の個別認識をどのように行うか，RFID やバーコード等の技術開発のみならず国際的なコード体系や通関，フォワーダー，船会社との間の情報共有が可能にならなければ，グローバル・サプライチェーン全体の可視化と情報共有化はできない。

2. 未来在庫のマネジメント

これらの情報システムが運用可能になったとして，グローバル SCM では何が可能となるのか。端的に言えば，未来在庫のマネジメントが可能になる。グローバル・サプライチェーンでは末端市場や生産拠点，コンテナ輸送中に予期せぬ変動が発生することが多い。現状のサプライチェーンの状況が可視化されていれば，そのような影響が近い将来，グローバル・サプライチェーン・ネットワークの各段階にどのような影響を及ぼすのかシミュレーションを行い，生産工程や輸送工程のインプロセス在庫を未来在庫として把握し，事前に対策を講じることが可能になるのである。あたかもグローバル・サプライチェーンをネットワーク状に張り巡らされたパイプ・ラインのように見立て，そこを流れるさまざまな形の在庫全体をダイナミックに制御することによってグローバル・サプライチェーン全体を同期的にマネジメントすることが可能になる。

3. 計画とオペレーションの統合管理

国際経営とグローバル SCM の関連で情報面から注目されることは，S&OP の活用である。S&OP とは Sales and Operation Planning の略語で，販売計画と製造・ロジスティクスのオペレーション計画の統合運用の仕組みを指す。金額ベースと数量ベースの事業計画を，職能縦割り組織を横断し，海外事業拠点やサプライヤーも含めて立案し，1 年半のスパンで週次計画・日次調整のマネジメント・サイクルを回すのである。グローバル事業展開している企業では，計画・調整の情報リードタイムが長期化しやすい。特に，グローバル SCM に

おいてはリーマンショックや東日本大震災など大きな変動の影響がさまざまな姿で表れる。そのためグローバル・サプライチェーンにおけるリスクとコストなど相反する事項やM&Aや海外拠点等の経営判断に対して迅速な意思決定を行う必要がある。国際的に展開された市場や拠点の激しい変化を即刻取り込んで，グローバル・サプライチェーン・ネットワーク全体に対する影響をシミュレートし，整合性のある計画に即時に落とし込んで柔軟に意思決定するためには，こうした情報活用体制を整えていることが求められる。国際的な企業では，このような仕組みが効果を発揮している。国際的な事業展開においてSCMにおけるこのような情報活用と意思決定の仕組みは，ダイナミック・ケイパビリティの獲得の基盤となりうるといえよう。

第4節　ロジスティクス・インフラの活用と制度優位性

1. セミ・グローバリゼーションと制度優位性

　グローバル・ロジスティクスは，もともと国際事業展開に先立って行われる拠点構築の体系としての特性を持っている。販売に先行して生産拠点や物流拠点をつくり，供給体制を整えて市場を獲得しに行くという発想である。このことは，新興国市場への展開において特に重要になる。ところが，新興国市場では先進国で有効であった戦略が有効性を持たない場合がある。Ghemawat[2003]が主張する通り，世界はフラット化の方向でグローバル化が進んでいるのではなく，文化的，制度的，地理的，経済的な違いが現実にあるセミ・グローバリゼーションの世界といえる[3]。特にロジスティクスにおいては，上記のすべての違いが大きく影響している。新興国の多くは交通網などのロジスティクス関連インフラが未整備な状態が顕著であって，このような環境でロジスティクス拠点の先行投資をいかに進めればよいかである。

このことを考える前に，セミ・グローバリゼーションの世界において，進出国の多様なインフラや制度にどのように対応するかを検討する必要がある。ここで制度とは，North [1990] の定義に則って，社会や国におけるゲームのルールであり，政治形態や財産権などの公式ルールと行動規範や価値基準などの非公式ルールが含まれるとしよう[4]。例えば，鉄道インフラの投資・運用の制度は国によって異なり，税制・通関制度や経済協定なども国や地域によってそのルールや運用実態が大きく異なるが，これらはグローバル SCM に大きな影響を与える。

諸上 [2013] は，グローバル経営においては，資源ベース論の VRIO のみならず，ダイナミック・ケイパビリティが求められるとしている[5]。

磯辺ほか [2010] は，海外子会社の経営成果は本社だけではなく母国とは異なる制度環境を持つ現地国の影響も受けるが，実証研究の結果，制度が先進国とは大きく異なる新興国では，現地の制度の特殊性をマネジメントする力を持つ企業と持たない企業で経営成果に大きな差が生ずることが明らかになったとしている[6]。この理由として磯辺らは，制度が未成熟な国で活動する海外子会社はその国で適正とされる活動についての情報を十分に持たないために，海外子会社は幅広い戦略的行動をとるようになるが，その行動結果には不確実性が伴うために，制度環境の特殊性をマネジメントすることによりリスクを減少する能力が必要になると述べている。こうした能力はダイナミック・ケイパビリティの一種と考えられる。

2. 国際ロジスティクスにおけるインフラ・制度の活用戦略

さて，国際的に事業展開する企業はその経営戦略に基づきグローバル SCM 戦略を策定するが，この実現に当たってはロジスティクス戦略を展開しなければならない。実際の生産や物流は，外部の受託企業にアウトソーシングされることもある。特に物流はロジスティクス・サービス・プロバイダー（LSP）に委託することが多い。いずれにせよ企業はこのようなグローバル・サプライチェーンにおける実際のオペレーション遂行するために国際的なロジスティクス

戦略を実行する。

　一方，ロジスティクス戦略は現地のインフラの整備状況や関連する諸制度の基盤の上で実行されることになるので，これらの制約を強く受けることになる。したがって国際的に事業展開する企業では，グローバルSCM戦略と現地のインフラ・制度との双方向的な関係性においてロジスティクス戦略が展開されることになる。しかも，グローバル経営においては，SCM戦略も新興国などでは現地のインフラ・制度も急速に発展するので，先行的な投資を必要とするロジスティクス戦略はこれらの関係性を組み込んだ進化プロセスをあらかじめ想定しておく必要がある。

　図表8-3は，グローバル・ロジスティクス戦略がグローバルSCM戦略と海外（特に新興国）におけるインフラや制度との相互作用によってどのように進化するかを示したモデルである。このモデルは，ロジスティクスSCM戦略が，グローバルSCM戦略（Sa～c）の要求するサービス水準の高度化要請（Xa～c）と，現地のインフラや諸制度の制約条件（Ia～c）との関係で自らのロジスティクス戦略を進化させていく（A→B→C）経路を示している。

　まず，海外市場（新興国）への進出段階ではロジスティクスは本国と同様の高度なSCM（Sa）の実現を求められる（A段階）。高度なロジスティクス・サービスとは，例えば配送の定時制，誤配送率の低さ，貨物の追跡情報の提供，高い輸送品質，VMI（Vendor Managed Inventory），JIT（Just in Time）などの在庫管理・納品を含む高度なロジスティクス・サービスを指す。これがXa→Aの段階である。これを支えるインフラは多頻度で柔軟なドア・ツウ・ドアを実現する意味で，トラック輸送が中心となり，専用物流センターの設置・運用が基本となる。したがって，コストや安くても未成熟な内航海運や鉄道インフラの活用は回避される（Ia→A；Ya）。

　次の段階（B段階）は，新興国事業の拡大発展と輸送範囲の広域化，そしてコスト低減要求から，トラック輸送以外の物流手段の提供が求められる段階である。これが，Sb→Xb→Bの段階である。この段階になると，内航海運・河川物流や鉄道など多様なロジスティクス・インフラが部分的に高度化され，また工業団地や物流センターなど拠点インフラや関連政策等も整備されるよう

第8章 グローバルSCMとロジスティクス戦略 141

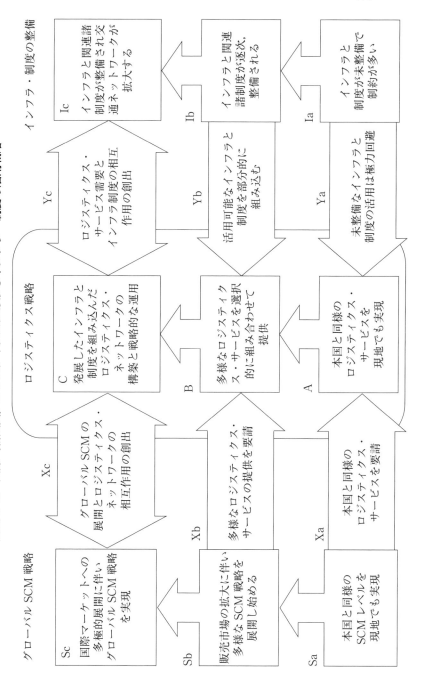

図表8-3 国際（新興国）ロジスティクスにおけるインフラ・制度の活用戦略

になり (Ib), これらのインフラや諸制度の内活用可能なものを部分的に取り込んで (Yb), ロジスティクス・サービスの幅を広げる (Yb → B)。

さらにグローバル経営の拡大が進むと，原材料や部品の調達先も拡大し，販売市場も広域に展開されるようになる。これに対応したグローバルSCM戦略 (Sc) は，これを実現するロジスティクスに対して特定の地域に限ったものから，広域の展開に対応できるものに進化することを要請する。例えば，中国の沿岸部と内陸部の間，さらには，中東や東南アジア，欧州など国際的なモノの流れを形成するようになる。競合企業も増え，コスト競争も厳しくなるかもしれない。こうした戦略的なグローバルSCMのニーズに対応して，ロジスティクス面では本格的な複合一貫輸送体制を確立する必要に迫られ，リスク分散を図るためにも多様な調達・生産拠点や輸送モードを組み込む必要がある。これがSc → Xc, Ic → Yc → Cの段階である。この段階のロジスティクス戦略を実現するためには，ロジスティクス戦略としてインフラ・制度を活用するためには，B段階のように単に使える部分を一部取り込むだけでは済まなくなる。生産量や取り扱い貨物量を増やし，現地インフラや制度を活用しやすい条件を整え，さらにこうした生産・物流規模を背景に現地政府に制度改善を働きかけるなど，積極的な相互作用が不可欠になってくる (C ⇔ Ic : Yc)。そのためには，従来の販売チャネルやパートナーのみならず，その他の外資系企業や生産規模，貨物取扱量の大きいサービス・プロバイダーとの連携が不可欠になってくる。現地政府との交渉や現地の物流企業，現地の顧客との取引に長けた現地企業や，現地で事業展開する外資系企業との連携や事業の共同化が欠かせない。本国における密接な取引関係に慣れた企業は戦略的な転換が迫られる。重要なことは早い段階から現地の市場やインフラ・制度の発展を見据えたロジスティクス戦略シナリオを描いて情報を集め，先行的な取組みを行うことである。

第5節　事業システムとグローバル・サプライチェーンのリスク低減

　グローバルSCMは，上位の事業システムに組み込まれて機能する。事業システムは，顧客価値と投資利益を同時に実現するための仕組みである。加護野・井上［2004］によれば，「事業システムとは，（中略）どの活動を自社で担当するか，社外のさまざまな取引相手との間にどのような関係を築くか，を選択し，分業の構造，インセンティブのシステム，情報，モノ，カネの流れの設計の結果として生み出されるシステム」としている。情報とモノの流れというSCMが組み込まれており，その前提として自社の機能範囲とサプライチェーンの他のプレイヤーとの関係性が強調されている。この事業の仕組みの形態によってSCMの在り方も変わってくる。前述の通りグローバルSCMでは，特にリスクの低減が大きな課題となる。また，事業システムの観点で見れば，自社が負える範囲でリスクをとることによって利益を得ることができる。そこで，事業システムとグローバルSCMの関係について2つのタイプを例示しよう。

　1つは，一般に製造小売業の形態である。アパレル業の場合はSPAともいわれる。この事業システムは小売業自らが市場の需要を調査し，製品をデザインして海外の生産拠点に直接生産指示を出し，販売市場の各店舗に直接納品できるように混載輸送をかけて，自社のリスクで売り切ってしまう仕組みである。この場合，多頻度で延期的なデザイン，製造コストが低く抑えられる海外での多頻度小口生産，バイヤーズコンソリデーション（輸入者名義によるコンテナ混載輸送），売切りによる滞留在庫の回避，自社物流センターによる在庫コントロール，といった下位システムを組み合わせることによって商品の鮮度を向上させて顧客満足を高めつつ，在庫投資採算性も向上させるスキームが組み込まれている。このような川下の小売業による垂直統合的な事業システムが効率的なグローバルSCMを有効に機能させていることが理解される。

　もう1つの事例は，商社的なサプライチェーンの運用で，自社では店舗も工

場も一切持たないが，世界中の小売チェーンの要望を受けて，取引のある世界中の生産者から最も適した部品を調達し，完成品に仕立てて顧客の小売業の販売戦略に合わせて供給する，いわばグローバル SCM のオーケストレーションを行っている企業がある。この場合は完全に垂直分業体制をとりつつバーチャル・サプライチェーンをコントロールしていることになる。この場合には，自社の物流センターのみ保有し，生産拠点と小売店舗に対する一切の投資リスクや在庫リスクを負わず，グローバル・サプライチェーンを情報ネットワークで効率的に制御することによって顧客価値を生み出している。

こうした上位の事業システムのみならず，オペレーションの基盤となるロジスティクス・ネットワークの設計も重要である。

事業システムとグローバル SCM，ロジスティクス・ネットワークの統合的な設計におけるリスク低減の基本的な戦略は，可視化，共通化・標準化，分散化・複線化，共有化である。可視化は，本章の第3節で述べたサプライチェーン・プロセス全体を可視化することである。そのことによりサプライチェーン全体に発生する変動をモニタリングして，未来在庫を見通しながら制御することができる。共通化・標準化は，第2節で述べた通り，部品，業務を標準化したり共通化したりすることで効率を上げると同時に代替可能化してリスク対応できるようにすることである。分散化・複線化は，第2節で述べた通り，生産・調達拠点の分散化によりリスク分散を図ることである。部品の共通化と組み合わせて効率化とのバランスをとる。共有化は，情報，拠点，業務プロセス，インフラを共有化することにより，リスクを低減することである。

このようにグローバル SCM を有効に機能させるためには，前提となる事業システムとオペレーションのプラットフォームであるロジスティクス・ネットワークの両面から，統合的な戦略設計を行うことが求められるのである。

ま と め

　グローバル SCM は，国境をまたがって展開された自社内の機能拠点と取引先・パートナーや顧客・エンドユーザーの拠点の働きを機能的につなぐための SCM である。グローバル SCM には特有の大きなコストとリスクがかかってくるので，これを削減しつつ，国や地域によって異なる多様な市場ニーズに適応することが求められる。そのためにはマス・カスタマイゼーションに対応したビジネス・アーキテクチャに転換するとともにこれに対応するグローバル・ロジスティクス・ネットワークを構築する必要がある。また，オペレーションの面では情報共有化やシームレスな計画・管理システムの導入により，グローバル SCM の迅速かつ柔軟な制御が可能になる。また，新興国等においては本国とは異なるインフラや諸制度を能動的に組み込んだロジスティクス・ネットワークの進化モデルを戦略的に想定し，制度優位性を獲得する必要がある。グローバル SCM を有効に機能させるためには前提となる事業システムとオペレーションのプラットフォームであるロジスティクス・ネットワークの両面から統合的な戦略設計を行うことが求められる。

【キーワード】
　グローバル SCM，グローバル・ロジスティクス・ネットワーク，S&OP，制度優位性，事業システム

〈注〉
1) URL 〈http://cscmp.org/about-us/supply-chain-management-definitions〉
2) 諸上 [2013]。
3) Ghemawat [2003]。
4) North [1990]。
5) 諸上 [2013]。

6) 磯辺ほか [2010]。

〈参考文献〉

磯辺剛彦・牧野成史・クリスティーヌ・チャン [2010]『国教と企業—制度とグローバル戦略の実証分析』東洋経済新報社。

加護野忠男・井上達彦 [2004]『事業システム戦略』有斐閣アルマ。

諸上茂登 [2013]『国際マーケティング講義』同文舘出版。

Ghemawat, P. [2003], "Semiglobalization and International Business Strategy," *Journal of International Business Studies*, Vol.34, No.2, pp.138-152.

North, D. C. [1990], *Institutions, Institutional Change and Economic Performance*, Cambridge University Press, New York.

（橋本　雅隆）

第 9 章

グローバル ICT 戦略

第 1 節 「グローバル」から「国際」へ

　すでに本書の多くの諸章において，2008 年の「リーマンショック」以降，「グローバル化」から急速に「国際化」が意識される時代状況の変化について各執筆者が渾身入魂の筆で述べてきたように思う。21 世紀という時代が単純に「グローバル化」へと収斂(しゅうれん)するのではなく，逆に 20 世紀以前の「国際化」の視点が現実に重要性を増して来ているという認識である。つまり，我々の世界が地球の一体化として捉える「グローバル化」へと直線的に進むのではなく，むしろ国民国家間の関係が厳然として残り，それぞれがせめぎ合い，より先鋭化してくると考える「国際化」の視点である。そして，本章で扱う ICT 分野においても同様なことがいえる。

　最初に，インターネットの利用者数（ユーザー数）について，2005 年と 2011 年の比較をみてみよう（図表 9-1）。世界全体ではこの 6 年間に約 10 億人から約 20 億人へとユーザー人口が 2 倍ほど膨張している。いわゆる「ICT グローバル化」の急激な進展である。だが，内容を検討するとそう単純には言えないことがわかる。最初にインターネットが登場した米国で使用される言語＝英語は，この 6 年間にユーザー数は増やしているもののシェアを 30.0%→27.3

図表 9-1　インターネット・ユーザーの母国語

2005 年

順位	言語	ユーザー数（万人）	シェア（％）
1	英語	31,292	30.0
2	中国語	14,430	13.8
3	日本語	8,630	8.3
4	スペイン語	7,817	7.5
5	ドイツ語	5,821	5.6
6	フランス語	4,581	4.4
7	韓国語	3,390	3.2
8	ポルトガル語	3,237	3.1
9	イタリア語	2,887	2.8
10	ロシア語	2,370	2.3
上位 10 カ国語合計		84,455	81.0
その他の言語		19,855	19.0
合計		104,310	100.0

2011 年

順位	言語	ユーザー数（万人）	シェア（％）
1	英語	56,500	27.3
2	中国語	50,997	24.6
3	スペイン語	16,497	8.0
4	日本語	9,918	4.8
5	ポルトガル語	8,259	4.0
6	ドイツ語	7,542	3.6
7	アラビア語	6,537	3.2
8	フランス語	5,978	2.9
9	ロシア語	5,970	2.9
10	韓国語	3,944	1.9
上位 10 カ国語合計		172,141	83.1
その他の言語		35,056	16.9
合計		207,197	100.0

（出所）〈http://www.internetworldstats.com/〉(2014. 8. 30. アクセス) より筆者作成。

％へと落としているのである。このことは英語中心の志向だけでは国際ビジネスが成り立たないことを示唆している。それだけではない。日本語（8.3％→4.8％），ドイツ語（5.6％→3.6％），フランス語（4.4％→2.9％）韓国語（3.2％→1.9％）など主な先進 OECD 諸国が軒並みシェアを落としている。逆に，中国語（13.8％→24.7％）が英語と並ぶ 2 大言語と言えるほど大幅に躍進し，ヨーロッパに加えてラテンアメリカで広く使用されるスペイン語（7.5％→8.0％），ポルトガル語（3.1％→4.0％），そしてロシア語（2.3％→2.9％），さらにはアラビア語（3.2％）がトップ 10 入りするなど，新興国の躍進が目覚しい。したがって，国際ビジネスを行う企業であれば，こうした各国言語によるユーザー数の拡散という変化にも大いに関心を持たなければならないこととなる。

次に，固定および移動体の電話契約数の推移について，世界動向の確認をしておこう。図表 9-2 は，2013 年時点での世界 210 の国および地域について，縦軸に固定電話の契約数増減率，横軸に携帯電話の契約数増減率を取って散布図

第9章 グローバルICT戦略 149

図表 9-2 固定および移動体の電話契約数の増減率
(2011〜2013年調査)

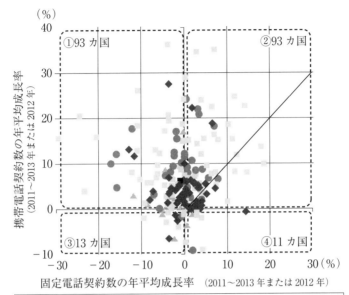

(出所) 総務省［2014］。

①	②
16カ国（米国，カナダ，英国，フランス，スウェーデン等）	3カ国（オーストリア等）
19カ国（日本，中国，シンガポール，タイ，カンボジア等）	24カ国（ミャンマー，フィリピン，マレーシア，インドネシア，香港等）
17カ国（アルゼンチン，メキシコ等）	19カ国（キューバ，ブラジル，エクアドル等）
41カ国（ナイジェリア，南アフリカ，モロッコ等）	47カ国（UAE，カタール，バーレーン等）
③	④
4カ国（スペイン，アイルランド，グリーンランド，アンドラ）	4カ国（ベルギー，オランダ，イタリア，ポルトガル）
1カ国（ベトナム）	1カ国（ウズベキスタン）
3カ国（ジャマイカ等）	1カ国（パナマ）
5カ国（クロアチア等）	5カ国（リビア等）

として示したものである。第1象限（共にプラス）が93カ国，第2象限（固定電話がマイナス，携帯電話がプラス）が93カ国と同数となっており，携帯電話の成長率がプラスになっているのは合計で世界の約9割，186カ国となっている。また，固定電話が減少している国の数（第2象限と第3象限の合計）は，約半数の106カ国である。このうち，第2象限に注目すると，すでに固定電話が成熟段階を過ぎていると考えられる先進国（米国，英国，カナダ，フランス，ドイツ，日本など）が集中している一方，発展途上国（カンボジア，ア

図表9-3 世界における携帯電話の生産台数とシェア（1999-2013年）

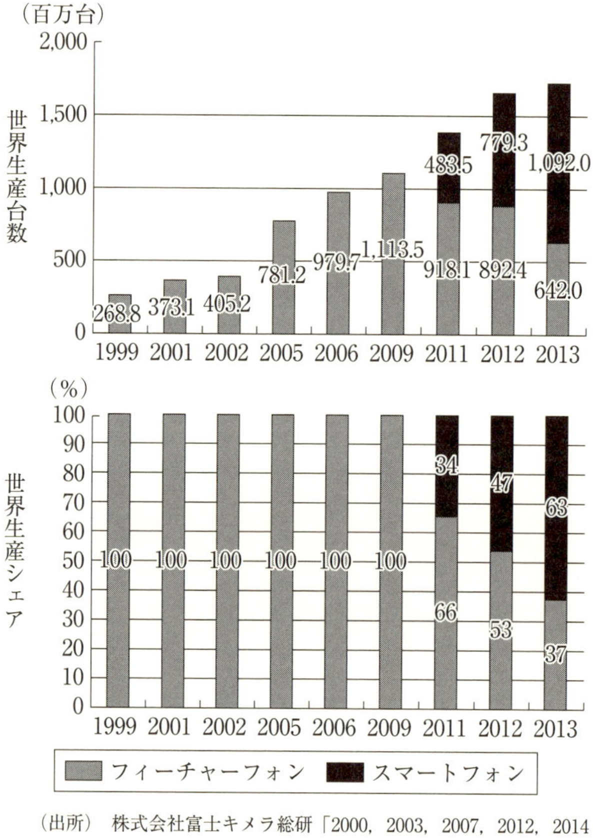

（百万台）

世界生産台数
- 1999: 268.8
- 2001: 373.1
- 2002: 405.2
- 2005: 781.2
- 2006: 979.7
- 2009: 1,113.5
- 2011: フィーチャーフォン 918.1／スマートフォン 483.5
- 2012: フィーチャーフォン 892.4／スマートフォン 779.3
- 2013: フィーチャーフォン 642.0／スマートフォン 1,092.0

世界生産シェア（％）
- 1999: 100
- 2001: 100
- 2002: 100
- 2005: 100
- 2006: 100
- 2009: 100
- 2011: フィーチャーフォン 66／スマートフォン 34
- 2012: フィーチャーフォン 53／スマートフォン 47
- 2013: フィーチャーフォン 37／スマートフォン 63

（出所）株式会社富士キメラ総研「2000, 2003, 2007, 2012, 2014 ワールドワイドエレクトロニクス市場総調査」より。

ルゼンチン，ナイジェリア，モロッコなど）でも固定電話が減少し，携帯電話が増加している。また，第1象限においても45度線よりも上の範囲に多くの国々が存在しており，固定電話よりも携帯電話の増加率の方が高いエリアが注目される。つまり，世界的なトレンドは，先進国・途上国を問わず，携帯電話に軸足が移っていることが確認される。

さらに，図表9-3は，1999～2013年までの世界市場における携帯電話の生産台数の推移を示している。携帯電話は，2001年の約3億7,000万台から2013年には約17億台へと生産が拡大している。このうち2011年からスマートフォンが出回り始め，それまでのフィーチャーフォンを2013年には完全に凌駕し6割を突破していることが確認できる。このことは，コミュニケーション手段として携帯電話が21世紀になって急速に進展してきただけでなく，過去数年でPCを補完または代替するインターネットのディバイスとして特に世界の8割の人口を占める新興国でのスマートフォンの役割が今後ますます国際ビジネスに重大な影響を及ぼすであろうことが容易に推測できる。

以上の事実を踏まえて，本章ではICT分野で特に2008年以降注目されている「クラウド」と「越境EC」について扱う。クラウドは，国際ビジネスのICT戦略を考える上で，従来考えられなかった国際ビジネスの地平を切り開くものである。また，こうしたインターネットの環境基盤の上で開花する国際的な電子商取引，特にB2C（企業対消費者）の越境ECに焦点を当てる。

第2節　クラウド

2005年以降，ICT分野での大きな変化の1つにクラウドコンピューティングの急速な拡大がある。クラウドとは，インターネット上の「天空の雲」という意味で，所在を全く意識しない領域で，コンピュータ処理がなされることである。従来，ユーザーはPCや携帯電話といったハード資源を保有し，それを用いて自身のソフトウェアを使い，データを保有し，利用・管理していた。し

かし，クラウドの場合は，ネットワーク上にあるサーバーの中に，ソフトウェアやデータが存在し，ユーザーは必要に応じてネットワークを通じてアクセスし，サービスを利用する形態となる。したがって，ユーザーは，ソフトのインストール（導入時の初期設定），バージョンアップ，ファイル管理，セキュリティ，バックアップといったこれまでの煩わしさから解放され，利便性が格段と増すことになる。

　ところで，クラウドのサービス利用という観点から考えると，企業だけでなく，ストレージ（テキストや画像などの保存），音楽，ゲーム等を中心とした消費者による利用も存在する。そして，消費者向けのクラウドは無料である場合が多い。その理由は，企業の広告，または企業による個人情報の収集・利用といった収益源が見返りとして企業の側に存在しているからだと考えられる。消費者としてクラウドを利用する個人ユーザー数は，英国のJuniper Research [2014] によると，2013年に全世界で20億を超えているという。Twitter, Facebook, LineなどのSNS，アップルのi-Cloudは，この利用法の典型である。ところで，消費者向けクラウドは，企業から提供されるが，そうした企業もまたクラウドの利用ユーザーである。クラウドは，ベンダー企業と呼ばれるサービス提供企業がビジネスを構築するが，ベンダー企業自身も企業内部と外部でクラウドを利用している。

　クラウドは，ベンダー企業のサービス提供に応じてビジネス的には3つの階層に分類できる。以下に示そう。

1. SaaS：サース

　第1の階層は，アプリケーションからハードウェアまでをクラウド化するSaaS：サース（Software as a Service）である。これにより，従来，自社で3〜5年もかけて数10億円という巨額な費用を投じていたハード資源の保有やソフト開発そしてリソースの維持管理などの膨大な時間と費用が劇的に低下することになる。そして，このことが国際ビジネスに大きな変化を引き起こすトリガーとなる。メリットの受益者は，グローバルな巨大企業にとどまらないか

らである。これまで国際ビジネスへ歩み出すために必要とされてきた参入障壁（資金，人材，情報など）が低くなり，生まれたばかりの新規企業がいきなり国際ビジネスを始めること（Born Global）ができたり，これまで国内にとどまっていた中小零細企業であってもグローバルな巨大企業に負けない同程度のシステム運用が可能になることで，国際ビジネスへの歩みだす契機（Born again Global）となったりする。さらに，先進国によるグローバル企業の独擅場だった新興国では，これに対抗する現地企業の巨大化（Emerging Giants）や逆に先進国へ打って出る企業（Emerging Multinationals）などが登場することになる。

ところで，SaaS は外部資源の利用（市場メカニズムの活用）と考えられるが，書式がベンダー企業によってグローバルに統一されているため，多少のカスタマイズはできても例外的な処理を許す余地はあまりない。したがって，国際ビジネスに関わるプレイヤーが増えて個性化＝「国際化」がみられても，他方でビジネスのあり方が同じ書式となるため，他方で「グローバル化」の進展にも寄与する側面があると考えられる。

2. PaaS：パース

第2の階層は，OS＆ミドルウェア〜ハードウェアまでの PaaS：パース（Platform as a Service）である。これはソフト構築の共通基盤であるプラットフォーム（サーバー，開発言語，API など）の提供サービスであり，企業と個人のユーザーは，このソフト・インフラの上でアプリを開発できる。プラットフォームをサービス提供企業（ベンダー企業）が準備するので，企業と個人のユーザーにとっては環境設定やメンテナンスの手間暇に捕らわれることなく，ソフトの開発と運用に専念できることになる。現在，Google，Microsoft，Amazon からも PaaS が提供されている。こうしてできたソフトは，各国の習慣や市場特性を反映したもの，つまりローカルを入れ込んだバラエティのあるシステムとなる。つまり，ICT 面での「国際化」の進展である。国際的な企業は，自社に即した，より細かい人事情報や代理店情報，在庫管理，財務管理な

どをオリジナルの業務用ソフトとして各国別に用意して利用できることができる。

3. IaaS：アイアース

第3の階層は，ハードウェアのみのIaaS：アイアース（Infrastructure as a Service）である。これは，PaaSやSaaSがソフトウェア絡みのサービスだったのと異なり，サーバーや回線などのハードウェアに重きをおいたインフラストラクチャーのネットサービスである。ベンダー企業がインフラを提供しハード障害の回避や復旧・メンテナンスに責任を持つことから，ユーザー企業は必要なOSやデータベース管理システムなどのミドルウェアを安心してインストールできる。IaaSは，サーバーやデスクトップの仮想化や共有ディスクなど，いわゆる「仮想技術」（Virtual Technology）を用いて，1台のサーバーでありながら，複数のOSが「区分け」（Partition）により同時に使用できるため，さながら複数台のサーバーと同じように利用できるというメリットを持つ。このことは，海外展開の業態や規模に応じて，柔軟な処理性能ですばやく対応できることを意味する。海外展開する企業にとって，IaaS型は，既存のレガシーシステム（内部資源）をベースに加工・移植することができ，しかもインフラ能力に規定されず柔軟に対応できるので，それぞれの企業タイプや事業ドメインの発展段階によって，グローバルvs.ローカルの両タイプのどちらでも対応可能という特徴を持つことになる。

なお，これとは異なるものにオンプレミスがある。

4. オンプレミス

オンプレミス（On-premises）とは，企業が情報システムを自社で保有し，自社の設備において運用することである。「Premise」とは構内，店内という意味であり，オンプレミスは自社運用という意味となる。従来は自社運用が一般的な運用形態であり，特別な呼称で呼ばれることはなかったが，クラウドの

普及によって，従来型の自社運用を明示するための表現として，「オンプレミス」という用語が広く用いられるようになってきている。ところで，「オンプレミス」自体も発展してきていることに留意しておきたい。それは「オンデマンド」のようなネットワーク技術の発展により，「サーバー」の設置場所は本国＝本社でなくともよくなったので，世界中のどこでも都合の良い場所に「サーバー」を設置できるからである。また，一部のシステムは従来どおりオンプレミスで，一部の機能やソフトウェアを他社からのオンデマンドで利用するという応用もできる。さらに，自社所有のハードウェアやソフトウェアの運用管理を外部に委託したりすることも可能である。究極的には余剰なハード資源を外部に提供したりすれば，クラウドの「ベンダー企業」としての側面も併せ持つことすら可能となる。つまり，原理的には「オンプレミス」運用企業が，決して時代遅れにはならないということである。

以上，クラウドには3つの階層（分類）があることを述べた。図表9-4に示したように，クラウドといってもベンダー企業とユーザー企業（一部は消費者）のどちらが情報資源の管理を持つのかによって，SaaS，PaaS，IaaSといった3つに区分される。またオンプレミスは自社運用でありながら，一部を外部化することによってベンダー企業になることが可能である。自社のハード資源や

図表9-4　クラウドの階層（分類）

SaaS	PaaS	IaaS	オンプレミス
アプリケーション	アプリケーション	アプリケーション	アプリケーション
OS＆ミドルウェア	OS＆ミドルウェア	OS＆ミドルウェア	OS＆ミドルウェア
ハードウェア	ハードウェア	ハードウェア	ハードウェア

□　ベンダー企業が管理
▨　ユーザー企業（一部は消費者）が管理

社内業務用ソフトをクラウドの活用によって，外部委託するという事業形態も可能となっている。

　原理的に考えると，経営資源の乏しい中小零細企業や新規のベンチャーであれば最初にSaaSを選好し，次第にPaaSもしくはIaaSへと進化するであろう。また大企業であれば，従来から持っていたオンプレミスの利点を発揮して，自らもクラウドのベンダー分野に乗り出すことで事業ドメインの幅を広げる多角化のチャンスになるかもしれない。こうして新しい分野が開拓される。ICTの拡大と進化は，企業の「内部と外部」，「所有と利用」，「規模の大小」，「海外経験のステージ」，「業態の発展段階」といった観点から，全面的な変革期を迎えているといえよう。

5. BPaaS：ビーパース

　ところで，これとは別にBPaaS：ビーパース（Business Processes as a Service）と呼ばれる新しい概念がある[1]。これは，さまざまなビジネス・プロセスをクラウドサービスと組み合わせたハイブリッド型であり，第4階層（分類）を形成する。この第4層は，上記3つの階層の上に立つ最上位層であって，クラウドのサービス提供企業（ベンダー企業）と利用者（企業・消費者）という1対1の対応関係だけでは説明のつかないビジネス展開を説明するための新しい分類である。インターネット経由で複数企業によって情報が共有されることで，各企業が協力しあい，クラウドを用いて分業を効率的に行うビジネス・プロセス・アウトソーシング（BPO）は，新しい国際ビジネスの地平を切り開く。また，消費者を積極的に巻き込んで商品開発を行い，SNSで消費者自身による商品紹介を媒介としたアフィリエイトでの利益還元など，一連のオープンイノベーションのプロセス全体が含まれる。

　英国のICTコンサルティングGartner社の予測によると，これらクラウドサービスの世界市場は，2013年の約700億ドルから2018年には約1,600億ドルとなり，年平均17.8％と高い成長が予想されている。これは，同じ期間におけるICT全体の市場成長率3.4％の予測よりも格段と高い成長率である。

図表 9-5　クラウドの世界市場

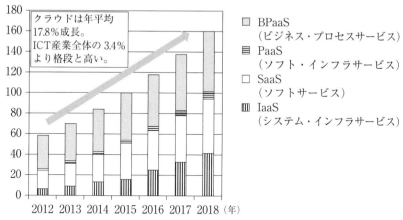

（出所）　Gartner「Forecast: Public Cloud Services, Worldwide, 2012-2018, 2Q14 Update」，および総務省『情報通信白書（平成 26 年版）』より筆者作成。

　注目すべきことは，BPaaS の伸びである。ICT 分野での所産であるクラウドは，ついにビジネスのあり方をめぐるビジネス・プロセスの領域でも大きな変化を引き起こす。次節では，そうした現象のうち，近年まで実態が不明なためあまり研究がなされてこなかった「越境 EC（電子商取引）」について考える。

第 3 節　越境 EC

1．越境 EC の定義

　インターネットが，国際ビジネスにとって地理的な制約を超えることで新しい可能性を広げるであろうことは，1990 年代中盤から広く知られていることであった。そうした中で，近年，いよいよ本格化し注目されているのが越境 EC（Electronic Commerce：電子商取引）である。越境 EC とは，海外サイトを利

用して日本ユーザーが財やサービスを購入したり，逆に日本サイトから海外ユーザーが同様に購入したりする国境を超えた取引形態のことである。これは，従来多くの議論がなされてきた国際B2B（企業間取引）の進展とは異なっており，消費者が海外サイトを利用して直接購入するという国際B2C（企業対消費者）という取引形態である。

　これらの越境ECは，企業と企業による国際貿易といった従来の形態ではないので，国内事業者がおらず，したがって通関統計によってすべてが補足されにくいという特徴を持っている。日本の消費者の場合，自国での消費税が課税されず，1回当たり16,500円の小口商品ならば関税もかからない。海外企業にとっても当該国での課税がなされない場合があり，いわゆる「課税の2重空白（double non-taxation）」といった問題の可能性を内包するものである。

　さらに，自国企業にとっては，企業自身が海外の消費者に対して直接的に販路を広めるためには，従来よく言われていたような海外の商習慣やトレンドを理解し，現地店舗の展開を行い，海外でマネジメントを行うといった，時間がかかり，かつ巨額な投資が必要とされる伝統的な国際ビジネスの手法とは全く異なった新しい取引形態と言える。

　これまでのところ，こうした越境ECは，従来からのグローバルな多国籍企業にとって新しい国際参入の手段が加わったというメリットにとどまらず，経営資源の乏しい新興国企業の国際化に役立つこと，また先進国内においてもこれまで国際ビジネスと縁遠いと考えられてきた中小零細企業，さらには創業まもない企業にとっても大きなメリットがあることが次第に明らかになってきている。消費者にとっても，インターネットの個人ユーザーとして，より広い財・サービス，そして価格の選択肢を持ち得るというメリットがある。供給側で新しいメンバーが加わり，その下で需要側が反応して創出される越境ECは，新しい市場といえるものである。

　では，越境ECの範囲とは，どのようなものであろうか。図表9-6にその概念を示した。海外の商品は，海外企業から輸出され，国内（自国）消費者に最終的に渡る。実は，これには4つのルートが存在する。

　従来からの貿易によるルートは，海外企業から国内企業に輸出され，国内の

図表 9-6 越境 EC の概念

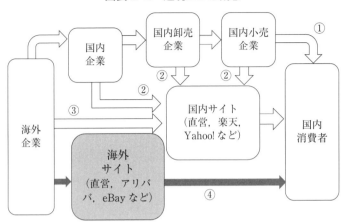

卸売・小売企業という流通段階を経て，国内消費者の手元に渡るというものであった（ルート①）。消費者にとっては伝統的な「舶来品」を手に入れる方法である。

だが，インターネットが登場してきて電子商取引の B2C が発生すると，これまでのリアル店舗での取引の他に，輸入元である国内企業そして輸入商品を扱う卸売や小売企業が運営する「直営サイト」でのネット入手，さらにこれらの企業が「e マーケットプレイス」（楽天・Yahoo! 等）へ出店する場合のネット取引が可能となる（ルート②）。

また，海外企業がこうした国内サイトに出店したものを使う場合もある（ルート③）。例えば，中国でアリババが中国消費者向けに運営する B2C モール「天猫（Tmall）」には，ユニクロ，ロレアル，アディダス，P&G，ユニリーバ，GAP，レイバン，ナイキ，リーバイスといった海外企業が中国でオフィシャルショップを展開している[2]。米国の Amazon は，日本，ドイツ，スペインなど 11 カ国で各国消費者向けに B2C を現地直営で展開している[3]。これらの場合，海外商品の取り扱いが国内企業か海外企業かを問わず，サーバーは国内に存在し，各国消費者にとっては自国通貨での取引となる。また，世界有名ブランドの多くが直営サイトを各国で展開している（いずれもルート③）。

だが，上記の3つは，海外商品が自国消費者の手に渡るということが同じであっても，本章が注目する越境ECではない。厳密な意味での越境ECの定義は，海外企業が自身で運営する海外に存在する「直営サイト」，および中国のアリババや米国のeBayなどが運営する国際的な「eマーケットプレイス」といった海外サイトを利用し，国内消費者が「個人輸入」という形態で外貨建ての取引を行うことである（ルート④）[4]。一般に流通過程において介在する企業数が減れば，国際送料を払っても消費者での価格は低くなると考えられる（価格効果）。さらに，国内では手に入らない海外の個性ある商品が購入できるので，自国消費者の商品に関する知識が豊富になり，単一商品による「グローバル化」よりも種類のバラエティが増す「国際化」によって消費者の満足度がより増すと考えられる（差別化効果）。これが越境ECの進展する理由である。

2. 越境ECの実態と方向性

越境ECについての規模と内容については，2010年まで個々の企業と消費者事例が散見されるものの，実態についての全体像が今までよくわかっておらず，研究があまり進んでいない分野であった。しかし，我が国の経済産業省によって，2011年から日・米・中3カ国について継続的な調査が毎年行われるようになって，次第にその姿が鮮明になってきた。本章では，2014年8月に公表された直近の調査結果について，以下みることにする。この調査では，世代・男女・居住地域・年収・職業などの属性が，それぞれの国における全体の構成をほぼ反映するデータとなっており，それぞれの国でサンプル数がほぼ2,000となっていることから，現在入手可能なデータの中では，かなり信頼できると考えられる。

それによると，2013年の日・米・中3カ国の越境ECの市場規模推計は，1兆7,184億円に達している。このうち，特に購買金額が大きいのは，日本居住者から米国企業へ流れる4,323億円，米国居住者から中国企業へ流れる4,117億円となっている（図表9-7参照）。

また，EC（電子商取引）利用者のうち，越境ECの利用率（図表9-8）は，

第9章 グローバルICT戦略　161

図表9-7　日・米・中における越境ECの規模2013年推計値

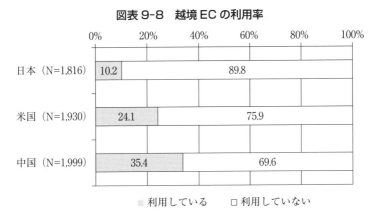

（出所）総務産業省［2014］より筆者作成。

図表9-8　越境ECの利用率

	利用している	利用していない
日本（N=1,816）	10.2	89.8
米国（N=1,930）	24.1	75.9
中国（N=1,999）	35.4	69.6

（出所）経済産業省［2014］より。

日本10.2％であり，米国24.1％，中国35.4％となっている。日本を基準にすると，米国2倍以上，中国3倍以上となり，日本よりも米国，中国の消費者が越境ECに熱心なことがわかる。日本企業にとって，越境ECの利用率が高い米国・中国の消費者の取り込みは，ビジネスチャンスとみることができる。

さらに，経済産業省［2014］によると，3カ国でのECに関心のある層を取り込み，かつ中国のインターネット・ユーザー数が先進国並みに増え続けた場

合，2020年までに3カ国間の越境ECは最大で4兆891億円になると試算している[5]。これは，2013年と比較すると，日本で4.1倍，米国で2.0倍，中国で2.3倍となっており，いずれの国においても今後大きく伸長する可能性が示されている。

また，越境ECの利用理由については，日本消費者と米国消費者は似た傾向を持ち，「国内で購入するよりも価格が安い」（日本消費者の中国からの購入83.3％，米国消費者の中国からの購入69.1％）と「求めている商品（ブランド）が国内で販売されてはいない」（日本消費者の米国からの購入51.8％，米国消費者の日本からの購入50.8％）の2つが上位に来るのに対して，中国消費者は「国内で購入するよりも商品品質が良い」（日本からの購入50.6％，米国からの購入58.5％）が最上位となっている。日米の消費者が「低価格」と「製品の差別化」を求めるのに対し，中国の消費者は「品質」を大きな動機にあげていることは興味深い[6]。

逆に，過去1年間に越境ECを利用していないグループでは，日本と中国の消費者が「サイトで表示されている言語が不得手である／わからない」（日本42.4％，中国62.7％）が最も多く，米国消費者では「商品の品質が不安である」（34.8％）「配送料が負担である」（33.4％）がほぼ並んで上位となっている[7]。

ここで注目すべきことは，越境ECを運営するサイトは多くが英語対応であり，同じ越境ECといっても，米国消費者にとって自国サービスと同等の感覚を抱かせる反面，非英語圏の日中消費者には母国語で利用できる気軽さがない，という非対称な結果を生み出していると考えられる。今後，ICTによる多言語対応が課題になってくると思われる。

越境ECの支払い方法については3カ国間で異なる。日本では「クレジットカード払い」（59.5％）以下「代金引換支払い」（20.5％）と続き，クレジットカードが主流である。ところが，米国では「クレジットカード払い」（40.1％），「デビット支払い」（38.2％），「第3者支払いサービス（PayPal等）」（34.5％），と3つの方法が鼎立している。また中国では「第3者支払いサービス（Alipay，PayPal等）」（54.9％）が最も多くなっている[8]。

最後に，日米中3カ国間における越境ECの消費者による購入品目であるが，

経済産業省［2014］の調査結果からそれぞれ上位3品目をまとめて図表9-9に示した。内，日本消費者の中国からの購入についてはサンプル数が17と極端に少ないため参考値である。興味深いのは，AV機器，PCと周辺機器といった比較的標準化の進んだグローバル商品と考えられる製造業商品がある一方，衣類，アクセサリー，音楽，映像といった製品差別化，個性化が重要と思われる商品が混在していることである。また，中国消費者は，日本から食品，飲料といった1次産業加工品，米国から衣類，アクセサリーなど自国（中国）で購入するよりも高い価格と考えられるものを多く購入している。非常に興味深い点である。とはいえ，今後，「グローバル化」と「国際化」の狭間で，ますます進展されると期待される「越境EC」は，まだその端緒についたばかりである。

図表9-9 日米中3カ国における越境ECの購入品目

(単位：％)

購入先国	日本消費者	米国消費者	中国消費者
日本		① AV機器　28.1	① 食品，飲料，酒類　38.5
		② PC，周辺機器　28.1	② 衣類，アクセサリー　32.9
		③ 衣類，アクセサリー　28.1	③ 生活家電　27.8
米国	① 書籍，雑誌　32.8		① 衣類，アクセサリー　40.4
	② 音楽，映像　27.5		② 旅行サービス　33.6
	③ PC，周辺機器　21.4		③ 医薬，化粧品　30.9
中国	① PC，周辺機器　41.2	① 衣類，アクセサリー　56.9	
	② 衣類，アクセサリー　41.2	② 書籍，雑誌　47.4	
	③ 雑貨，家具，インテリア　35.3	③ 音楽，映像　39.0	

（出所）総務産業省［2014］より筆者作成。

第4節　企業事例

1. Amazon

さて，多言語活用に関して，この面で先駆的な企業である米国のAmazonについて触れておこう。Amazonは，日本，ドイツ，フランス，中国，イタリア，インドなど海外11カ国で事業を展開しており，各国語言語に対応している。2013年の売上高は744億5,200万ドルであり，うち海外売上高は299億3500万ドル，海外売上比率は約40％を占めている[9]。ただし，本章の立場からいうとルート③による売上高が大半となっている。

2. eBay

英語サイトであるが，ルート④の代表的な企業が米国のeBayである。eBayは，インターネット揺籃期の1995年にC2Cのオークションサイトで出発しながら，現在はB2Cに力をいれており，2013年の売上高は160億4,700万ドル，うち海外比率は約52％の83億3,500万ドルとなっている[10]。海外売上については商品5億点の品揃えを宣伝し，英国が最大で，次いでドイツとなっている。海外におけるローカル小売店の取り込みに力を入れており，eBayに出店することで国際的な販売チャネルが持てるとして，eBayは積極的に各国への展開を図っている。またeBayの支払いで用いられるPayPalは，好調に推移しており，スマートフォン対応での戦略においても他サイトを圧倒している。

3. アリババ

1999年に中国で生まれたアリババは，2014年9月19日，NY証券取引所に

上場し,初日にいきなり史上最高の時価総額 2,310 億ドル(25 兆円)の企業となって注目を集めた。これは,ネット企業では Facebook の記録を抜き,トヨタの 22 兆円も超える水準である[11]。アリババのビジネスモデルは,中国商品を海外に売る B2B としてスタートしたが,やがて淘宝网(Taobao)・天猫(Tmall)という C2C,B2C サイトを展開し,日本では Yahoo! と提携している。

4. 楽　天

　楽天は,越境 EC を含むグローバル展開に積極姿勢をみせる日本を代表する企業である。「Rakuten Global Market」として英語,韓国語,中国語に対応し,国内プラットフォーム「楽天市場」内でも海外販売サービス(米国からの個人輸入,在外邦人向け日本からの直送サービス)を提供するほか,南北アメリカ・アジア・オセアニア・ヨーロッパのエリアの各国でもサービスを展開している。EC 事業における海外からの売上規模は成長傾向にあり,2013 年度の海外マーケットプレイス流通総額は 613 億円,第 4 四半期は前年同期比 42.6% 増であった[12]。

ま　と　め

　本章では,2008 年以降,ICT 分野において特に注目されている「クラウド」と「越境 EC」という 2 つトピックを扱った。
　クラウドでは,情報資源を提供するベンダー企業とサービスを享受する企業と消費者について述べ,SaaS,PaaS,IaaS といった 3 つの階層(分類)について考えた。その結果,内部資源としてハードとソフトを所有する従来からのオンプレミスと呼ばれる形態との違いが理解できる。すなわち,外部資源を有効に使うことで時間と費用が大幅に節約できるクラウドは,伝統的な巨大グローバル企業に加えて,国内の中小零細企業,新規ベンチャー,新興国企業にと

って新たな可能性を与えること，ビジネス形態もクラウドを利用したBPaaSという多彩な形態についても論じた。

越境ECでは，国際的なB2B（企業間取引）に比して，従来あまり考慮されてこなかったB2C（企業対消費者）分野を扱った。2011年以来，我が国経済産業省が毎年調査を行っている日米中3カ国調査を拠り所として，その実態と可能性について論じてきた。ここでは，同じ越境ECといっても日米中3カ国でそれぞれ異なった消費者の性格が理解されよう。

2つのトピックを通して，「グローバル化」という地球の一体化概念よりも，「国際化」といった世界の多彩な個性化の交わりといった側面が強いことを強調して，本章のまとめとしたい。

【キーワード】

インターネットと母国語，スマートフォン，クラウド，SaaS，PaaS，IaaS，BPaaS，ベンダー企業，越境EC，価格効果，差別化効果，グローバル化，国際化

〈注〉
1) 2011年にIBMがBPaaS分野に本格参入して後，急速に意識されはじめた新しい概念のクラウドコンピューティングである。
2) アリババグループの主な事業紹介〈http://www.alibaba.co.jp/corp/group/list/〉（2014.8.23.）より。
3) アマゾンの会社概要〈http://www.amazon.co.jp/version2/b/ref=footer_about?ie=UTF8&node=52267051〉（2014.8.23.）より。
4) ところで，複雑なケースもある。例えば，2009年「楽天」の連結子会社である「ケンコーコム」はシンガポールに100％出資の子会社を設立し，2014年8月に名称を「ケンコーコム global」〈http://global.kenko.com/〉に変更し，日本を含む30カ国へ医薬品，化粧品などを販売しているが，他方「楽天」にも「ケンコーコム SG」として出店〈http://www.rakuten.co.jp/kenkocomsg/〉している。この場合，本章の定義に従うと前者が越境ECとなるが，日本居住者にとっては，共に日本語サービス，送料650円（3,990円以上の購入で無料）であり自国通貨「円」支払いであり，しかも個人輸入という形態となっている。さらに，同じ商品であっても価格が2つのサイトで異なる場合もあり，より複雑性を増すことになっている。
5) 経済産業省［2014］76-77頁。

6) 経済産業省［2014］164 頁。
7) 経済産業省［2014］168–169 頁。
8) 経済産業省［2014］173–176 頁。
9) Amazon の IR 資料より。
10) eBay の IR 資料による。
11) 日経新聞 2014 年 9 月 20 日付より。
12) 楽天 IR 資料より。

〈参考文献〉

伊田昌弘［2012］「第 4 章　新多国籍企業論」多国籍企業学会『多国籍企業と新興国市場』文眞堂。
伊田昌弘監修［2014］『経営と情報の進化と融合』税務経理協会。
経済産業省［2014］「平成 25 年度我が国情報経済社会における基盤整備（電子商取引に関する市場調査）」。
総務省［2014］「ICT 産業のグローバル戦略に係る成功要因及び今後の方向性に関する調査研究」（平成 26 年）。
総務省『情報通信白書』各年版。
三菱総合研究所［2014］「ICT 産業のグローバル戦略に係る成功要因及び今後の方向性に関する調査研究」報告書。
Juniper Research［2014］, Cloud Computing–Consumer Markets.
Khanna, T. and K. Palepu［2006］, "Emerging Giants : Building World–Class Companies in Developing Countries," *Harvard Business Review*, October.
Mell, P. and T. Grance［2011］, "The NIST Definition of Cloud Computing," NIST Special Publication, 800–145.

（伊田　昌弘）

第10章

国際技術戦略

第1節　技術と普及の関係性

　普段，われわれがパソコン（以下，PC）を使う上で欠かすことのできない技術にUSB（Universal Serious Bus）がある。PCと周辺機器を接続する際のインターフェースとして広く普及しているものだが，最初のUSB 1.0規格が誕生したのが1996年だった。主に，インテルが中心となって標準化が進められ，その後も規格の世代交代が進み，本章の執筆時点では3.1が登場するなどデータの転送速度が飛躍的に高められている。

　当初，このUSBには他にこれと対抗する有力な規格が存在していた。IEEE1394（以下，1394）と呼ばれる技術である。IEEE（米国電気電子学会）が1394番目に工業標準化規格として採用したことからこのような呼ばれ方がされているのだが，もともとはアップルの技術者が中心となって開発を進めた技術として知られている。主な用途としては，USBと同様にデータを転送する役割を担うものであり，同社ではこれを「FireWire」と名付けている。

　これらの技術で最も重視されるのが転送速度だが，実はこの当時1394の方がUSBより圧倒的に速く，専門家の間での評価も高かった。しかしながら，PCとその周辺機器をつなぐインターフェースとして実際に普及したのは，イ

ンテルの推すUSBだったのである。

　たとえ技術的に優れていたとしても，実際にはうまく普及しないことがある。技術は開発までのプロセスが重要であることは言うまでもないことだが，開発後のプロセスも戦略的に重要であることを理解する必要がある。これが本章のメッセージだ。普及までのシナリオをどう描くかという点に，戦略性を見出すことができるのである。

　本章はまず次の第2節において，普及プロセスと競争戦略の関係について述べていくこととする。その際，今も紹介したUSBと1394の事例をもう少し詳しく紹介しながらインテルとアップルの戦略意図の違いを明らかにしていく。また，その事例をもとに第3節において，競争戦略理論からの整理を進めていく。技術を普及させていく上で，何が必要で何が求められるのかについて述べることとなる。第4節においては，国際的に技術を普及させる上で欠かせない戦略として挙げられる国際標準の戦略について詳しく見ていく。その内容を通じて，今後の国際ビジネスにおいて浮かび上がる新たな課題について第5節で触れていく。

第2節　技術の普及プロセスにみる競争戦略性

1．USBの普及を目指すインテルの戦略意図

　図表10-1にみるように，PCの周辺機器とのインターフェースにはUSBよりも先に1394が開発されている。これは，アップルの技術陣がデータをより速く転送することに必要性を感じ，1986年には開発を進めていたのであった[1]。

　インテルを中心に開発されたUSBは，この当時転送速度は1394よりもずっと遅かった。しかしながら，実際に広く普及したのはUSBだった。その理由

図表10-1　IEEE1394とUSBの開発年表

規格	仕様書発行年	転送速度（理論値）
IEEE1394	1995年	最大 400 Mbps
USB1.0	1996年	最大 12 Mbps
USB1.1	1998年	最大 12 Mbps
USB2.0	2000年	最大 480 Mbps
IEEE1394b	2001年	最大 3.2 Gbps
USB3.0	2008年	最大 5 Gbps
USB3.1	2013年	最大 10 Gbps

（出所）IEEE1394 Trade Association 公式Webサイト〈http://www.1394ta.org/〉他，公開されている資料を基に筆者作成。

は，これら両社の描く戦略シナリオの違いに行き当たる。

　1980年代後半から開発を進めていたアップルは，1394に関する重要なライセンスを取得している。このライセンスを必要とする企業はアップルに対して使用料を支払う必要があるため，アップルにとって貴重な収入源ともなる。
　だが，このライセンス料を徴収することは，開発者側にとって当然の権利ではあるものの，使用者側の負担が増えることから普及を遅らせてしまうこともある。実際，アップルも当初この1394のライセンスについては無償としていた。だが，1999年になり突如ライセンス料を徴収する方針に切り替えたのである。1ポートにつき1ドルというのが，アップルの設定したライセンス料だった。通常，PCの周辺機器メーカーは1394機器（いわゆる拡張ボード）をつくる上で3ポートを標準設定とすることが多いため，機器1台当たり3ドルのライセンス料が発生することとなる。当時，当該機器1台当たりの製造原価が5ドル程度だったのだが，その6割にも匹敵するライセンス料を新たに負担しなくてはならなくなることを意味するのである[2]。

　一方，USBに関してはインテルが一貫してロイヤリティフリーを通した。インテルにすれば，同社の収益源となるのはCPUであり，その売上を増加させることを目指せば良く，そのためにはPCのユーザーを増やせば良かった。PCのユーザーを増やすためには，PC自体がますます便利になれば良く，そのた

めには PC にさまざまな機器をつなげることで PC の利便性を高めることができる。その際，インターフェースを無償化すれば，多くの周辺機器メーカーに採用してもらえることとなるのである[3]。

　ライセンス料が無償の USB に対して，有償の 1394。どちらもデータを転送するという点では同様の技術であるということを考えると，周辺機器メーカーの多くが USB を支持するのは理解しやすい。だからこそ，1394 よりも USB の方が広く普及したというのが一般的な理解となっている。

2. IEEE1394 の普及を目指すアップル側の戦略意図

　だが，当該技術のライセンス料を突然有償化すれば，USB との普及競争に対して不利に働く可能性があることはアップル側が考えないはずはない。それも，1 ポート 1 ドルという高額な設定であればなおのことと言えるだろう。

　当時，アップルは 96 年および 97 年に経験した 2 年連続の赤字決算から巻き返しを図り，ようやく立ち直りかけた時期である。そのため，1394 の有償化によるライセンス料収入も，貴重な収入源として捉えられなくもない。事実，当時の報道の中には当該ライセンスによる収入を試算するものもあった[4]。とは言え，すでに普及しつつある USB に対抗する位置づけにあった 1394 を有償化すれば，普及プロセスに影響を及ぼしてしまい，そうすればせっかくの収入源も意味がなくなってしまう。それでも実施したのはなぜだろうか。

　実は，アップル側は 1394 の有償化を特許料収入とは別の意図を持ち，すなわち戦略的に進めていたと捉えることもできる。というのは，1394 の有償化の発表から半年以上経過した 99 年 10 月，アップルは同社製 PC「iMac」シリーズに 1394 を標準装備した「iMac DV」を発表している。そして，そこにビデオ編集が簡単にできる PC 用ビデオ編集ソフト「iMovie 1.0」を無償で同梱しているのである。同ソフトは PC のマウス操作で簡単に動画シーンの入れ替えや削除を可能とするものであり，その後マイクロソフトから Windows PC 用の「Windows ムービーメーカー」が出されたが，それよりも早く開発されたソフトとなっている。

デジタルビデオカメラ（以下，DVカメラ）の市場は1995年に立ち上がり，徐々に普及しつつあったのがこの当時である。それまで普及していたアナログ式のビデオカメラと異なり，DVカメラでは自分で撮影した動画をPCで編集できるという利便性があったのだが，当時はまだ一般のユーザーが利用するには高価なソフトしかなかった。そのため，1394が標準装備された「iMac DV」，そしてそこに無償で同梱された「iMovie」は，DVカメラでの編集に関心を持つ一般ユーザーから多くの注目を集めることとなったのである。

アップルが1394の有償化を発表してから，ほとんどのPC周辺機器メーカーは1394の実装を諦め，USBのみをサポートするようになったため，その意味ではPC周辺機器に関しては1394の存在感は薄れてしまうものとなる。

だが，DVカメラの市場はPC周辺機器メーカーとは異なり，ソニーや松下電器産業（現パナソニック），シャープなど，巨大電機メーカーで構成されている市場である。これら各メーカーは，ライセンスが有償かどうかよりも，容量の大きな動画データを素早く転送できるかどうかを重視する。結局，電機メーカー各社は1394のサポートを続け，その後ほぼ全てのAV（オーディオビジュアル）製品には1394のインターフェースが装備されることとなるのである。

その結果，アップルにとっては，Windows用PCとの間で明確な違いをつくり出すこととなる。単に情報を処理するための機器としてのPCではなく，いわゆるエンターテインメント性の豊かな機器としてのPCという違いを明確化したとも言えるだろう。Windows PCとアップル製PCとの間での棲み分けを確認できるのである。この棲み分けは，USBと1394という単純な技術的相違だけでなく，これらの技術がつくり出された後のプロセス，すなわち当該技術の普及プロセスの相違から意図的に形成されたものと言え，極めて戦略的に進められていることが分かる[5]。

このように進められた棲み分けについて，競争戦略論的にどのように整理することができるか，次節で見ていくことにしよう。

第3節　競争戦略論からの整理

1．戦略的ポジショニング

　前節で述べたように，USB と 1394 の普及プロセスの違いから確認できたのは，市場での棲み分けだった。これは Porter の言う戦略的ポジショニングと同じ意味を持つこととなる。

　Porter によれば，競争優位性の見出せる戦略とは「他社とは異なる活動」をシステマティックに実施できるかどうかにあるということである（Porter [1985] [1996]）。一般的には，同氏の主張は「コスト・リーダーシップ戦略」や「差別化戦略」，「集中戦略」等が注目されがちだが，同氏はこれらの戦略を通じて進められる「他社とは異なる活動」を重視する。それにより，市場において独自の位置取り，すなわち戦略的なポジショニングが形成できるためである。

　Porter はこの戦略的ポジショニングをつくり出すためには図表 10-2 にある3つの要素が必要としている。今，それぞれを簡単にみてみると，まず「製品種類」は，製品や技術的な面で他社との違いをつくり出すことの重要性を指摘

図表 10-2　戦略的ポジショニングの構成要素

①	「製品種類」の違いに基づくポジショニング
②	「特定の顧客ニーズ」への適応方法に基づくポジショニング
③	「顧客からのアクセス」の方法に基づくポジショニング

（出所）　Porter [1996]（訳書，82-90頁）をもとに筆者作成。

するものであり，いわゆる差別化戦略を意味するものとして設定されているものである。第2の「特定の顧客ニーズ」への適応というのは，自社の製品やサービスに反応する顧客を的確に見つけ出すこと，すなわちセグメンテーションを意味するものとなる。そして，第3の「顧客からのアクセス」の方法とは，実際に顧客自らが当該製品やサービスにアクセスし，その便益を享受できるような環境が構築されているかどうかが重要であると主張するものである。これらの諸要素のいずれか，もしくは全てが実現されることにより，当該企業のとる戦略的な活動が他社との違いをつくり出し，それを通じて競争優位の見出せる戦略的ポジショニングが形成されるという論理となっている。

　今，これを1394におけるアップルの行動に当てはめてみれば，これら3つの要素すべてを確認することができる。USBとの技術的な違い（上記第1の点）は言うまでもなく，転送速度の速さにより電機メーカーからの支持は取り付けたままである（同第2の点）。さらには，電機メーカー側にとって1394の使い勝手もUSBより高いと言われている（同第3の点）。なぜなら，1394の場合，機器同士を接続する際，途中にPCを介さなくても機器同士が直接データをやりとりできる機能が備えられているからだ。家庭用のTVやビデオレコーダーにDVカメラを直接接続できたのは1394を使っていたためである。

　一方，この当時はまだUSBではこれができず，USB自体をコントロールするPCのようなホストが必要だった。そのため，例えばUSBメモリを直接家庭用のプリンタに接続してデータを印刷するようなことができなかったのである[6]。それは，先にも述べたようにインテルにとってUSBはCPUを普及させるための存在であったことから，あくまでもPCの存在を前提に開発された経緯がある。だが，AV機器を開発する家電メーカーにとっては，PCを介さずとも機器同士で接続できた方がはるかに使い勝手は良い。

　以上より言えることは何か。それは，1394の有償化は，予想される莫大な特許料収入の面に光が当たりすぎていたが，競争戦略論的には，1394を有償化することによりアップルにとって独自の戦略的ポジショニングを形成し，そしてそのことがUSBとは異なる普及プロセスを構築したという意味を持つということであろう。そのポジショニングを形成する際に，自社の技術を利用する特

定顧客を巻き込みながら着実に普及させていく戦略シナリオをつくり出しているという点もまた注目する必要がある。

この，特定顧客を巻き込みながらつくられる戦略的ポジショニングという点から，技術戦略上，次の意味を見出せる。それは，当該技術の仕様がユーザー間での共通仕様になるということである。換言すれば，それはユーザーの間で技術の標準化が進むことを意味するのである。

実際，1394では有償化により独自の戦略的ポジショニングが形成され，それを通じてAV家電の領域において標準化された技術となっている。競争戦略上，この技術の標準化は次に説明するように普及に向けて重要な意味を持ってくる。

2. 技術標準と競争戦略の関係

技術は，革新的であるかどうかも重要である反面，これまで見てきたように普及プロセスをどう構築していくかという点も戦略的に重要である。確実に普及させる方策の1つとして考えられているのが技術の標準化である。業界内である特定の技術が標準化されてしまうと，他の企業は当該技術を採用せざるを得ない状況がつくられることは，Porterも早くから指摘している（Porter [1985] 訳書, 233頁）。

先発企業により持ち出された独自の規格で，結果的に他社も使わざるを得なくなることによって進められる標準化をデファクト・スタンダード（de facto standard, 事実上の標準, 以下デファクト標準）と言い，これまでさまざまな分野でデファクト標準を戦略的に進めて競争優位を確立する事例が確認されている。古くはエジソンによって発明された35mmフィルムやそれを巻くときに使われる歯車，また比較的最近ではスマートフォンの画面を指で操作するタッチパネル関連の技術（アップル等）などがあるが，一度デファクト標準が確立されると後続企業は当該技術に追随する状況がつくられることが多く，当該技術の普及が一気に進む。実際，35mmフィルムやその歯車の規格は誕生から100年以上経過した今でも使用されている。そのため，デファクト標準を戦略的に進められるかどうかが，技術戦略上，カギを握るものとされている。

だが，デファクト標準の場合，同種の技術（規格）同士が対立することも少なくない。こうした対立は規格間競争と呼ばれるが，規格間競争の結果，いずれかの規格がデファクト標準となることにより，他の規格は市場から淘汰される対象となるため，極めてリスクの高い競争となってしまう（山田［1997］,［2004］）。実際に，ブルーレイディスク（ソニー等）との間で激しい規格間競争を繰り広げたHD DVD（東芝等）は，結局その競争に敗れてしまったことにより，今日では完全に市場からその姿を消してしまっている。

そこで，より確実な普及プロセスを検討する上で，近年多くの企業によって志向されているのが，市場での競争を避けながら標準化を進める方法，すなわち公的な標準（de jure standard, 以下デジュール標準）の活用である。

デジュール標準は，例えば日本のJIS（日本工業規格）のように，国ごとに制定される国家規格もあるが，国際的な普及を戦略的に目指す場合にはISO（International Organization for Standardization, 国際標準化機構）のような国際機関によって制定されるいわゆる「国際標準」が目指される。

このように，国際的に技術戦略を展開するためには，国際標準が大事な意味を持つようになってきているのである。そこで，次節でこの国際標準と国際技術戦略の関係についてさらに詳しく見ていくことにしよう。

第4節　国際技術戦略と国際標準の関係

1.　国際ビジネスにおける国際標準の意義

これまで述べてきたように，国際標準は市場での競争を避けながら標準化を進める方法として重視されるものだが，その国際標準を発行する機関として代表的なものに，先にも触れたISOの他，IEC（国際電気標準会議，International Electrotechnical Commission）やITU（国際電気通信連合，International Telecommunication Union）などが挙げられる。

　これらの機関の発行する国際標準については，WTO（世界貿易機関）が制定した国際的なルールによって国際ビジネス上，大きな影響力を持つようになっている。そのルールとは，1995年に制定されたTBT協定（Agreement on Technical Barriers to Trade，貿易の技術的障害に関する協定）と呼ばれるものである。この協定では，WTOに加盟するすべての国や地域においては，国際ビジネスをする際，すでにISOやIEC等の発行する国際標準が存在するのであれば，原則としてこれを活用することが義務化されたのである[7]。つまり，WTOに加盟する国や地域で国際ビジネスをする際には，任意の規格を持ち出すことができないということを意味するため，先にも述べたように市場での競争リスクを回避するということ以外にも，国際標準の重要性が増してきていることになる。

　こうした国際標準化機関においてどのように標準化が決められるかと言えば，最終的には協議に参加するメンバーによる投票（1国につき1票）で決められるため，票を集めるために水面下で政治的な活動が行われている。そのため，デジュール標準の場合には，こうした水面下での活動が純粋な技術論から離れ，政治的な意味合いが強いという指摘もみられる[8]。一般に広く技術を普及していくことを目指すよりも，まず標準としての認証を得るための活動が優先されてしまうためである[9]。ここに，デファクト標準とデジュール標準との間での大きな違いが見つけられる。その違いとは，普及に向けた活動におけるタイミングの違いである。

　図表10-3で示したように，市場での「競争の結果」として策定されるデファクト標準と「協議の結果」として策定されるデジュール標準との間では，当該技術を普及させるタイミングが大きく異なる。いずれも最終的には当該技術からの収益化が目指されることにはなるのだが，デファクト標準の場合には，まず実際に市場での競争を通じて事実上の標準化が目指されるのに対し，デジュール標準では標準化機関での手続きが優先されるということになる。

　しかしながら，デジュール標準の場合には，国際標準化機関から認証を得た規格であっても，その後普及しないこともある。実際，本章で述べてきた1394

**図表 10-3　デファクト標準とデジュール標準との間でみられる
　　　　　　普及タイミングの相違**

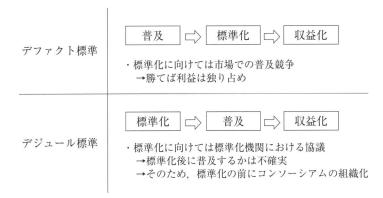

も国際標準化された技術ではあるが，すでに述べたように PC 周辺機器ベンダー間では採用を見送る業者が多くみられた。今，普及と標準化のどちらを優先すべきかということについては，当該企業のおかれた状況から判断せざるを得ないため一概に述べることはできないが，上述したように WTO の TBT 協定の関係もあることから，今日の国際ビジネス環境においてはデジュール標準を優先する動きが一般化してきていると言える。

そのため，今日の国際ビジネスにおいては，国際標準化された後にどうやって実際に普及させていくかということが当該技術の国際標準化を進める企業にとっての重要課題となっているのである。本章でも述べてきている普及プロセスをどう形成していくかという点である。ここでカギを握るのが，標準化後も当該技術の採用を続けてくれる企業を集めるなどの「仲間作り」である。

2.　普及プロセスのカギを握る仲間作り

WTO の TBT 協定発効以降，増加しつつあるのが国際標準を目指すためにつくられる専門の組織である。一般には，コンソーシアムやフォーラムなどと呼ばれることが多い。例えば，DVD 関連技術に関しては「DVD フォーラム」

が，あるいは電気自動車（EV）の充電方式を巡る技術に関しては「CHAdeMO協議会」が，それぞれ当該技術の国際標準化と共に普及を目指して組織されている。こうした組織は，図表10-3で示した「デジュール標準」のうち，「標準化」よりも前の段階で形成されることが多い。標準化のための組織をつくり，国際標準化だけでなくその後の普及をも視野に入れた活動が行われているのである。

多くの場合，こうしたコンソーシアム等では，標準化を目指す技術を持つ企業（ライセンサー）が中心となり，将来的に当該技術のライセンス提供を受ける企業（ライセンシー）や当該技術を自社製品に実装するような企業（ユーザー）等に広く参加を呼びかけ，支持者を増やす取り組みが強化されている。その理由は，国際標準化と同時にその後の普及プロセスを円滑に進めていくことが目指されているためである。規模の大きなコンソーシアムやフォーラムであれば，国際標準化機関からも当該技術の将来性に対する理解が得られやすくなり，標準化後も当該技術が活用される可能性を増大させることができる。

ここで重要なのが，技術そのものの善し悪しもさることながら，普及に向けいかに支持者を取り込めるかという点である。本章冒頭でも述べたように，少しくらい競合規格に対して技術的に劣っていたとしても，当該技術の採用者が利用しやすいかどうかによってその後の普及プロセスに影響を与えることとなる。その意味で言えば，先に示した図表10-2の中でも特に重要なのが第3の点だ。つまり，実際に採用するライセンシーやユーザー側が支持するか否かによって標準の形成に影響力を持つようになり，さらにはその後の普及プロセスにも影響を及ぼすようになってきていると言えるのである。

本章で取り上げてきた1394も，この第3の点をうまく操作することによってその後の普及プロセスをつくり出していたと言えるだろう。かつて1394はUSBとの間で採用者の多くが共通していた状況を，当該ライセンスの有償化を通じてアップルは戦略的ポジショニングの再設定に成功した。その際，カギを握ったのが実際に採用する側の意向である。1394の有償化に反発した企業はサポートを打ち切ったが，一方で有償化よりも「使い勝手」等を重視する企業は支持を続けたことが，1394のその後の普及をもたらしたのである。

だが，こうした動きは次の新たな課題を生み出してしまう。本章最後にその課題について触れていこう。

第5節　新たなる課題

　近年，1つの製品をさまざまな業界や業種から企業が参画することによって開発されるようなケースが増えてきている。かつてのように，特定の業界の中で事業が完結することのできた状況だけでなく，例えばトヨタがパナソニックと協働しながらハイブリッドエンジンをつくっているように，業界の枠を越えた連携が増えてきている。先にも触れたEVの充電技術を開発するCHAdeMO協議会においても，自動車はもちろん電機，電力，通信等さまざまな業界から数多くの企業の参加を通じて技術開発が進められている。このように事業活動が業界の枠を越えていくことを業際化と言うが，今日では業際化の進展が多くの事業分野で確認されるようになってきているのである。

　業際化の進む事業分野では，1つの技術がさまざまな企業に利用されることとなる。実はこのことが技術の標準化に大きな影響を及ぼしている。というのは，業際化の進展は，技術を開発する側にとって当該技術の活用範囲が広くなるため，採用者側のニーズや使い勝手を特定しにくくなるのである。そのため，採用者側の意向を取り入れるのに手間取り，これが標準化の作業を遅らせる原因にもなってしまうといった問題が出てきている。つまり，業際化の進展が，企業間の調整をどう進めるかといった新たな課題をつくり出しているのである。

　近年，新興国企業がますますその存在感を高めつつある中，国際ビジネスにおいても企業間競争が厳しさを増すこととなるだろう。だが，その一方では確実に業際化の進展も見られるようになってきており，競合関係にある企業との間であっても技術の普及を巡り企業間調整も求められることとなる。こうした難しい舵取りが，今後の国際技術戦略において求められることとなろう。

以上，本章では国際技術戦略について，特に技術開発後の戦略を中心に見てきた。この中で強調したかったのは，普及プロセスにおける戦略的な意味の重大さである。

　もちろん，本章ではあまり触れなかったが，技術戦略上，新たな技術を開発していくための戦略にも目を向ける必要はあるだろう。特に近年のように，特許の国際出願数ランキングにおいて，中国企業が上位を占めることも珍しくなくなってきているなど，技術開発競争においても新しい競合相手も出現してきているためだ。

　しかしながら，その一方では技術力に長けた日本企業が必ずしも事業ではうまくいかなくなっているという指摘も見られる。開発した技術をもとに戦略のシナリオをうまく描けていないという指摘である。日本企業だけの問題でもないが，多くの企業が頭を抱える問題でもある。その原因を特定することは簡単ではないだろうが，技術開発後の普及プロセスにおいてどのようなシナリオを描くかという点を見ていく必要はある。そこにどのような戦略的な意味があるのか。それを本章では解説してきた次第である。

ま と め

　技術的に優れていても，事業で成功しないことがあるのはなぜか。逆に，技術的に劣っていたとしても，事業で成功するのはなぜなのか。本章ではこうした問題に対する原因について考察することを目的に論じてきた。

　開発された技術をどのように普及させていくか。良い技術であれば，自然と普及していくということではなく，戦略的に取り組んでいけるかどうかがカギを握る。本章では，このことについて，戦略論の中でも競争戦略の視点から眺めてきた。特に，「戦略的ポジショニング」をどのように設定するかという視点である。

　この戦略的ポジショニングをうまく設定することにより，競合する技術との

違いを明らかにすることができ，またそれを通じてユーザー側からの理解を深めることにもつながる。いかにユーザーを取り込むかという点で，普及活動に寄与することとなっているのである。その戦略的ポジショニングをさらに明確化する上で，近年ますます活用されるようになってきているのが国際標準である。

本章では，国際技術戦略においてこの国際標準がどのような意味を持つのかについても考察し，さらには国際標準化によってもたらされる新たな課題についても言及した。

【キーワード】

国際ビジネス，競争戦略，技術戦略，普及プロセス，戦略的ポジショニング，標準化，国際標準，デファクト標準，デジュール標準，業際化

〈注〉

1) IEEE1394 Trade Association 公式サイト〈http://www.1394ta.org/index.html〉(2014.8.1.)
2) 実際には，アップルはその後ライセンス料を低く抑えざるを得なくなったのだが，それでも無償だったものを有償化したため，その後の普及プロセスに影響を及ぼしたことは否めない。
3) 立本・高梨［2008］49頁。
4) 例えば「日経ビジネス」誌（1999年1月25日号）においては，日本国内からだけでも年間1千億円もの特許料収入につながるとの試算を紹介している。
5) この当時，特に創業者スティーブ・ジョブズ氏がアップルに復帰した1997年以降における同社の戦略的な取り組みについては，諸上［2013］にも詳述されており，学術的な整理が行われていることを付記する。
6) その後，2年ほど経過した2001年12月になり，USBにもホストを介さず直接機器同士を接続する規格（USB On-The-Go）が追加されたが，機器同士を接続した際の安定性に問題があるという指摘は残った。
7) 正確には，既に存在する国際標準だけではなく，間もなく国際標準化される規格も対象となることを付記する。
8) 例えば，坂村［2005］，山田［2007］，藤野・江藤編著［2009］等が挙げられる。
9) 内田［2012］，Uchida［2013］。

〈参考文献〉

内田康郎［2008］「コンセンサス標準を活用したビジネスモデル」新宅純二郎・江藤学編著『コンセンサス標準戦略』日本経済新聞社。

内田康郎［2012］「ユーザー主導の標準化プロセスとロイヤリティフリー：国際標準化に向けた新たなプロセスがもたらす戦略的意味」国際ビジネス研究学会『国際ビジネス研究』第4巻，第2号，93-114頁。

小川紘一［2009］『国際標準化と事業戦略』白桃書房。

梶浦雅己編［2007］『国際ビジネスと技術標準』文眞堂。

坂村　健［2005］『グローバルスタンダードと国家戦略』NTT出版。

竹田志郎［2006］『多国籍企業の競争行動』文眞堂。

立本博文・高梨千賀子［2008］「コンセンサス標準をめぐる競争戦略」新宅純二郎・江藤学編著『コンセンサス標準戦略』日本経済新聞社。

藤野仁三・江藤学編著［2009］『標準化ビジネス』白桃書房。

宮沢健一［1988］『業際化と情報化』有斐閣。

諸上茂登［2013］『国際マーケティング講義』同文舘出版。

山田英夫［1997］『デファクト・スタンダード』日本経済新聞社。

山田英夫［2004］『デファクト・スタンダードの競争戦略』白桃書房。

Burg, U. V. and M. Kenney [2003],"Sponsors, Communities, and Standards：Ethernet vs. Token Ring in the Local Area Networking Business," *Industry and Innovation*, 10（4），pp.351-375.

Foray, D. [1994],"Users, standards and the economics of coalitions and committees," *Information Economics and Policy*, 6, pp.269-293.

Krechmer, K. [2006],"Open Standards Requirements," In Kai Jakobs（Ed.）, *Advanced Topics in Information Technology Standards and Standardization Research*, pp.27-48.

Poter, M. E. [1985], *Competitive Advantage*, The Free Press.（土岐坤・中辻万治・小野寺武夫訳［1985］『競争優位の戦略』ダイヤモンド社。）

Porter, M. E. [1996],"What is Strategy？," *Harvard Business Review*, November-December, pp.61-78.（DIAMONDハーバード・ビジネス・レビュー編集部編訳［2010］「戦略の本質」『戦略論』ダイヤモンド社，199-256頁。）

Rogers, E. M. [1982], *Diffusion of Innovations*, 3rd ed., The Free Press.（青地眞一・宇野善康訳［1990］『イノベーション普及学』産能大学出版部。）

Uchida, Y. [2013],"The Process of International Standardization and Royalty Free," *International Journal of Business Research*, Academy of International Business and Economics, Vol.13，No.1.

Wegberg, M. V. [2006], "Standardization and Competing Consortia：The Trade-Off Between Speed and Compatibility," *Journal of IT Standards & Standardization Research*, 2(2), pp.18-33.

（内田　康郎）

第11章

国際財務戦略

第1節　国際財務戦略に不可欠な国際会計基準

1．国際ビジネスを支える連結会計と移転価格

　国際ビジネスの組織をよく検討してみると，国ごとに現地の法律に則って会社が設立され，それを本国の親会社が株式所有し支配するという構造が一般的である。法制度的には，各国現地法人の連合体として国際ビジネスが成立し，グループ内部でさかんに取引が行われている。それゆえ国際ビジネスを効率的に経営するためには，本国の親会社が支配する世界中の子会社を連結し，一体として会計を行うことが不可欠である。この連結会計は，日本では1978年に単独決算の副次情報として導入され，1999年に次節で取り上げる国際会計基準への国際統合として本格導入された。国際ビジネスは，連結会計制度に支えられてはじめて成立することを忘れてはならない。

　連結会計の制度は，親子会社で会計上の同一項目（例えば，現金なら現金）を合算し，二重計算となるグループ内取引（例えば，親会社の貸付金と子会社の借入金）を相殺消去して決算するものである。これによって，企業グループ

全体の収益力が測定される。連結対象子会社には過半数株式所有のみならず，子会社取締役などを通じて親会社が実質的に支配力を有するすべての企業が含まれる。これを実質支配力基準といい，同一の取引には同一の会計処理を行い，決算日を同一日にする必要がある。

国際ビジネスのグループ内取引には，取引市場が成立していないことも多く，その場合には取引価格をどのように設定するかが財務戦略上重要になる。国際的な取引では，税制の差異による裁定の可能性が現れるからである。このグループ内部における取引価格を，移転価格という。

いま A 社と B 社が国内の，C 社が国外の，連結対象企業であるとしよう。為替の影響はないものとする。A 社から B 社への取引に対し，移転価格を高く設定すると，A 社の利益が高くなり，B 社の利益は低くなる。ただしどのように移転価格を設定しても，両社にかかる税率が同じなので税引後の連結純利益は変化しない。ところが，A 社から国外の C 社に同様の取引を行う場合，A 社所在国よりも C 社所在国の法人税率が低いと，A 社から C 社への移転価格を低めに設定して C 社でより多くの税引前利益を計上することによって，連結グループ全体の税支出を減少させ，税引後連結純利益を増大させることができる。

国際ビジネスのマネジメントには，連結会計の整備と連結内部での移転価格の管理が極めて重要になる。そして本社所在国の会計や税制，為替などの制度をよく理解した上で国際財務戦略を構築していかなければならない。

2. 国際統合が進む会計基準

21 世紀に入り，国ごとに異なっていた会計基準が世界的に標準化されている。日本は，1999 年以降国際会計基準への統合を進め，2009 年に国際会計基準そのものも任意適用している。国際会計基準は，ロンドンに拠点を置く国際会計基準審議会（IASB）が作成する世界で唯一の国際的会計基準で，すでに複数国からなる EU は 2005 年に域内上場企業に対し国際会計基準による決算開示を強制適用している[1]。

国際会計基準は，市場性のある項目については決算ごとに時価で再評価する

時価会計や，貸借対照表，損益計算書に続く第3の財務表として現金収支の内訳を開示するキャッシュフロー計算書を作成・開示するキャッシュフロー会計などを，その特徴とする。もちろん当初から連結会計を前提としており，その対象が世界中の子会社であることはいうまでもない。

　国際会計基準に加えてアメリカ会計基準も，世界各国で受容されている。すでに両者は，2002年に基準内容を同一化することに合意しており，連結・時価・キャッシュフローなどかなりの程度共通化している。同様に日本も2007年に国際会計基準と日本基準を統合することに合意している。すでに2002年にアメリカ会計基準を解禁し，例えばホンダや富士通などが国際会計基準，トヨタ自動車やソニーなどがアメリカ基準を採用している。

　ユーロの導入により後述する為替リスクがなくなり，国際会計基準によって財務のルールが統一化されたEU企業は，域内での財務リスクが低減している。アメリカ企業は，ドルが世界の基軸通貨であり，自国の会計基準が他国でも受け入れられている。それらと比較すると，日本企業の置かれた環境は不利である。それゆえ，国際財務戦略をしっかり構築することが重要になる。

3. 国際会計基準による資金調達

　国際ビジネスは自国通貨以外の資金を必要とする。外貨建資金は，すでに営業している外国企業を買収（M&A）したり新たに在外子会社を設立（直接投資）するために必要な長期資金と，その後現地での日常業務（原材料の仕入や給与の支払など）に必要な短期資金に区分される。このうち外貨建長期資金の調達方法として近年重要度が増してきているのが，外国の証券取引所などの国際資本市場における直接金融である。

　現在，多くの日本企業が，ロンドンやフランクフルトなどのヨーロッパ市場，ニューヨークやNASDAQなどアメリカ市場において資金調達を行っている。上場による株主資本の調達では，基本的に世界中の誰もがいつでも自由にその株式を売買することができる。潜在的にはすべての人々が投資家であり，上場企業にとってすべての人々が自社の株主であるのと全く同じである。株式を上

場発行する企業は，自社の業績や財務的安全性についてその内容を広く開示しなければならない。そこで活用されるのが，統一された会計基準である国際会計基準である。国際会計基準は世界の投資家に広く理解されているので，国際的な事業展開を行わない国内企業にとっても，国内よりも低い調達コスト（金利やリスク）による資金調達を可能にしてくれる。

　直接金融による外貨建長期資金の調達方法に，親会社による社債すなわち外債の発行がある。外債は，国や発行条件（通貨，償還期限，金利）などによりさまざまな種類が存在する。企業が倒産すれば，株式のみならず無担保の社債も，価値がなくなってしまう。そこで無担保債券を公募で発行する際には，その信用度について独立した第三者による格付が行われる。高い債券格付を取得した企業は倒産可能性が低く低リスクであるから，低い金利で社債発行が可能になる。債券の格付では，Standard & Poor's や Moody's といった伝統のあるアメリカの格付会社によるものが，国際市場での信用力が高い。社債の公募発行においても，発行目論見書に国際会計基準などによる決算財務諸表の添付が不可欠となっている。

　外貨建長期資金の調達では，資本市場によらず国内外の金融機関から相対で長期借入を行うことも選択肢となる。インパクト・ローンと呼ばれ，従来は最もよく活用された方法である。社債であれローンであれ，業績が悪化すれば配当しなくてもよい株式とは異なり，毎期確定した利子を支払わなければならならいため，ときにそれが調達企業にとって大きな負担となる。また株式は原則無期限であるが，負債にはそれぞれ償還期限が決まっている。一方株式配当は法人税を差し引いたあとの当期純利益からなされるのに対し，負債の支払利子には法人税がかからないというメリットが存在する。重要なのは，株式と負債の特徴を理解した上で，海外進出に必要な外貨建長期資金を調達することである。

第2節　外国為替リスクの管理

1. 外貨換算会計による会計リスクの管理

　1970年代以降，それまでの固定相場制に代わって変動相場制が採用されている。そこでは，通貨間の為替レートが日々変動し，為替リスクが発生する。複数の通貨で現地ビジネスを行うと，決算においてすべて本国通貨（日本企業なら円）に換算しなければならない。外国為替のリスクには，契約から決済までの為替レート変動によって本国通貨での現金受取額が変わってしまう取引リスクと，決算時における換算レートによって本国通貨での報告利益が変動する会計リスクが存在する。

　変動相場制下では，どの時点の為替レートを適用するかによって，会計上の数値が変動する。選択肢としては，取引が行われた日のレートと決算日のレートが考えられるが，個々の会計項目にどれを適用するかによって，完全な取引日レート法から完全な決算日レート法までの間にいくつかのバリエーションが成立する。

　外貨換算会計には，外貨建取引（例えばユーロ）を財務諸表の表示通貨に修正する換算と，連結対象在外子会社（例えばアメリカ）の現地通貨建財務諸表（ドル建）を本国の親会社財務諸表に連結するための換算が存在する。近年時価会計の拡張に対応して，外貨建取引・外貨建財務諸表の両方の換算において決算日レート法の適用が世界標準化している。時価会計は，金融商品などを決算日の時価によって再評価するもので，その会計項目が外貨建ならば，本国通貨への換算も同じように決算日のレートで行う訳である。

　日本も，2000年に改訂された「外貨建取引等会計処理基準」は，増大する外貨建債権債務の処理に対して決算日レート法を適用している。また在外子会社財務諸表の換算も，1995年の改訂により貸借対照表上の資産と負債については

原則として決算日レートで換算することとしている[2)]。決算日レート法は，決済まで認識されなかった取引リスク（とりわけ長期の債権債務）を毎期の決算段階で開示するため，会計リスクが最も大きくなる換算方法である。

決算日レート法により拡大する会計リスクの管理には，貸借対照表上の資産と負債を通貨ごとに残高（および決済期限）をバランスさせることによって，相殺消去することが重要である。為替リスク管理の基本は，外貨残高の純額をできるだけゼロに近付けることである。

2. ネッティングとターゲット・バランスによる取引リスク管理

日本では，1998年に外国為替及外国貿易管理法（外為法）が大改正され，名称から管理の2文字を削除して大幅な自由化が実現した。現外為法は，為替リスクを管理するために，ネッティングをはじめとするさまざまな財務技法の活用を可能にしている。

ネッティングは，一定期間における債権債務関係を一括して精算し，その残額のみ資金を授受する決済方法である。従来日本企業は，国際取引を行うたびに外国為替公認銀行を通じて資金決済しなければならなかったのが，債権と債務を相殺し，ネットである純額のみを決済するのである。ネッティングは二者間で差額決済し，債権の多い側は送金の必要がなくなるので，送金の手間や手数料を省くことができる。ネッティングによって，取引リスクを純額決済される部分だけに減らすことが可能になる。

ネッティングの手法は，二者間からさらに多者間へと拡張することができる。複数当事者間で同時に行うネッティングを，マルチ・ネッティングという。国際ビジネスは，世界中に生産・物流・販売などの拠点を展開している。ヨーロッパや東南アジアなどの地域では，それぞれの拠点が異なる国に置かれ，地域内で国境を超えたグループ内取引が活発に行われている。そのような取引は，日本のグループ本社を介さないため，本社との間で1対1のネッティングを行うのではなく，地域ごとに金融子会社を設立し一括して集中決済を行った方が，効果的である。

為替リスク管理の手法には，ターゲット・バランスやゼロ・バランスがある。これらは，企業グループ内の各現地事業の預金口座にある短期資金の残高（バランス）を一定額（ターゲット）ないしゼロに維持するように，余剰資金を本国などの特定の預金口座に送金することで，為替リスクを回避する技法である。企業は，支店ごとに独自に預金口座を開設しているため，口座ごとに残高があると資金が分散してしまい，非効率になる。そこで分散している資金を国境を超えて1カ所に集めて集中管理するのである。ターゲット・バランスの場合，海外子会社や海外支店の口座残高が一定額を超えれば，それを金融子会社などの口座へ送金し，一定額を切れば，それを維持するために逆方向の送金が行われる。

ターゲット（ゼロ）バランスとマルチ・ネッティングを組み合わせることによって，現地の短期余剰資金を本国通貨に換金しておけば，現地事業の日常業務における為替リスクをさらに小さくすることができる。今日，国際ビジネスの短期資金管理は，すべてコンピュータによってシステム化されている。

3. MTN プログラムの活用

外貨建資金の調達方法として近年注目されているのが，MTN プログラムの活用である。MTN は，無担保の中期社債である。例えばアメリカでは，証券取引委員会（SEC）に登録し財務開示（アメリカ会計基準による財務諸表や格付取得）を行えば，通常270日から10年の満期で株式上場と同じように一般の投資家に対し公募発行ができる。投資家が限定されている私募や発行に際し銀行保証が付いているケースでは，これらの手続は不要である。

この MTN について，あらかじめ引受証券会社との間で包括契約を結んで柔軟な資金調達を可能にしたものが，MTN プログラムである。設定された社債発行総額内であれば，その都度目論見書を発行したり格付を取得する必要がなくなるのみならず，通貨や償還期限などを毎回変えることもできる。

MTN プログラムは，低コストで機動的な資金調達を可能にする。国際資本市場における長期資金の調達やターゲット・バランスなどによる短期資金の調

達とうまく組み合わせることによって，国際ビジネスは目的に応じた財務戦略を構築しなければならない[3]。

第3節　国際税務戦略による税コストの管理

1．移転価格税制と独立企業間価格

　国際財務戦略において，税の管理も不可欠である。いま実効税率が50％とすると，1ドルの節税を実現することと，2ドルの税引前利益をあげることは，国際ビジネスにとって全く同じ意味をもつ。ただし各国の政府は，企業のそうした行動に対する対策をとっている。それが国際課税制度である。

　国際課税の最も重要な概念は，「独立企業間取引」である。国際税務上の操作は，独立した企業間ではなされないような取引（ないし会計処理）をあえて行うことによって実行されることが多く，課税当局が個々の企業に対し恣意的な税務操作の判断基準となるのがこれである。国際課税とは，課税当局にとっても課税対象の国際ビジネスにとっても，所得源泉のある国での「源泉地国課税」と企業所在国での「居住地国課税」との間で課税の中立性の観点からなされる資源配分の問題である。世界的に，源泉地国課税を優先し，居住地国において二重課税にならないように調整される。

　国際課税制度には，国境を越えて活動する企業の所得すなわち利益計算に関係するものが多い。最も重要な移転価格税制は，親子会社間の国際移転価格を操作して低税率国会社側の所得を高める行為を抑止するもので，2国間の適正な所得配分問題を取り扱う。移転価格税制は，第二次世界大戦後，多くの国際ビジネスの本社を抱えるアメリカを中心に展開されてきた。現在の移転価格税制は，1962年および1968年の内国歳入法改正によって確立されている。なかでも同法第482条は，移転価格について詳細に規定しており，独立企業間にお

ける取引価格と極端に異なる場合には，強制的に所得を再配分した上で課税する権利を，課税当局に与えている。

1979年には，経済開発協力機構（OECD）が移転価格税制に関する報告書を公表し，各国政府が移転価格税制を制定する際のガイドラインを提示している。移転価格税制の対象となる移転価格は，独立企業間価格に基づいて決定されなければならないとされ，それには，独立価格比準法，再販価格基準法，原価加算法に加えて，第4の方法を認めている。上記の3方法については，世界的に定着している方法であり，第4の方法は，これらの3方法以外の方法として，いくつかの方法を一括して認めているものである。

現在では，いずれの先進国においても，移転価格税制が制定されている。その制度は，アメリカ内国歳入法第482条を模範とし，OECDのガイドラインに沿ったものである。日本の移転価格税制は1986年に制定され，租税特別措置法の第7節の2「国外関連者との取引に係る課税の特例」として，第66条の4に規定されている。これら先進諸国の移転価格税制の共通点は，自国において課税所得の再配分が強制的に実施されると，相手側の国においてもそれに応じて「対応的調整」が合理的に行われることをあらかじめ前提にしていることである。そのため移転価格税制は本国と進出先国の両方の制度が重要になり，国際ビジネスに対する影響の最も大きな国際課税制度である。

2. 独立企業間価格の計算方法

(1) 独立価格比準法

独立企業間価格と認められた計算方法のうち独立価格比準法は，特別な（人的・資本的）利害関係のない国外の相手と同種の取引が行われている場合に，その取引価額を移転価格とするものである。グループ本社が在外子会社と同じ取引をグループ外の在外企業とも行っている場合などに，その取引価格を移転価格として使用する方法である。この方法は，国内から国外へ（ないしはその逆）の蔵出し価格を客観的に証明できるときに使用される。

(2) 再販価格基準法

再販価格基準法は，国外の取引相手が自社から仕入れた財を特別な利害関係にない第三者に販売するときの価格が客観的に証明できるときに，そこから適正利益を差し引いて，もとの蔵出し価格を決めようとするものである。輸出を行うメーカーなどで，国外での最終販売価格が市場価格などにより客観的に証明されるときには，国外の販売子会社への価格をこの方法によって決定することができる。

(3) 原価加算法

原価加算法は，整備された原価計算システムに基づいて算出される原価に対して，一定のマークアップ（利益率をかけること）を行って算出する方法である。製品原価が客観的に測定可能な場合に利用できる計算方法である。国際ビジネスの経営者は，これらの独立企業間価格の中から合法な範囲で自社にとって最適な計算方法を選択し，移転価格設定しなければならない。

(4) 利益比準法

第4の方法としては，アメリカで導入された利益比準法があげられる。これは外資系企業（とりわけ日系企業）の現地法人の増大に対し，比較対象となる国内数社を選び，その財務数値からあるべき企業利益ないし企業利益率を算出して強制的に課税するものである。それまでの移転価格税制が独立企業間取引を基礎としていたのに対し，取引ではなく比較対象となる独立企業の利益そのものを基礎とする点が大きく異なっている。

3. 国際課税の諸制度

(1) タックス・ヘイブン対策税制

タックス・ヘイブン対策税制は，無税国，低税率国，国外所得軽課税国，租税特典国などの税の逃避地（tax haven）への恣意的な資本逃避による租税回避

を抑止する制度である。バハマやバミューダなどの無税国に名目だけのペーパー・カンパニーを設立し，そこに利益を移転されてしまうと，本国政府は税収減にみまわれる。そこでタックス・ヘイブン所在子会社の所得を親会社の所得と強制的にみなして，親会社所在国において合算課税を行うのである。この制度は1962年にアメリカで開始され，日本では1978年に導入され，租税特別措置法第66条の6-9に規定されている。

(2) 外国税額控除制度

外国税額控除制度は，所得の二重課税排除を目的とする税制である。在外支店は，会計上は本国の本社の一部であるため，進出先国で課税された支店の所得が本国本社で合算されると，その分について二重課税が発生する。そこで世界中で発生した所得を本国で合算して全世界所得に対する課税額を算出し，そこから源泉地国課税により諸外国で支払った税額を控除するのが，外国税額控除制度である。外国税額控除は，タックス・ヘイブン対策税制と同様に本国の制度が重要である。日本では，法人税法第69条に規定がある。

(3) 過少資本税制

過少資本税制は，在外子会社に資金提供する場合に，独立企業間では行われない資本構成にして国際的に租税回避することを抑止する制度である。資金調達における負債のコストは支払利子が非課税のため，法人税が課税されて配当される株式のコストよりも低くなる。資本構成における株主資本比率を低めると，毎期の金利負担が重くなり倒産リスクが上昇するため，通常は株主資本を一定の高さに維持する。ところが親会社からの資金提供では，子会社側の株主資本比率が低下し利子不払（デフォールト）しても猶予可能なので，倒産しない。そのため，独立企業間取引では行わないレベルでなされる外国本社からの負債金融を，株式による資金調達であるとみなして，本国への支払利子を強制的に配当課税するのである。

過少資本税制について日本では，1992年に租税特別措置法第66条の5に規定しているが，この税制は子会社所在国のものが重要である。先進諸国は，

1980年代に制度化している。

4. 国際財務戦略としてのタックス・プランニング

　欧米の企業では，タックス・プランニングが重要な財務戦略となっている。移転価格の設定では，どの国の課税当局であれ納得させられるだけの明確で論理整合性の高い演繹的アプローチを採用することが不可欠である。各国の国際課税制度は，利益比準法のようにその国の経済政策に沿って変更されることがあり，独立企業間基準や課税中立性基準も唯一絶対のものが存在する訳ではない。課税は強制を伴うから，しっかりとした対応をしておかないと，予想外の追徴課税によって利益を大幅に減少させ，企業存続に関わるリスクを増大させてしまう。移転価格税制違反で事後的に対応的調整を迫られると，再計算手続は極めて煩雑となりコストがかさむため，できる限り事前の対策をとることが必要である。アメリカ政府が採用している移転価格の事前確認制度などは，税引後純利益を安定させるのに有効である。各国の移転価格税制を理解し，合法的に最も有利な移転価格を設定すべきである。

　ただし本社の経理スタッフが世界中の最新税制に精通するのは非常に困難であるから，外部の国際税務のスペシャリストを有効に活用することも，選択肢となる。全世界で活動する4大会計事務所は，会計監査のみならずタックス・プランニングに関する有用な情報を提供してくれる。例えば過少資本税制については，進出先国により支払利子がみなし配当課税される株主資本比率の基準が異なる。英米系諸国は厳しく，ドイツ・スイスなど大陸系諸国は緩やかであるから，親会社からの長期資金を株主資本とするか負債とするか在外子会社の所在国に応じて比率を調整すべきである。タックス・ヘイブンについても，世界中のほとんどすべてが対策税制の対象となっているが，その発動は翌年となるため1年の納税猶予が得られることなど，詳細に検討すればいぜんとしてメリットは存在する。外国税額控除では本国の課税所得がプラスでなければ，外国で支払済みの税額控除を受けることはできない[4]。

　このように，豊富な国際税務情報のメリットは大きく，タックス・プランニ

ングはそうした情報に基づいて戦略的に策定すべきである。為替リスク管理のための地域金融子会社についても，租税条約などによって優遇措置が認められている国（例えばシンガポールやオランダなど）に設置することが重要である。

　日本の税制は，国税中心のため，国内のどこに工場や子会社を立地しようが税の影響は小さかった。ところが国際ビジネスの場合，国際課税制度が整備されたとはいえ，いぜんとして国ごとの相違が大きく，どこの国に事業拠点をどのような形態で展開するかによって，税引後の連結純利益は大きく変化する。国際ビジネスにとって税は管理すべきコストであり，そこにはつねに経営上の裁量性が存在することを忘れてはならない。

ま　と　め

　国際財務戦略として重要なのは，連結会計と移転価格管理である。各国企業の国際ビジネス展開に対応するため，会計基準の国際統合が進展している。国際的な長期資金調達には，国際会計基準による決算財務諸表の開示が重要になっている。

　変動相場制では通貨はつねに変動するため，現地での事業に使用される外貨建資金に関わる為替リスクの管理は，国際ビジネスの財務戦略にとって不可欠である。為替リスクには，取引リスクと会計リスクが存在する。

　国による課税制度の差は大きく，国際ビジネスはタックス・プランニングによって税コストを管理することで，税引後の連結純利益を向上させることができる。税引後の純利益をあげることと，同額の節税をすることは等値であるという認識が必要である。国際課税制度には，タックス・ヘイブン対策税制，外国税額控除制度，過少資本税制などが存在するが，国際的な所得配分の恣意性を是正する移転価格税制が国際ビジネスにとって最重要である。

　日本企業が欧米企業と競争していく上で，資金調達・為替リスク管理・タックス・プランニングを統合した国際財務戦略の策定が不可欠である。

【キーワード】

移転価格，外貨換算会計，会計リスク，国際会計基準，債券格付，タックス・プランニング，独立企業間価格，取引リスク，ネッティング，連結会計

〈注〉
1) 国際会計基準は，1973年設立の国際会計基準委員会（IASC）によって作成され，2001年に現行組織に改編されている。詳しくは，秋葉［2014］を参照。
2) 在外子会社の財務諸表のうち株主資本は，本国に送金されるものではないので，すべて取引（出資）時のレートで処理される。山本［2008］参照。
3) 今日では，為替予約や通貨オプションなどのデリバティブ活用による外貨建短期資金の安定化も行われている。佐和［2014］参照。
4) 税支出の最小化と税引後純利益の最大化は，同じではないことに注意が必要である。税支出最小化には，利益を上げなければいいからである。

〈参考文献〉
秋葉賢一［2014］『エッセンシャルIFRS（第3版）』中央経済社。
佐和 周［2014］『海外進出企業の資金・為替管理Q&A』中央経済社。
村田守弘・石川敏夫・柴田篤［2010］『ものづくり日本の海外戦略』千倉書房。
森 信夫［2014］『移転価格の経済学』中央経済社。
山本昌弘［2008］『国際会計論』文眞堂。
山本昌弘［2011］『株とは何か』講談社選書メチエ。
有限責任監査法人トーマツ［2011］『外貨建取引会計』清文社。

（山本　昌弘）

第 12 章

国際人材開発戦略

第 1 節　はじめに

　本章では，今日の多国籍企業に求められる「現地適応」と「グローバル統合」の両立という視点から，これからの国際人的資源管理のあり方（国際人材開発戦略）について学ぶ。具体的には，「現地化」を越えた国際人的資源管理を概念化した「グローバル人的資源管理」モデルの枠組みに関して理解を深めるとともに，欧米企業との比較研究から日本企業の課題を認識する。また，日米を代表する多国籍企業であるパナソニックとGEの事例研究を通して，国際人材開発戦略の最新動向について考察する。

第 2 節　「現地化」を越えた国際人的資源管理の必要性

　近年の国際経営論においては，Bartlett and Ghoshal の「トランスナショナル企業」[1] モデルに代表されるように，「現地適応」と「グローバル統合」という「二律背反的圧力」の両立が競争優位に資するとの所説が支配的になって

いる。すなわち，一国の枠組みを越え政治的・経済的・文化的に多様な環境下で活動する多国籍企業は，各進出先の市場や文化・社会の特性に敏感に反応することが求められる一方，効率性やシナジーの発揮に向け，地理的に分散した諸活動のグローバルな統合を図らねばならない。

「現地適応」を国際人的資源管理の視点で捉えると，それは当該国・地域の市場・政策，文化や言語・習慣に通じた現地人従業員の登用，すなわち海外子会社の幹部人材の「現地化」により強化されると考えられる。現地化は，外部環境面では「本国志向」的な企業イメージの回避と現地政府や地元経済界・地域社会との良好な関係をもたらし，「インサイダー化」への近道となろう。また，内部環境的には「グラス・シーリング」（ガラスの天井＝現地人従業員に対する見えない昇進の壁）を打破することで，より有為な現地人材の採用・定着が容易になるとともに，その忠誠心やコミットメントの強化が招来される可能性もあろう。つまり，有能な現地人に率いられた経営チームが，現地に根付いた知識や経験・人脈を活用することで，「現地適応」度の高い経営の実現が期待できるのである。さらに，現地化は，本国からの駐在員派遣に伴うコストを削減する効果も有する。

これらのメリットにも関わらず，日本企業に関しては，かねてより海外子会社の幹部人材の「現地化の遅れ」が指摘されており，その遅々として進まぬ状況が今日に至るまで，国際人的資源管理上の重大な懸案事項となっている。例えば，古沢が実施した在中国の日系企業および米国系企業に対する実態調査によると，日系企業の中国人総経理（社長）比率は9.8％にすぎないのに対して，米国系ではそれが83.2％に達している[2]。そして，こうしたグラス・シーリングの存在は，「時間的要因」（発展段階論的視点）や「地理的要因」（進出先の特性）では説明できない日本企業特有の構造的問題（アキレス腱）として扱われるとともに，現地化の遅れが惹起する有能人材の「採用・定着難」などの弊害が幾多の研究の中で論じられてきたのである[3]。

しかし，冒頭で示した「現地適応」と「グローバル統合」の両立という本章の問題意識に立ち戻れば，現地化を通して「ローカルの知識をローカルに活用する」だけではトランスナショナル企業としての優位性を発揮したとは言えな

い。海外子会社に課せられるもう1つの重要な責務は，「ローカルのためだけの現地適応」から脱却し，ローカルで発掘された知識の国際的結合によるイノベーションの創造やイノベーションの国境を越えた移転と活用を通して，「グローバル・ネットワークへの貢献者」になることである[4]。

　トランスナショナル企業モデルが想定する「本社―海外子会社」間および各国子会社間の相互依存性が高い「ネットワーク」型の組織では，知識の「結合」やイノベーションの「移転」「活用」の局面において，人々の「国境を越えた協働」が求められる。別言すれば，「グローバル統合なき現地適応」は「個別最適経営」の寄せ集めで終わる危険性があり，各海外子会社を「糸の切れた凧」[5]にしないことこそが肝要である。その意味で，国際人的資源管理における「現地化」は，トランスナショナル企業に向けた必要条件ではあるが，十分条件とは言えない。これからの国際人的資源管理においては，現地化を越えた施策が求められるのである。

第3節　「グローバル人的資源管理」モデル

1. 国際人的資源管理における「規範的統合」と「制度的統合」

　上記のような問題意識のもと，古沢は，トランスナショナル企業が要請する現地化を越えた国際人的資源管理を「グローバル人的資源管理」としてモデル化し，その構成要素として「規範的統合」と「制度的統合」の重要性を詳述している[6]。「グローバル人的資源管理」モデルのフレームワークは，図表12-1の通り示される。

　トランスナショナル企業のような「ネットワーク」型の組織では，「本社―海外子会社」間および各国子会社間の情報処理に関する要求が複雑で多岐にわたるため，人々の「国境を越えた協働」を促進するには，互恵的・水平的な調整

図表 12-1 「グローバル人的資源管理」モデルのフレームワーク

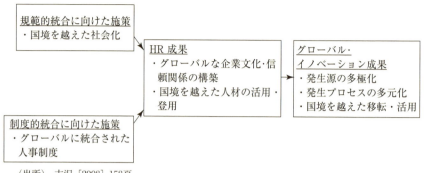

(出所) 古沢[2008] 158頁。

メカニズムが不可欠となる[7]。とりわけ、ローカルの特殊な環境の中に埋め込まれた知識は「インタンジブル」(intangible)で暗黙的に理解されていることが多いので、従来型の「組織のヒエラルキー」や「情報・通信技術」を通して移転・共有化・融合を図ることは非常に困難である[8]。したがって、知識の送り手・受け手双方の信頼関係と相互作用が必要となる。そして、そのためには、国際人的資源管理において、多様な文化的背景を有する人々をマインドの面で結びつける「接着剤」(glue)として「経営理念」(価値観や行動規範を含む)を明示するとともに、そのグローバルな浸透を図る「規範的統合」(国境を越えた社会化)に注力することが求められる。規範的統合に向けた施策としては、「採用・教育・評価」といった人的資源管理の諸側面と連動させた取り組みや「国際人事異動」の促進、経営理念を象徴する「イベント」の実施などが挙げられよう。例えば、第4節の事例研究で紹介するが、GEでは採用に際して、同社のグローバルな行動規範である"GE Growth Values"との適合性を考慮することをグローバルに方針化すると同時に、入社後の人事考課においてはGE Growth Valuesの体現度を重要な評価要素としている。また、自社の従業員を対象とした「風土調査」を行い、経営理念のグローバルな浸透状況を組織的に診断し、その結果に応じた対処策を講じていくことも効果的な施策と言えよう。Johnson & Johnsonでは、同社のグローバルな価値観である「我が信条」

(Our Credo：クレドー) に基づく経営の実践を確認すべく，毎年全世界の従業員を対象に「グローバル・クレドー・サーベイ」を実施している。同調査においては，回答の集計結果を受けて主要課題を抽出するとともに，その解決に向けたアクションプランが策定される。そして，アクションプランの成果が次回のクレドー・サーベイで評価・検証される仕組みとなっている[9]。

一方，国内企業に対する多国籍企業の本質的優位性は，「世界中の有能人材の利用可能性」[10]にある。トランスナショナル企業モデルが求める「優れたアイデアが国境を越えて行き交い，グローバル最適の視点で人材が活用される」組織を実現するには，国際人的資源管理において，世界中に分散する有能人材を統一的に管理し，異動・配置する「制度的統合」が必要となる。具体的には，世界本社が従業員を国籍や採用地・勤務地に関わらず共通の基準で「格付け・評価・処遇」するとともに，有能人材をグローバルに「発掘・育成」するシステム，さらには従業員の「人事情報」を捕捉するためのデータベースの整備が求められよう。例えば，IBMでは，世界統一の基準でジョブサイズを評価し，それをベースに全世界のIBM従業員を14段階（一般従業員＝1〜10，エグゼクティブ＝D〜A）で構成される世界共通の職務等級制度の中に格付けている[11]。また，日産自動車では管理職に対する人事考課制度を全世界で統一すると同時に，それを将来の経営幹部候補（ハイポテンシャル人材）をグローバルに発掘・育成する「タレント・マネジメント」のプロセスと結合させている[12]。この他，第4節で述べるように，パナソニックでは海外子会社も含めて重要ポストにつく人材に関する情報をデータベース化し，それを能力開発や配置の検討に活用するなどしている。

2．「HR成果」と「グローバル・イノベーション成果」

先述した「グローバル人的資源管理」モデルに従えば，国際人的資源管理の「規範的統合」と「制度的統合」に向けた取り組みは，まず「HR成果」に反映される。規範的統合に関しては，経営理念のグローバルな共有化を通して「本社―海外子会社」間の信頼関係や国境を越えた「ヒューマンネットワーク」，さ

らには国民文化の差異を超越した「グローバル企業文化」（コア文化）が構築されると考えられる。また，制度的統合により，人材は「本国人―現地人」の区別なく「活用・登用」され，国際人事異動が活発になる。すなわち，それは海外子会社採用の現地人であっても，有能人材には本社・地域統括会社や他の海外子会社への異動など「グローバルなキャリア機会」が提示されることを意味している。

　そして，これらHR成果が，多様な人々の「国境を越えた協働」を促進し，「グローバル・イノベーション成果」へと結実する。グローバル・イノベーション成果は，次の3つの特質を有する。第1は，発生源の「多極化」である。国際ビジネスの古典的理論においては，イノベーションの発生源は本社・本国に限定され，海外子会社はその「適用の場」にすぎないという暗黙の前提があった[13]。一方，トランスナショナル企業が目指すグローバル・イノベーションのプロセスは，「環境の多様性」をハンディキャップでなく，グローバルな競争優位の源泉として認識する価値前提に立脚しており，海外子会社に対しては「イノベーション・センター」[14]の役割が期待されている。第2の特質は，発生プロセスの「多元化」である。従来型のイノベーション・プロセスは，一国の知識源泉に依存したものに留まっていた。これに対し，トランスナショナル企業では，ある地域のニーズを別の国で開発された知識で充足したり，「現地適応」度の高い経営を通してアクセスしたローカルの知識を他のユニットが保有する知識と結合させてイノベーションを創造するなど，多元的な発生プロセスが想定されている。そして，第3は，イノベーションの国境を越えた「移転・活用」である。これまで，多国籍企業におけるイノベーションの海外移転に関しては，「NIH（Not Invented Here）症候群」[15]に象徴されるように，他国で開発されたイノベーションに対する拒否反応の問題が指摘されてきた。他方，トランスナショナル企業では，そうした偏狭なメンタリティを克服し，イノベーションが世界中に「移転・活用」されることが期待されている。

3．「グローバル人的資源管理」モデルに関する実証研究

　古沢は，日・米・欧多国籍企業に対するアンケート調査を実施し，「グローバル人的資源管理」モデルの有効性を検証するとともに，日本企業と欧米企業の国際人的資源管理の差異について考察した[16]。

　統計分析の結果，第1に，「規範的統合・制度的統合に向けた取り組みがHR成果を規定し，HR成果がグローバル・イノベーション成果に結実する」という「グローバル人的資源管理」モデルの妥当性が示された。すなわち，国際人的資源管理において，経営理念のグローバルな浸透や人事制度のグローバルな統合に注力している企業ほど，「本社―子会社」間の信頼関係が強固であるとともに，国境を越えた人材の活用・登用も進展しており，そうした状況がイノベーションの発生源の「多極化」と発生プロセスの「多元化」，さらには国際的な「移転・活用」へとつながるということである。

　第2に，同モデルの構成要素（規範的統合・制度的統合，HR成果，グローバル・イノベーション成果）のいずれにおいても，日本企業が欧米企業に比して劣位にある様子が明らかになった。図表12–2および12–3は，規範的統合と制度的統合に向けた取り組みに関して尋ねたもので，提示した項目に関する状況を5点法（5点＝全くそのとおり，3点＝どちらとも言えない，1点＝全く違う）で回答してもらい，その平均値を算出した。まず，規範的統合について，日本企業と欧米企業のスコアを比較すると，「駐在員の役割として経営理念の浸透を重視」を除く12項目で欧米企業が日本企業を上回り，うち11項目で0.1％水準の有意差が現れた。日本企業で平均値が3.00以上を記録したのは「現地人にも経営理念を記したカード・冊子・広報誌を配布」「駐在員の役割として経営理念の浸透を重視」の2項目のみで，1点台が3項目あった。対照的に，欧米企業で3.00未満は「経営理念を象徴する創業者・中興の祖・英雄に関するエピソードの伝承」だけで，「現地人にも経営理念を記したカード・冊子・広報誌を配布」「研修・テレビ会議等におけるトップから現地人への経営理念の語りかけ」「全世界統一のモラールサーベイ・風土調査による経営理念の浸透状況の定期的チェック」の3項目に関しては平均値が4.00以上となった。

図表12-2 「規範的統合」に向けた施策

	全体	日本企業	欧米企業	t値
①現地人にも経営理念を記した「カード」「冊子」「社内広報誌」を配布	3.61	3.26	4.56	−5.325***
②全世界統一のプログラムによる「経営理念研修」(e-ラーニングを含む)の実施	2.54	2.01	3.97	−8.242***
③「研修」「テレビ会議」等における本社のトップから現地人への経営理念の語りかけ	2.90	2.47	4.06	−5.950***
④経営理念のコンピテンシーへの落とし込みなど、全世界統一の仕組みによる「評価制度」との連動	2.26	1.77	3.59	−7.166***
⑤経営理念をベースとした全世界統一の仕組みによる「アセスメント評価」の実施	2.20	1.75	3.41	−6.100***
⑥全世界統一の「モラールサーベイ」「風土調査」による経営理念の浸透状況の定期的チェック	2.32	1.61	4.26	−11.895***
⑦経営理念を浸透させる方策として「国際人事異動」を重視	2.31	2.03	3.06	−4.022***
⑧経営理念を浸透させる方策として国境を越えた「プロジェクト」「タスクフォース」を重視	2.38	2.11	3.12	−4.000***
⑨「駐在員」の役割として「経営理念の浸透」を重視	3.02	3.03	3.00	0.133
⑩経営理念との「適合性」を「人材採用時」の判断指標とするようグローバルに方針化	2.41	2.04	3.41	−6.036***
⑪「重要な意思決定」は経営理念に照らしてなされるようグローバルに方針化	3.10	2.82	3.88	−4.251***
⑫経営理念を象徴するグローバルな「表彰プログラム」「社内大会」の定期的開催	2.49	2.17	3.35	−4.372***
⑬経営理念を象徴する「創業者」「中興の祖」「英雄」に関するエピソードのグローバルな伝承	2.50	2.39	2.82	−1.582

***：p<0.001

同様に，制度的統合に関しても，13項目全てにおいて欧米企業の平均値が日本企業のそれを上回り，かつ0.1％水準の有意差が検出された。日本企業では平均値が3.00以上であった項目は皆無で，2.00以上についても「現地人も対象とした経営者研修」「全世界統一のコンピテンシーモデル・リーダーシップモデル」「国際人事異動に関する全世界統一の処遇ルール」「人的資源管理部門の責任者が一堂に会するグローバルな定期会合」の4項目に留まっている。一方，

図表12-3 「制度的統合」に向けた施策

	全体	日本企業	欧米企業	t値
①全世界統一の「グレード制度」	2.24	1.65	3.88	−8.043***
②全世界統一の「評価制度」	2.20	1.55	4.00	−9.473***
③全世界統一の「報酬制度」	1.93	1.40	3.38	−7.435***
④現地人も対象とした本社による「経営者研修」	2.74	2.16	4.32	−8.570***
⑤全世界統一の「コンピテンシーモデル」「リーダーシップモデル」	2.59	2.00	4.21	−8.938***
⑥現地人も応募できるグローバルな「社内公募制度」	1.91	1.29	3.59	−7.939***
⑦国際人事異動に関する全世界統一の「処遇ルール」	2.54	2.02	3.94	−7.126***
⑧本社主導による「サクセション・プラン」	2.44	1.90	3.91	−8.332***
⑨グローバルな「人材インベントリー」「人材プール」「タレント・マネジメント」	2.43	1.84	4.03	−9.121***
⑩有能な現地人に対する「キャリアパス」の明示	2.13	1.82	3.00	−5.790***
⑪評価結果やコンピテンシーを記録した「グローバル人事データベース」	1.95	1.47	3.26	−5.995***
⑫現地人も利用可能な「社内の特定分野の専門家」に関する「名簿・データベース」	1.68	1.39	2.47	−4.351***
⑬全世界の「人的資源管理部門の責任者」が一堂に会する「グローバルな定期会合」	2.54	2.05	3.85	−6.566***

***：p<0.001

欧米企業は「社内の特定分野の専門家に関する名簿・データベース」(2.47) を除く全項目で平均値が3.00以上となり,「全世界統一の評価制度」「現地人も対象とした経営者研修」「全世界統一のコンピテンシーモデル・リーダーシップモデル」「グローバルな人材インベントリー,人材プール,タレント・マネジメント」の4項目では4.00以上を記録した。

第4節　国際人材開発戦略の事例研究

本節では,日本と米国を代表する多国籍企業であるパナソニックとGEの事例研究を行い,国際人材開発戦略の最新動向について考察する。

1. パナソニック[17]

(1)「グローバル連結経営」の要請

パナソニックでは「グローバル連結経営」の推進が求められる中,グローバル・ビジネスリーダーの育成・確保が喫緊の課題となっている。しかし,かつての同社の人事制度はグローバルな統一性を欠いており,それがグローバル最適の人材活用の障害になっていた。また,「現地化の遅れ」に加え,「グローバルなキャリア機会を制度的に提示する仕組みがないこと」により海外の有能人材に対する「採用・定着」問題も発生していた。すなわち,海外子会社の人事制度は各社バラバラで,子会社間を異動する仕組みがなく,そこには有能人材のキャリア機会が当該現地法人に限定される「第2のグラス・シーリング」[18]が存在していたのである。また,各社の有能人材に関する情報を統一的に記録・蓄積するツールもなかった。こうした状況下,採用活動においては,狭い「発展空間」(キャリア機会)が有能人材吸引の足枷となるほか,仮に有能人材が入社した場合でも,3～5年程度で自らのキャリア機会の限界を認識するように

なり，モチベーションの維持・向上やリテンションに関する問題が顕在化していた。そのため，パナソニックでは，事業のグローバル化が進展する中，海外の有能人材に対する需要が増大しているにもかかわらず，有能な現地人が流出するというミスマッチに悩まされてきたのである。

(2)「PGEシステム」の導入

これらの問題に対処すべく，パナソニックでは2003年に「PGE (Panasonic Global Executive) システム」と呼ばれるグローバル幹部人事制度をスタートさせた。PGEシステムの基本コンセプトは，①ポスト評価による「役割の見える化」，②定量的実績評価を通した「実績の見える化」，③コンピテンシーを尺度とした「能力の見える化」を行い，年齢・国籍・性別を問わない「人材活用のグローバル最適化」を実現していくことにある（図表12-4）。

具体的には，まず国内外の経営幹部のジョブ・ディスクリプションを明確化した上で，その職務をグローバルに共通化された基準で定量化し，一定ポイント以上の職務を「コーポレート経営職ポスト」（約300ポスト）として認定した。そして，本社がコーポレート経営職ポストを管理し，有能人材の発掘・育成・評価・処遇の仕組みを一元化することを目指していった。例えば，コーポレート経営職ポストについては，ジョブ・ディスクリプションに基づき「実績評価」を行い，それを報酬にリンクさせることをグローバルにルール化した。さらに，2004年には「経営理念」「社長が求めるリーダー像」「パナソニックにおける経営幹部の行動の特徴」「グローバル・スタンダード」の4要素を土台として，「パナソニック・リーダーシップコンピテンシー」が提示された（図表12-5）。パナソニックでは，これまでも経営理念を重視した経営や評価が行われてきたが，その基準や制度は各国間・各子会社間で必ずしも統一されていなかった。そこで，人事制度と社会化のプロセスをグローバルな視点から連動させるべく，コーポレート経営職ポストにつく人材に対して，パナソニック・リーダーシップコンピテンシーを共通尺度とするコンピテンシー評価が実施されるようになった。なお，「実績評価」と「コンピテンシー評価」の結果は「PGEデータバンク」に蓄積し，能力開発や配置の検討に活用することになっている。

図表 12-4 「PGE システム」の概念図

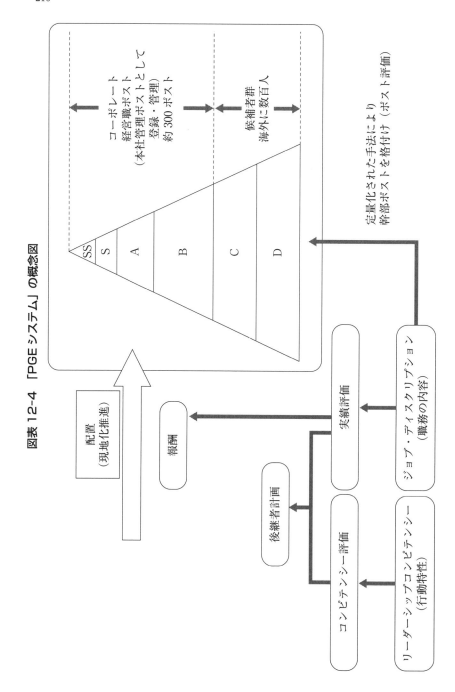

第12章 国際人材開発戦略 211

図表 12-5 パナソニック・リーダーシップコンピテンシー

使命達成への情熱	パナソニックの経営基本方針を体しての達成に情熱を傾ける
公明正大	自らの意志と信念を持ち、如何なる状況においても、スーパー正直を実践する
お客様第一	常にお客様の要望に率直に耳を傾け、お客様にとっての真の価値を実現する
人材育成	人間尊重の視点に立って部下に活躍の場を提供し、会社と個人のWin-Winの関係を築く
協働（コラボレーション）	パナソニックグループの全体最適と中長期的な成功に向け、他の職能・ドメイン・地域と連携する
革新の実践	過去の成功体験にとらわれることなく、破壊と創造を実践する
情報指向、素直な心	現場、市場等の情報に純粋な好奇心と価値観を持ち、経営活動への活用に取り組む
グローバルな視野に基づくブレークスルー的思考	グローバルな事業観と他国のビジネスへの理解に基づき、革新的コンセプトや戦略を構築する

【経営理念】
パナソニックの良き伝統の真髄
・お客様第一
・素直な心　など

【社長が求めるリーダー像】
将来へ挑戦と戦略のための
リーダー像
・破壊と創造の実践
・グループ全体最適　など

【パナソニック現幹部の
行動特性】
高い成果を生み出している現任
者の行動特性
・使命達成の情熱
（目標達成志向）　など

【グローバル・スタンダード】
グローバルなハイパフォーマー
が有する行動特性で、当社幹部
に求めたいもの
・コラボレーション　など

(3)　「後継者計画」（サクセション・プラン）の推進

　また，パナソニックでは，経営幹部候補（ハイポテンシャル人材）をグローバルベースで発掘・育成する「後継者計画」（サクセション・プラン）を推進している。ハイポテンシャル人材は，「実績評価」と「パナソニック・リーダーシップコンピテンシー評価」に基づいてノミネートされ，HP1（3年以内にコーポレート経営職ポストへの昇進が見込まれる者），HP2（5年以内の同ポストへの昇進が見込まれる者），HP3（将来の経営幹部候補）の3つの区分で管理されている。現在，ハイポテンシャル人材として登録されている従業員は全世界で約1,000名に及び，うち約2割が非日本人である。

　ハイポテンシャル人材に対しては，Off-JTとOJTの両面から育成が図られる。まずOff-JTに関しては，"Panasonic Executive Development Program"と呼ばれる教育施策があり，毎年半年間にわたって実施されている。例年，同研修には約50名の経営幹部候補が世界各国から参加し，リーダーシップや意思決定，ビジネスシミュレーション，さらにはアクションラーニング等からなるプログラムを受講する。一方，OJTの面では，「2×2×2」の原則に基づき，多様なタスクが課されていく。「2×2×2」の原則とは，複数の事業場経営，複数の国および複数のファンクションでの経験をコーポレート経営職ポストへの昇進要件としていくことを意味するもので，そのため最近では海外子会社の現地人従業員の本社への逆出向や海外子会社間・ファンクション間の異動も活発になってきている。

(4)　「現地適応」と「グローバル統合」の両立

　以上のように，パナソニックでは，国籍や国境の枠を越えたキャリア機会を制度的に提示するとともに，そのことを通して，世界中の有能人材を引き付け，彼（彼女）らの一層の活性化と定着率の向上を図ろうとしている。他方，「コーポレート経営職ポスト」以外に対しては，各国・各地域の労働法制や労働慣行などに応じた「現地適応」度の高い人的資源管理の制度設計を行っている（図表12-6）。その勘所は，「職務」を基軸に「現地適応」と「グローバル統合」の両立を企図していることにある。つまり，全世界の従業員に対して一律的な人

図表 12-6 「現地適応」と「グローバル統合」の両立を目指した人事制度

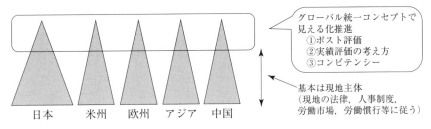

的資源管理を行うのでなく，現地労働市場で競争力を有する「現地適応」度の高い制度や施策を提示する一方，グローバルな基幹ポストに関しては「統合」が強化され，「グローバル連結経営」の推進が図られているのである。

こうした変革の結果，2000年時点で15%であった海外子会社の現地人社長比率は，2014年には30%超へと上昇している。また，現在では，3名の外国人が本社役員となるなど，日本人中心経営からの脱却が進みつつある。

2. GE (General Electric) [19]

(1) "GE Growth Values" によるグローバル統合

GEは，「インフラストラクチャー」「ヘルスケア」「航空機エンジン」「金融」を主な柱とするさまざまな事業を，100カ国以上で展開するコングロマリットである。従業員数は約30万人に達しており，その半数以上が米国外で勤務している。

こうした多様な事業，世界中に分散する従業員を統合するのが "GE Growth Values"（旧称：GE Values）と呼ばれるグローバルな行動規範である（図表12-7）。GE Growth Values は，GEで成功しているリーダーの行動特性・思考特性を分析・抽出したもので，時代の変化とともに文言が少しずつ変化してきているが，修正作業は必ずトップ自らが関与して行うことになっている。

GEでは世界中の従業員にGE Growth Values の体現を求めており，採用

図表12-7 GE Growth Values

外部志向 External focus	・幅広いステークホルダーと効果的に連携する ・お客様や環境の変化に敏感で，トレンドを見据えている ・グローバルでの課題について知識を持つとともに，世界の出来事に興味を持つ
明確でわかりやすい思考 Clear thinker	・曖昧さや不確実性を受け入れ，適応力がある ・戦略と目標を結びつけ，それを効果的にコミュニケーションする ・知識，経験，ネットワーク，直観力を生かして，決断することができる
想像力と勇気 Imagination & courage	・革新的なアイデアを生み出し，実現する ・リスクを取ることを奨励するとともに，成功と失敗から学ぶ ・官僚主義や価値を生まない業務に反対を唱え，スピードと簡素化を促進する
包容力 Inclusiveness	・反対意見やアイデアを歓迎する。他の意見に耳を傾け，謙虚である ・他部門と協力しあって業務を行う。個人や文化の違いを尊重する ・社員のエンゲージメントとコミットメントを促進する
専門性 Expertise	・専門領域を持ち，経験と実績に基づく信頼を得ている ・常に自分をレベルアップさせるとともに，他者の育成にも熱心である ・テクノロジーを最大限活用する

の際も GE Growth Values との適合性を考慮することがグローバルな方針となっている。従業員には「GE Growth Values カード」が配布されるほか，研修や評価制度との連動などを通して，その浸透が図られている。

GE における人的資源管理部門の役割は，人事制度づくりでなく，GE Growth Values を体現したリーダーの育成と企業文化の創造にあると考えられている。"Hire the best, Develop the best, Promote the best, Engage the best, Retain the best" が人材戦略の基本である。

(2) 全世界共通の「職務等級制度」

　エグゼンプト（時間外手当の対象外となるホワイトカラー従業員）の職務等級制度は世界共通となっている。等級は大学新卒者の職務である「プロフェショナルバンド」(PB) からスタートし，「リードプロフェショナルバンド」(LP),「シニアプロフェショナルバンド」(SP),「エグゼクティブバンド」(EB),「シニアエグゼクティブバンド」(SEB),「オフィサー」(VP) の順で構成されている。このうち，EB・SEB・VP については全世界で定員が決まっており，本社が昇格を管理している。SEB への昇格は CEO が承認し，EB については各事業のグローバル CEO が決裁する。日本 GE からは 60 名が EB，4 名が SEB，1 名が VP に格付けられている。

(3) グローバル統一の「評価制度」

　GE における人事考課（単年度評価）は，「業績」と "GE Growth Values" が評価要素となっている。まず，業績評価は「目標管理制度」に従って運用される。目標は「GE のゴール→各事業のゴール→部門のゴール→チームのゴール→メンバー（個人）のゴール」へとブレイクダウンして設定されるが，「ストレッチ目標」を組み込むことが奨励されるため，「全チームのゴール合計」≧「部門ゴール」，「全メンバーのゴール合計」≧「チームゴール」となる。そして，個人目標の達成度に基づき，「高」(high：目標以上),「中」(medium：目標どおり),「低」(limited：未達）の 3 段階による絶対評価がなされる。一方，"GE Growth Values" については「360 度評価」などを用いてその体現度が評価される。360 度評価では，上司の承認のもと本人が評価者を選定する（顧客を入れることも可能）。そして，その評価も踏まえ，上司が「高」「中」「低」の 3 段階評価を行う。これら「業績」と "GE Growth Values" による評価結果は，図表 12-8 のようなマトリックスで示され，"EMS" と呼ばれる全世界統一のシステムに「社内履歴書」として記録・蓄積されていく。

図表 12-8　GE の「評価制度」

	低 ← GE Growth Values → 高
業績 高	要改善 ／ 優秀 ／ ロールモデル ／ 組織の屋台骨 ／ 優秀
業績 低	ミスマッチ ／ 要改善

（簡略図：縦軸「業績（低→高）」、横軸「GE Growth Values（低→高）」のマトリクス。左上＝要改善、上中央＝優秀、右上＝ロールモデル、中央＝組織の屋台骨、右中＝優秀、左下＝ミスマッチ、下中央＝要改善）

(4)　「セッションC」によるヒトと組織の棚卸し

　GEでは毎年開催される「セッションC」の中でヒトと組織の棚卸しを行い，重要ポジションの「サクセション・プラン」を検討するとともに，リーダーとしてのポテンシャルの高い人材（ハイポテンシャル人材）に対する人的資源管理施策が議論される。セッションCのプロセスは，組織の下層部から上層部へと積み上がっていく方式で，各国の「バンド・部門ごと」の評価から「国・地域単位」へ，さらにはグローバルな「GEグループ全体」の評価へとつながっていく。本社のセッションCの対象となるのはEB以上の人材である。

　GEでは，前掲（図表12-8）の評価結果において「ロールモデル」と位置づけられる人材が典型的な「ハイポテンシャル人材」である。ハイポテンシャル人材に対しては，セッションCを通して，昇給率・ボーナス・ストックオプションなどの面で差異化された処遇を提示すると同時に，個別の育成プログラムが立案される。その中には国や事業の枠を越えた異動や，ニューヨーク州クロトンビルの「ジョン・F・ウェルチ　リーダーシップ・センター」で実施される「グローバル経営幹部育成プログラム」（後述）へのノミネートなどが含まれる。

また，悩み事やキャリア等に関わる支援・相談をマンツーマンで行う「メンタリングプログラム」も提供される。さらに，本社の経営幹部が海外子会社を訪問した際に開催される「ラウンドテーブル」（意見交換会）に参加させるなど，有能人材が組織の上位者の目に留まるような取り組みも行われている。

(5) 「グローバル経営幹部育成プログラム」

前掲の「ジョン・F・ウェルチ リーダーシップ・センター」で実施される「グローバル経営幹部育成プログラム」の中で代表的なコースは以下の3つである。第1は，"MDC"（Manager Development Course）で，2週間連続のプログラムである（年7回開催）。対象はSPB〜EBクラスで，全世界から50〜60名が参加し，ビジネスシミュレーションや大学教授による講義が行われ，米国のMBAコースに匹敵する内容となっている。第2は，"BMC"（Business Management Course）で，EB〜SEBクラス約50名が参加し，「アクション・ラーニング」が中心である。具体的には3週間の研修期間中に提示された課題に対する調査・研究を行い，解決策をCEOに提示する。そして，第3は，"EDC"（Executive Development Course）で，SEB〜VPのうち，CEOのポテンシャルがあると認められた人材のみ受講できるコースである。前CEOのウェルチ氏や現CEOのイメルト氏も受講経験があり，日本からも過去に数名が参加している。EDCは30〜35名が参加し，3週間にわたり実施される。内容はBMC同様のアクション・ラーニングで，最終プレゼンにはCEOとその直属役員が出席し，そこに提出されたプランが実際に採用されるケースも多い。MDC・BMC・EDCは，実践的な学習を通して経営者に求められる知識やスキルを習得するだけでなく，世界各国の有能人材の相互啓発およびヒューマンネットワーク形成の場としても期待されている。

まとめ

　本章では，今日の多国籍企業に求められる組織能力の視点から，これからの国際人材開発戦略のあり方について考察してきた。具体的には，国際人的資源管理における「現地化」は，「現地適応」と「グローバル統合」の両立を企図するトランスナショナル企業に向けた必要条件であるが十分条件ではないことを述べるとともに，「グローバル人的資源管理」モデルを提示し，その構成要素である「規範的統合」「制度的統合」「HR成果」および「グローバル・イノベーション成果」について解説した。そして，日本企業と欧米企業に対する実証研究から，「規範的統合」「制度的統合」に向けた施策の実施状況に関して，日本企業が相対的に劣位にあることを明らかにした。さらに，パナソニックとGEの取り組みを紹介し，国際人材開発戦略の最新動向について考察した。両社の事例は，世界中の有能人材を「規範的・制度的」に統合することを通して，国民文化の差異を超克した信頼関係の構築と人材活用のグローバル最適化を実現することの重要性を物語るものであると言えよう。

【キーワード】
現地適応とグローバル統合，国際人的資源管理，現地化，グローバル人的資源管理モデル，トランスナショナル企業モデル，グラス・シーリング，規範的統合と制度的統合，HR成果，グローバル・イノベーション成果，国境を越えた協働，ハイポテンシャル人材

〈注〉
1) Bartlett and Ghoshal [1989].
2) 古沢 [2005a]。
3) 日本企業の現地化問題については，安室 [1982]，吉原 [1989, 1996]，林 [1994]，石田編著 [1994]，石田 [1999]，Kopp [1994, 1999]，古沢 [2008] などを参照のこ

4) 古沢 [2008]。
 5) 永野 [1994] 102 頁。
 6) 古沢 [2008]。
 7) Egelhoff [1993]。
 8) Doz, et al. [2001]。
 9) 古沢 [2008]。
10) Vernon [1971], 石田 [1999]。
11) 古沢 [2008]。
12) Furusawa [2014]。
13) Fayerweather [1969] などを参照のこと。
14) 吉原 [2001]。
15) NIH 症候群とは，他国で開発された技術や製品の活用に対する抵抗感を指す。詳しくは，Allen [1977] や Katz and Allen [1982] を参照のこと。
16) 古沢 [2008]。
17) 本事例研究は，筆者のパナソニックへのヒアリング調査に基づき，古沢 [2008] で取り上げたケースを加筆・修正したものである。
18) 古沢 [2005b]。
19) 本事例研究は，筆者の GE へのヒアリング調査に基づき，古沢 [2008] で取り上げたケースを加筆・修正したものである。

〈参考文献〉

石田英夫編著 [1994]『国際人事』中央経済社。
石田英夫 [1999]『国際経営とホワイトカラー』中央経済社。
永野 仁 [1994]「経営の現地化」石田英夫編著『国際人事』中央経済社，95-112 頁。
林 吉郎 [1994]『異文化インターフェイス経営』日本経済新聞社。
古沢昌之 [2005a]「日本企業における国際人的資源管理の変革―『統合―現地適応』の両立に向けて―」『国際ビジネス研究学会年報』第 11 号，13-27 頁。
古沢昌之 [2005b]「日本企業の国際人的資源管理における『第二のグラス・シーリング』―『世界的学習能力』構築に向けての課題―」『大阪商業大学論集』第 137 号，75-90 頁。
古沢昌之 [2008]『グローバル人的資源管理論―「規範的統合」と「制度的統合」による人材マネジメント―』白桃書房。
安室憲一 [1982]『国際経営行動論』森山書店。
吉原英樹 [1989]『現地人社長と内なる国際化』東洋経済新報社。
吉原英樹 [1996]『未熟な国際経営』白桃書房。
吉原英樹 [2001]『国際経営（新版）』有斐閣。
Allen, T. J. [1977], *Managing the Flow of Technology*, Cambridge, MA, MIT Press.
Bartlett, C. A. and S. Ghoshal [1989], *Managing across Borders, The Transnational Solution*, Boston, Harvard Business School Press.
Doz, Y. L., J. Santos and P. Williamson [2001], *From Global to Metanational, How Companies Win in the Knowledge Economy*, Boston, Harvard Business School Press.

Egelhoff, W. G. [1993], "Information-processing Theory and the Multinational Corporation," in S. Ghoshal and D. E. Westney (eds.), *Organization Theory and the Multinational Corporation*, pp. 182-210, New York, ST. Martin's Press.

Fayerweather, J. [1969], *International Business Management, A Conceptual Framework*, New York, McGraw-Hill.（戸田忠一訳［1975］『国際経営論』ダイヤモンド社。）

Furusawa, M. [2014], "Global Talent Management in Japanese Multinational Companies, The Case of Nissan Motor Company," in A. Al Ariss (ed.) *Global Talent Management, Challenges, Strategies, and Opportunities*, pp.159-170, Berlin, Springer.

Katz, R. and T. J. Allen [1982], "Investigating the Not Invented Here (NIH) Syndrome, A Look at the Performance, Tenure, and Communication Patterns of 50 R & D Project Groups," *R & D Management*, Vol.12 (1), pp.7-20.

Kopp, R. [1994], "International Human Resource Policies and Practices in Japanese, European, and United States Multinationals," *Human Resource Management*, Vol.33 (4), pp.581-599.

Kopp, R. [1999], "The Rice-Paper Ceiling in Japanese Companies, Why It Exists and Persists," in S. L. Beechler and A. Bird (eds.) *Japanese Multinationals Abroad, Individual and Organizational Learning*, pp.107-128, New York/Oxford, Oxford University Press.

Vernon, R. [1971], *Sovereignty at Bay, The Multinational Spread of U.S. Enterprises*, New York, Basic Books.

（古沢　昌之）

第13章

ボーン・グローバル企業の新機軸

第1節　グローバル化のモデル

1. 国際化モデル

　企業の国際化モデルについては，伝統的に国内市場の確立のあと数十年かかって国際化の完成がある，と言われてきた。しかし，1990年代に「市場のグローバル化」によって，従来の考え方では説明できない「ボーン・グローバル企業（born global firms）」と呼ばれる企業が生まれた。ボーン・グローバル企業は，事業設立と同時に，あるいは設立直後から国際市場での売上高が（通常）25％以上を占める企業である。ボーン・グローバル企業[1]は，国際ニュー・ベンチャー（international new ventures），ボーン・グローバルズ（born globals），グローバル・スタートアップス（global start ups）と呼ばれることもある。

　伝統的に国際ビジネス研究では，豊富な経営資源を持つ巨大企業が，多国籍化することを理論化してきた[2]。

　歴史的に国際化過程はウプサラ・モデルとイノベーション・モデルによって

述べられてきた[3]。両モデル共，(1)正規の輸出活動を持たない，(2)独立代理店を経た輸出，(3)海外販売子会社の設立，(4)国外への接近と生産，の過程をとる。企業は国際化する方法に従って，継続的な段階を区別している。

ウプサラ・モデルは，国外市場へのコミットメントの漸次的な増加と，経験的な知識獲得を通して少しずつ国際化を行う。

企業は，初期の段階においては文化的に近い市場を標的とし，そして徐々に「心理的距離」の領域に移っていく。マネジメントは，その適正な利用についての知識を持つまで市場に対する付加的資源には関与しないだろうと議論されている。

イノベーション・モデルは同様に国際化を，知識と経験を漸次的に獲得する緩やかなプロセスと考える[4]。Cavusgilのレビューによれば，その過程は多くの合理的な分析や適切な計画なしに長い時間の経過をたどる。その遅滞は，経営の危険負担と適切な知識および急速な市場情報の獲得の不可能性を反映している。

これらのモデルが開発されて以来，数人の研究者が疑問を呈してきた。まず第1に，海外市場への第一歩は伝統的な輸出のみならず，ライセンシング，現地生産，パートナー形成のようないくつかの様式も考えられる。第2に，国外展開はすでに産業と市場が非常にグローバル化している国においてはより急速に進むかもしれない。第3に，国際化が適切な計画をほとんど持たないと強調する一方で，現実は非常に異なることがしばしばある。国外展開は複雑で危険をおかすことになるので，よく管理された企業は複雑な市場状況や偶発性を考慮した注意深い戦略計画に頼ろうとする。経営者は，その企業特殊的環境に最もよく適合した参入様式を選択する傾向にある。

2. グローバル化モデル

1990年代に入ると，いわゆる国境の壁の低下に伴ってそれまで国外参入が難しいとされていた中小企業をはじめとして，経営資源の乏しい企業も比較的容易にグローバル市場への参入が可能になってきた。その要因として考えられる

のは大きく3つのファクターである。3つのファクターとは，市場要因，技術要因，制度要因である。

　まず，市場要因としては，国や地域によって大きく異なってきた消費者の文化や嗜好の違いが，途上国の所得の上昇に伴って消費者の文化や嗜好の同質化が起こり，必ずしも国や地域ごとの差異を意識する必要がなくなってきている。その結果，世界的なセグメントやニッチ市場が生まれることで，グローバル・ニッチ市場に対して大企業や多国籍企業がカバーしない市場が生まれてきている。同質なグローバル市場が多国籍企業によって形成される一方で，異質な小さな市場をカバーする企業が台頭してきている。欧米だけでなくアジアや他の途上国などからも，先進国向けのユニークな商品を輸出している企業が増えてきている。

　第2の技術要因としては，ICT（情報通信技術）の普及と発達に伴って，90年代以降情報のネットワーク化が急速に進み，企業だけでなく個人においてもインターネットを使った高度な情報収集能力やコミュニケーション能力を持つようになってきている。その結果，規模の小さな企業にとっても世界的な情報発信が可能になり，比較的低コストで情報を提供できるようになってきている。

　ICTの発達だけでなく物流技術が急速に発達し，国際物流が迅速にかつ低コストで可能になってきている。インターネット書籍販売のアマゾン・ドットコムにみられるような急速にグローバル市場に参入し成功を遂げている企業が出現しているのも，これらICTや国際物流の世界的な普及と発達に負うところが大きい。

　また，研究開発の積み重ねは新製品の開発に大きく貢献しているが，新製品の製造については先進国だけでなく途上国でも行われるようになってきており，先進国による途上国への委託生産は，製造を請け負う側である途上国の生産技術を蓄積し，技術発展に大きく寄与している場合がある。その結果，多国籍企業を凌ぐ国際ニュー・ベンチャーが製造技術を活かして国際市場に参入する事例が多く見られる。

　このように技術要因としては，ICT，国際物流，研究開発・生産技術の進展などが考えられるが，世界的な技術の普及と発達がますます多くの市場機会を

図表 13-1　グローバル・マーケティングの進化

〜1994年 国際マーケティング	1995年〜 グローバル・マーケティング
国内／外市場二元論	グローバル市場多元論
国境／組織／業種／人種／文化	ボーダレス化
マルチ・ドメスティック	グローバリティー／ローカリティー
本国重視	グローバル・セグメント重視
マス・マーケット	ターゲット・マーケット
国・地域別	ライフスタイル別・世代別・地域別・宗教別
各国語	英　語
製　造	流通・サービス・通信・金融
企業別の標準化／適用化	事実上の業界標準化
多国籍企業	グローバル企業（大／中小／個人企業）
交通による物理的距離の短縮化	インターネットによる精神的距離の消滅
ロジスティクス	サプライ・チェーン・マネジメント（SCM）
アナログ	デジタル
企業内分業	ネットワーク分業
環境要因ベース	経営資源ベース
総合化	専業化（事業部化）
改良・改善型	革新（イノベーション）型
規模の経済	範囲の経済
固有性	普遍性・多様性
競　争	共創・提携
物理学	生物学（進化論）
社会主義／資本主義	市場主義
GATT	WTO
ビッグ・ヒット	メガ・ヒット

（出所）　嶋［2000］図表1-3を一部修正。

生み出す可能性が出てきた。

　第3の制度要因は，制度はまず大きく国際法と慣習に分けてみることができる。国際法は，1995年に発足したWTO（世界貿易機関）が特に大きな役割を果たしている。1948年に発足したGATT（ガット：関税貿易に関する一般協定）は第二次世界大戦後の西側資本主義諸国間の貿易促進と関税引き下げを目

的とした協定にすぎなかった。しかし，GATT は 1970 年代，1980 年代にかけて協定の要素を露呈し，むしろ貿易のルールが政治的な取引によってゆがめられる傾向が次第に強くなっていった。

その結果 1980 年代後半に社会主義が崩壊し，1990 年代に入ると社会主義国が市場経済を導入するようになった。そこで 1995 年，市場経済をベースとした WTO が設立された。国際法としての WTO は，特にサービス貿易の促進，知的財産権の保護，直接投資に関するルールを国際法として取り決めたものである。

東西冷戦の終結に伴う旧社会主義国の市場経済化は，一部の国・地域を除いて，グローバル市場を形成し，政治的な障壁の急速な低下と経済的結びつきの強化をもたらした。その結果，さまざまな企業がグローバル市場での活動をこれまで以上に積極的に行えるようになり，企業のグローバル化の新しい時代が来たといえる。

第 2 節　グローバル企業の多様化

1．伝統的グローバル企業

伝統的グローバル企業は，グローバル企業または多国籍企業と呼ばれてきた。これらの企業は，欧米をはじめとして豊かな国内市場の中で寡占的ないし独占的企業として成長し，その後国外市場に事業展開するパターンである。つまり，本国市場で経営資源を蓄積したうえで，その生産能力を国外の新たな市場に移転し，企業としての成長を持続しようとするものである。それは貿易に依存するよりも，直接投資によって事業拠点の移転を目指したものである。国境の壁を克服するための手段として，企業は国際企業や多国籍企業として取引を「内部化」しようとしたのである。

一般に，内部化理論として説明されてきた海外直接投資の研究は，主に2つの側面を持っている。それは，(1)製品グループ，(2)国別市場間，である。そこでは直接投資と並んでライセンシングが重要な役割を果たすことになる。

　いずれにせよ，内部化の問題は直接投資による経営資源とライセンシングによる技術の国際移動を経営戦略上重要視している点である。特に第二次世界大戦後，アメリカからの財政的援助として有名なマーシャル・プランによって復興したヨーロッパの有効需要を利用したのがアメリカ系多国籍企業と呼ばれている。

　ただ，多国籍企業のタイプには，(1)市場志向，(2)資源志向，(3)技術志向，(4)競争志向などのように多様な目的によって行われることが多い。

2. 多国籍企業の時代

　1950年代後半以降，急速に多国籍化したアメリカ系企業は西欧，中南米などのアメリカ本国と比較的近い地域に子会社を設立する傾向が強かった。

　多国籍企業は経営のパッケージを移転することで，進出先の市場での活動を内部化することが多い。しかし，取引の内部化によって独占的な有利性を発揮できる場合は有効であるが，内部化によるデメリットが顕在化しているうちは多国籍企業の有利性が必ずしも認められない場合もある。多国籍企業は，国境の壁を越えるための有効な手段として1980年代まで「黄金の時代」を謳歌したが，1973年のオイル・ショックによって，この「黄金の時代」が突然の終わりを見せたといわれている。多国籍企業の最大の目的は国境の壁を越えることであり，そのためには進出先の政府との有効な関係を確立しようとしたり，逆に敵対的政府に対しては豊かな情報力と資金力を背景にその政府を窮地に追い込むこともあった。

　しかし，1990年代に入り東西冷戦の終焉とともに国境の壁は次第に低くなってきている。特に政治的な障壁が大幅に低下するに伴って，国境を越えた経済的なつながりは急速に強まってきている。

3. 多国籍企業の限界

　多国籍企業が成長する一方で，非多国籍企業の成長も著しい。先進国はもちろん途上国においても，非多国籍企業による輸出が急増し，グローバル市場を活かして急速な成長を遂げている。

　特に，経営資源が乏しく本国市場が比較的小さな国にある企業は，輸出志向によってグローバル市場での売上を伸ばす傾向にある。1950年代から1980年代にかけての日本に見られるように，多国籍化しない企業発展のモデルが最近注目されてきている。特に，西ドイツや北欧，カナダ，韓国，台湾，オーストラリア，ニュージーランド，南アフリカなどの企業は，輸出によって戦後急速な成長を遂げてきている。つまり，非多国籍企業の役割は1990年代以降むしろ高まっており，最近では中国やインド，東南アジアにある企業の中にも世界的なシェアを占める非多国籍企業が多く見受けられるようになってきている。

図表13-2　ボーン・グローバル企業と伝統的グローバル企業の比較

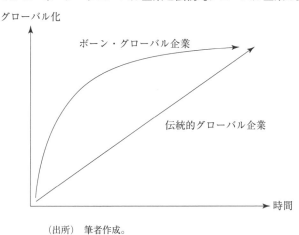

（出所）　筆者作成。

4. 新しいタイプのグローバル企業

　多国籍企業の成長と限界を考える中で，多国籍企業の役割も大きく変化してきていることがわかる。一般的に考える企業行動の特性としては，既存市場からの動因と新しい市場の誘引から説明することができる。企業が，既存市場あるいは国内市場よりも新市場，あるいは国外市場に魅力を感じるのは，例えば本国市場での参入が厳しい，競争が厳しい，成長が乏しいなどの理由が考えられる。逆に新たな国外市場に魅力を感じるのは，参入が容易である，市場の成長が見込まれる，競争が比較的緩やかである，特定のニーズ（ニッチ市場）がある，などが挙げられる。かつて多国籍化することで競争優位を得てきた企業も，国境という障壁の低下に伴って，国外市場を国内市場の延長として国外市場を捉えることができるようになってきている。

　例えば，経済統合に伴って国境の壁がほとんどなくなっているEU（欧州連合）内の国々は，アメリカ合衆国内の州と同じような位置づけとなりつつある。また，アメリカ合衆国，カナダ，メキシコの三国間で締結されているNAFTA（北米自由貿易協定）にみられるようなFTA（自由貿易協定）が，アジアをはじめ世界各地で締結されることによって，貿易にかかわる関税と非関税障壁の撤廃の動きは急速に進んできている。

　近年，このような世界の動きの中で，欧州，東アジア，北米，日本，オーストラリアなどから新しいタイプのグローバル企業として，ボーン・グローバル企業が生まれてきている。

第3節 ボーン・グローバル企業の特徴

1. ネットワーク型企業の出現

　ボーン・グローバル企業は，しばしば製品や工程技術における進歩の成果として生まれたり，また顧客との関係性を強調する市場志向的起業家によって生み出されたりする傾向がある。例えば，スピーカーで有名なBOSEや，かつてのアップルなどがボーン・グローバル企業の例である。

　設立初期の段階でのボーン・グローバル企業は，主に輸出によって国外への関与を促進し，ネットワークの関係性を持続することによって，高品質で差異化された商品を訴求することができる。したがって，ボーン・グローバル企業は，ある特定の製品カテゴリー内で国際的な認知を受けることによって，技術的優位性を確立することが多い[5]。

　このように，国際輸送およびコミュニケーション費用の低下，経営資源および情報獲得費用の不足などの要因は，今日ではもはやグローバル市場への主要な参入障壁とはならなくなってきている。国際マーケティングの主体については，多国籍企業だけでなくボーン・グローバル企業も含める時代となっている。

2. グローバル・ニッチ市場機会の拡大

　起業家は多くの点で，グローバル化した市場におけるマーケティング機会に対応してきている。先端技術やユニークな顧客便益を付与する製品・サービスは，普遍的な訴求力を持つようになってきている。また，現代のマーケティング環境は，同質な世界需要，ICTの普及ならびに国際輸送を低コストでグローバル・ネットワークとして拡大することによって，供給者と消費者を世界的に結びつける役割を担っている。その結果，ボーン・グローバル企業では，優れ

た起業家能力とグローバル・ニッチ市場の結びつきによって，高い成長力を持つようになってきている。

ボーン・グローバル企業の出現は，新たなビジネスチャンスの獲得や，製品・サービスの革新，あるいは結果として国民経済の発展に寄与する場合もある。

ボーン・グローバル企業は，小規模で乏しい経営資源を有効に使うことで，多国籍企業がカバーしないニッチ市場において競争優位を高めるところに特徴がある。ここでボーン・グローバル企業について，3つの視点から捉える必要がある。第1に，ボーン・グローバル企業内部の組織状況の特徴，第2に，ボーン・グローバル企業を説明する概念フレームの提供，第3に，固有のマーケティング戦略やその他の要因を測定する評価基準の策定である。

3. ボーン・グローバル企業

ICT の普及・発達がボーン・グローバル企業の急速な出現に貢献してきている[6]。国際電話の利用減少とは対照的に，国際 FAX やインターネットを使った E メールの利用および衛星放送の普及に伴って，1990 年代以降，情報ネットワークの利用が容易になった。これまで，国際ビジネスでは海外出張や国際会議，あるいは国外に支店や支社を設けることが不可欠であったが，ICT の普及・発達に伴ってスモール・オフィス・ホーム・オフィス（SOHO）でのグローバルな取引が可能になってきている。逆に大規模な多国籍企業は企業内部で情報を独占することによって，情報独占の優位性を享受してきた。しかし，インターネットの普及は企業の内部と外部のボーダーを希薄にさせてきている。その結果，インターネットを利用することでグローバル・サイバー・マーケットを通した多様な商品のマーケティングが可能になってきている。

次に，ボーン・グローバル企業の組織上の優位性は，ボーン・グローバル企業の起業家が，一般企業の起業家と比べて若く，官僚制や階層組織にとらわれず，比較的迅速で柔軟な意思決定が可能な点である。したがって，より革新的かつ顧客志向で，新しい技術を用いたニーズへの対応を迅速に行うことができる。

グローバル・ネットワークの発達によって，国内外のメーカー，流通業者，物流業者などとのネットワークや提携を通して，多国籍型の組織ではなく，フラットなグローバル組織が可能となってきている。その結果，多様なニーズに対応し，乏しい内部資源を補完するために，ネットワークを通してOEM（相手先ブランドによる生産）供給を受ける場合が多い。その結果，グローバル・ニッチに対応した商品供給が可能になり，多国籍企業が参入しないユニークな市場を確立することが可能になる。

第4節　ボーン・グローバル企業の新機軸

1. ボーン・グローバル企業の創発

　ボーン・グローバル企業は大きく2つの要因によって創発される。1つは起業家能力であり，もう1つはグローバル市場形成要因である。
　まず起業家能力とは論者によって分かれるが，主な起業家論は以下の通りである。①危険負担者（キャンティロン），②生産過程の調整者と計画者，生産の主たる代理人，仲介者（セイ），③マネジメント（マーシャル），④資本の提供者（スミス，リカード），⑤イノベーター（シュンペーター），⑥機会の探求者（カーズナー），⑦産業のリーダー，⑧投機家，⑨交渉者，⑩情報源などが考えられるが，要約すると4つに分類できる。①危険負担，②マネジメント，③イノベーション，④機会探求である[7]。さらに近年の市場のグローバル化の傾向をふまえれば，ICTを含めたコミュニケーション能力や共通語としての英語能力も重要となってきている。
　ここで起業家はさまざまな能力を必要とするが，その能力はすべてを満たさなければならないわけではない。上に挙げた基本的な4つの能力が必要と思われる。起業家論については経済学や経営学で主に取り上げられてきたが，最近

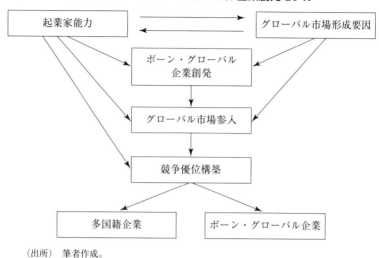

図表 13-3　ボーン・グローバル企業創発モデル

（出所）　筆者作成。

では社会学においても起業家論を取り上げることがある。つまり，起業家を輩出する社会的要因がそろわない限り，社会的な起業家創出はできないからである。

　例えば，かつて 15，6 世紀までの冒険家と言われている者は，その当時では起業家であった。つまり，冒険家は未知の世界への探検によって，貴金属や香辛料をはじめとする財宝を本国に持ち帰ることで，経済的富と社会的地位を得ていたのである。しかし，18 世紀後半に，イギリスで産業革命が起きることによって，経済的冒険家は次第に起業家となっていった。貴金属や香辛料を，略奪などの手段によって獲得する代わりに，工業により新しい製品を生み出すことで経済的富を創り出すことを求められる時代が来た。その後，さまざまな危険負担や市場機会の発見などによって，優れた起業家が輩出されるようになってきた。しかし，20 世紀に入り規模の経済を活かした大企業の時代が到来すると，起業家能力よりもマネジメント能力が重視されるようになり，起業家の役割があまり顧みられない時代が続いた。ところが規模の経済から範囲の経済へ移行する 20 世紀末になると，新たな事業創造のために起業家能力の見直しが

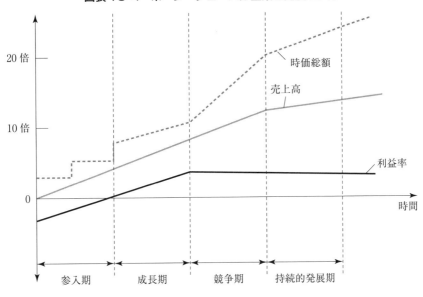

図表13-4　ボーン・グローバル企業の発展モデル

（出所）　米倉［2005］7頁，図0-1を参照して筆者作成。

なされるようになってきた。

2.　参入期の戦略

　ボーン・グローバル企業が創発後に，グローバル市場に参入するキッカケには2つが考えられ，1つは輸出プル戦略，もう1つは輸出プッシュ戦略である。

　輸出プル戦略は，グローバルな情報移転，生活標準や嗜好の収斂化による世界的な購買の広がりによって効果が見られる。さらにメーカーを始めとして，中間流通業者や小売業者がインターネットやダイレクトメール，および国際見本市といった情報提供を通して固有で特殊なニーズを求めてグローバルな取引が生まれてきている。

　輸出プッシュ戦略は，グローバル市場志向の強い起業家がインターネットを利用したマーケティング・キャンペーンを通じて，国外の中間流通業者や最終

消費者へ商品を売ることである。要するに，輸出プル戦略とは異なり販売促進を通して買い手の説得につとめ，商品の購買につなげようとするものである。

ボーン・グローバル企業が設立初期の段階で，グローバル・ニッチ市場で独占的地位を築くことも珍しくない。大規模企業とは異なる知識や特殊な技術を用いることで，競争優位を構築できるのである。

高度に専門化しているボーン・グローバル企業は多国籍企業とは異なり，国内市場のニーズを広くカバーするのではなく，むしろグローバル・ニッチ市場で製品や中間財・部品などで優位性を発揮する場合がある。

3. 成長期の戦略

この頃になると市場は拡大し，ボーン・グローバル企業の市場における相対的存在感は高まる。ボーン・グローバル企業はニッチャー的な市場地位から，フォロワー的な市場地位へと変化する。いったんグローバル・ニッチ市場で成功すると，その後，成長戦略が必要となる。成長戦略では顧客志向重視の成長戦略だけではなく，長期的な関係を重視する関係性マーケティングを中心に成長戦略を実行することになる。この時期は売上高も利益率も順調に伸びることで，研究開発費などを含めた市場参入時の投下資本を回収し終え，加えて十分な利益を上げることが可能となる。しかし，成長期は他の企業にとっても魅力的な市場であるために，少しずつ他の企業が参入してくる。そのためマーケティングでは製品の改良や価格の引き下げを用いて成長を持続させようとする戦略がとられる。

売上の成長にあわせて組織の変革や人的資源の確保が急務となる。これは，市場が拡大することにあわせて急速に変化する市場環境への対応を迫られるからであり，ここでそれらの整備をすることで持続的な競争優位を構築しようとするからである。多くのベンチャー企業がそうであるように，起業家が少数で設立した企業は，「カリスマ」と呼ばれる起業家がすべての業務を掌握している。したがって，その代わりを務める能力を持った人材を育成していかないと，企業としての成長が止まり，失敗に終わることがよくある。大企業志向の強い

日本などにおいては優れた人材をベンチャー企業に引き寄せることが難しく，いったんグローバル・ニッチ市場で地位を確立した企業はこの組織変革と人的資源の確保という大きな試練に立たされるのである。

4. 競争期の戦略

　売上と利益がともに伸びてきた成長期が終わり，競争企業の出現による競争激化によって次第に利益率が低下し始める時期である。競争期のライバル企業は次第に規模の大きなリーダー企業やチャレンジャー企業へと変化してくる。これらのライバル企業は，差異化能力や価格優位性を武器に競争戦略を実行する。ボーン・グローバル企業は，ライバル企業が持たない知識や技術を用いて商品差異化を行い，競争を回避しようとすることで自身の市場を維持しようとする。また，経営資源の不足を戦略提携などにより補い，他の企業との補完関係を作ろうとする。そして，さらに新たな市場機会を求めて成長戦略をとり，イノベーションに対する投資を増やし，常にリーダー企業をはじめとするライバル企業との対決を避けながら固有のニッチ市場を維持，また継続的につくりだそうとする。

5. 持続的発展戦略

　企業目的を存続と成長に求めれば，いかなる企業も持続的発展戦略をとらざるを得ない。そのために成長戦略として市場拡大戦略や多角化戦略をとることも必要である。また，既存の市場を維持するために競争戦略も行う。利潤の追求によって，あえて量的な拡大志向をとらないことも選択基準に含まれる。そのためボーン・グローバル企業は場合によっては多国籍企業へと姿を変えることもあれば，ボーン・グローバル企業としてグローバル・ニッチ市場を追求し続けることで，持続的成長を図ろうとする場合もある。

　それらは企業のミッション（使命や目的）に大きく依存することが多い。

ま と め

　2014年度ノーベル物理賞を受賞した米カリフォルニア大学サンタ・バーバラ校の中村修二氏が日本経済新聞社のインタビューに答えて面白いことを語っていた。米国研究環境が日本より優れている点はどこでしょうか，の問いに対して，「世界中から集まる優秀な人材の厚みと，開発したものを<u>最初から世界に売り込んでいくマーケティング力</u>だ。日本は研究開発力はあるが，<u>マーケティングで負ける</u>。テレビも半導体も携帯電話も負けた理由だ」(『日本経済新聞』2014年10月9日) と語っている (下線は筆者による)。

　かつて日本の家電メーカーが得意であった分野を韓国など国に優位性奪われたことを物語る証左である。つまりボーン・グローバル企業の「最初から世界を目指す」ことが重要であることを見事に言い表している。

　新製品が規模の利益を発揮するには，開発の段階から世界市場を視野に入れた戦略が求められる。戦略提携や合弁事業などの単独企業の枠を超えた提携がますます盛んになるのは，ボーン・グローバル企業が注目される所以である。

【キーワード】

ボーン・グローバル企業，国際ニュー・ベンチャー，グローバル・スタートアップス，ウップサラ・モデル，イノベーション・モデル，スモール・オフィス・ホーム・オフィス (SOHO)，創発モデル，インターネット，グローバル・マーケティング，グローバル・ニッチ

〈注〉
1) McKinsey&Co. [1993], Rennie [1993], Moen and Servais [2002].
2) Anderson [1993], Johanson and Vahlne [1990], Cavusgil [1980], Knight and Cavusgil [1996].

3) Johanson and Vahlne [1990].
4) Cavusgil [1980], Cavusgil and Zou [1994].
5) Rennie [1993], Hollensen [2004], Knight and Cavusgil [1996], Madsen and Sarvais [1997], Moen and Servais [2002].
6) Kotabe and Helsen [2000] pp.603–630.
7) Bjerke and Hultman [2002] pp.53–54.

〈参考文献〉
 嶋　正 [2000]「グローバル・マーケティングの進化」高井眞編著『グローバル・マーケティングへの進化と課題』同文舘出版。
 米倉誠一郎 [2005]「Introduction」米倉誠一郎編『ケースブック日本のスタートアップ企業』有斐閣。
 Barkema, H. and F. Vermeulen [1998], "International expansion through start-up or acquisition: a learning perspective," *Academy of Management Journal*, Vol. 41, No. 1, pp.7–26.
 Bjerke, B. and C. M. Hultman [2002], *Entrepreneurial marketing*, Edward Elgar.
 Calantone, R. and G. Knight [2000], "The critical role of product quality in the international performance of industrial firms," *Industrial Marketing Management*, Vol. 29, pp.493–506.
 Cavusgil, S. T. [1980], "On the internationalization process of firms," *Europe research*, Vol. 8, No. 6, pp.273–281.
 Cavusgil, S. T. and S. Zou [1994], "Marketing strategy-performance relationship: an investigation of the empirical link in export market ventures," *Journal of Marketing*, Vol. 58, January, pp.1–21.
 Hollensen, S. [2004], *Global Marketing*, 3rd ed., Prentice Hall, pp.68–71.
 Johanson, J. and J. E. Vahlne [1990], "The mechanism of internationalization," *International Marketing Review*, Vol. 7, No. 4, pp.11–24.
 Knight, G. A. and S. T. Cavusgil [1996], "The born global firm: a challenge to traditional internationalization theory," in Cavusgil, S. and T. Madsen (Eds.), *Advances in International Marketing*, Vol. 8, JAI Press, Greenwich, CT.
 Kotabe M. and K. Helsen [2000], *Global Marketing Management*, 2nd ed., WILEY.
 Madsen, T. and P. Sarvais [1997], "The internationalization of born globals-an evolutionary process," *International Business Review*, Vol. 6, No. 6, pp.1–14.
 McDougall, P. and B. Oviatt [2000], "International entrepreneurship: the intersection of two research paths," *Academy of Management Journal*, Vol. 43, No. 5, pp.902–906.
 McKinsey & Co. [1993], *Emerging Exporters: Australia's High Value-Added Manufacturing Exporters*, Australian Manufacturing Council, Melbourne.
 Moen, O. and P. Servais [2002], "Born global or gradual global? Examining the export behavior of small and medium-sized enterprises," *Journal of International Marketing*, Vol. 10, No. 3, pp.49–72.
 Oviatt, B. and P. McDougall [1994], "Toward a theory of international new ventures," *Journal of International Business Studies*, Vol. 25, No. 1, pp.45–64.

Petersen, B., L. Welch and P. Liesch [2002], "The internet and foreign market expansion by firms," *Management International Review*, Vol. 42, No. 2, pp.207-221.
Rennie, M. [1993], "Born global," *McKinsey Quarterly*, Vol. 4, pp.45-52.
Simon, H. [1996], *Hidden Champions: Lesson from 500 of the World's Best Unknown Companies*, Harvard Business School Press, Boston, MA.

(嶋　正)

和文索引

【あ行】

アームズレングス関係 ……………………… 9
ITバブル崩壊 ………………………………… 6
相手先ブランドによる生産 ……………… 231
アクション・ラーニング ………………… 217
アジア太平洋州 …………………………… 97
新しい国際分業体制 ………………………… 6
アップル ……… 93,169-173,175,176,180,229
アマゾン・ドットコム …………………… 223
アライアンス ……………………………… 50
アリババ …………………………………… 164
アンハイザーブッシュ・インベブ ……… 87

Eメール …………………………………… 230
eマーケットプレイス …………………… 159
意思決定 …………………………………… 54
異質性 ……………………………………… 47
移転価格 ………… 185,186,192-194,196,197
イノベーション …………………………… 53
　──の裁定戦略 ………………………… 4
イノベーションセンター …………… 52,204
イノベーション・モデル ………………… 221
イノベーションリレー …………………… 52
インターナル ……………………………… 9
インターネット …………………………… 230
　──の利用者数 ……………………… 147
インタンジブル（無形な）資源 ………… 57
インテル ………………… 169,170,171,175

ウプサラ・モデル …………………… 221,222

英語 ………………………………………… 148
　──中心 ……………………………… 148
エグゼンプト ……………………………… 215
越境EC …………………………………… 157

黄金の時代 ………………………………… 226
欧州連合 …………………………………… 228
オープン・クローズ戦略 ………………… 35
オープンシステム ………………………… 58
オープン・ネットワーク化 ……………… 10
オープン標準 ……………………………… 22
オフショア・アウトソーシング ………… 8,9

オンプレミス ……………………………… 154

【か行】

海外現地生産 ……………………………… 45
海外子会社 ………………… 46,50,51,59
　──群 ………………………………… 49
海外生産 …………………………………… 46
外貨換算会計 ……………………………… 189
会計リスク ………………… 189,190,197
外部委託 …………………………………… 156
外部環境 …………………………………… 44
革新的能力 ………………………………… 99
過少資本 …………………………… 195-197
価値連鎖ネットワーク …………………… 5
ガット ……………………………………… 224
株主資本 ………………… 187,195,196
カリスマ …………………………………… 234
為替リスク ………………… 187,189-191,197
環境 ………………………………………… 43
　──劣化 ……………………………… 13
関係性ポートフォリオマネジメント …… 9
規格間競争 ………………………………… 177
起業家 ……………………………………… 232
　──論 ………………………………… 232
企業間コラボレーション ………………… 10
企業間取引 ………………………………… 158
企業競争力 ………………………………… 101
　──ランク …………………………… 98
企業対消費者 ……………………………… 158
企業特殊的優位 …………………………… 94
企業発展のモデル ………………………… 227
技術戦略 …………………………… 176,182
技術標準 …………………………………… 176
技術要因 …………………………………… 223
規範的統合 …………… 201,202,205,218
規模の経済 ………………………………… 232
規模の利益 ………………………………… 236
キャプティブ・オフショアリング ……… 9
業際化 ……………………………………… 181
共進化 ……………………………………… 2,16
共創 ………………………………………… 13
　──環境 ……………………………… 3
競争・市場環境 …………………………… 44

競争圧力の増大 ································· 2
競争戦略 ···································· 170
競争のダイヤモンド ························ 103
競争優位性 ······························ 45, 50
協　働 ······································· 13

国の競争優位 ································ 95
クラウド ··································· 151
グラス・シーリング ······················· 200
クラスター ·································· 95
　──化 ···································· 98
グループシナジー ··························· 57
グループネットワーク ················ 49, 56
クレド ····································· 203
クローズドシステム ························ 58
グローバリゼーション ·················· 2, 21
グローバル ································· 47
　──なキャリア機会 ············ 204, 208
グローバル・イノベーション成果
······························· 202-205, 218
グローバル SCM ···························· 131
グローバル化 ······························ 147
グローバル企業 ····················· 225, 228
グローバルグループ経営 ··················· 50
グローバル経営 ······························ 1
グローバル・サイバー・マーケット ······ 230
グローバル市場 ····················· 223, 227
グローバル人的資源管理 ·················· 201
「グローバル人的資源管理」モデル
······················ 199, 201, 202, 205, 218
グローバル・スタートアップス ··········· 221
グローバル性 ······························· 84
グローバル組織 ······················· 55, 60
グローバル統合 ··············· 199-201, 212, 218
グローバル・ニッチ市場 ·················· 223
グローバル・ネットワーク ··············· 229
　──への貢献者 ························ 201
グローバル・ブランド ······················ 82
グローバル本社 ····························· 55
グローバル・マーケティング ············· 107
グローバル・マス・カスタマイゼーション
·· 123
グローバル連結経営 ················ 208, 213

経営資源 ···································· 45
　──の国際移転 ························ 107
経営資源優位 ······························ 101
経営理念 ······················ 202, 203, 205, 206, 209
経済産業省 ································ 160

経済的富 ··································· 232
契約アレンジメント ························· 9
権　限 ······································ 55
現地化 ······················· 122, 199-201, 218
　──の遅れ ······················ 200, 208
現地生産 ·································· 222
現地調達率 ································ 122
現地適応 ············· 199-201, 204, 212, 213, 218
現場スタッフ ······························· 53

コア（中核）事業 ·························· 57
後継者計画 ··························· 210, 212
公的標準 ··································· 10
合弁企業 ··································· 51
合弁事業 ·································· 236
効率性 ····································· 49
コーポレート経営職ポスト ······· 209, 210, 212
顧客価値創造 ······························· 55
顧客志向重視 ····························· 234
国際化 ···································· 147
国際会計基準 ······················ 185-188, 197
国際技術戦略 ······················ 169, 181-183
国際事業部 ································· 46
国際市場参入戦略の「新機軸」 ··········· 108
国際人的資源管理 ······· 199, 202, 203, 205, 218
国際的 SCM ·································· 8
国際ニュー・ベンチャー ············ 221, 223
国際ビジネス ································ 1
国際標準 ···················· 22, 170, 177, 178, 183
　──化 ···························· 179, 180
国際物流 ·································· 223
国際マーケティング ······················ 229
国内回帰 ··································· 93
コ・クリエーション ······················· 13
小島清 ····································· 94
コスト・リーダーシップ戦略 ············ 174
国家競争力 ································ 101
　──（世界）ランク ················ 96, 98
　──と企業競争力に関するマトリックス
······································· 105, 107
国家的技術戦略 ······························ 4
国家特殊的優位 ····························· 94
国境を越えた協働 ················· 201, 204
個別最適経営 ······························ 201
コミュニケーション費用 ················· 229
コラボレーション ··························· 3
コ・ワーキング ···························· 13
コンセンサス標準 ·························· 28
コンソーシアム ···················· 179, 180

――活動 26, 30
コントロール 57
コンフリクト 54

【さ行】

サーバー 152
債券格付 188
裁定戦略 4
サクセション・プラン 212, 216
サプライチェーン 8
サプライネットワーク 8
サプライヤー・システム 116
差別化戦略 174, 175
産業集積 95
産業ベース・ヴュー 14
参入様式 222
360度評価 215

事業環境 45
事業構造 45
事業システム 143
資金調達 187, 188, 191, 195, 197
資源不足 13
資源ベース・ヴュー 14
事実上の業界標準 10
市場機会の拡大 2
市場経済 225
――化 225
市場要因 223
システム・インテグレーター 11
持続的成長 44
持続的発展戦略 235
シナジー 56
自発的参加 11
自発的秩序形成 11
社　債 188, 191
集権化 47
集合知の活用モデル 11
集中戦略 174
自由貿易協定 228
情報共有 3
情報通信技術 3, 223
情報発信 223
職務等級制度 203, 215
ジョン・F・ウェルチ リーダーシップ・センター
　　　　　　　　　　　　　　　.... 216, 217
自律性 55
ジレンマ 47
進　化 43

新興国 148
――企業 37
――中間所得層 12
新興市場 65
人材活用のグローバル最適化 209
心理的距離 222

ストレッチ目標 215
スマートフォン 151
スモール・オフィス・ホーム・オフィス 230

生産ネットワーク 5
――間競争 6
正準相関係数 106
正準判別分析 106
制度的回避 15
制度的共進化 15
制度的制約 4
制度的多様性 3, 15
制度的適応 15
制度的統合 201-205, 207, 218
制度ベース・ヴュー 14
制度優位性 138
制度要因 223
製品アーキテクチャ 113
製品開発コラボレーション 3
製品多角化率 46
製品の差別化 162
製品ブランド 80
――のグローバルな再編成 81
製品別組織は過度 47
世界的製品別事業部制 46
世界貿易機関 224
セッションC 216
セミ・グローバリゼーション 2
セミ・グローバル・マーケティング 73
全体最適化 59
戦　略 43
――提携 236
――パートナー関係 9
戦略的フレキシビリティ 7
戦略的ポジショニング 174-176, 180-183

創造と適応の継続的実験 16
組　織 43, 44
――形態 47
――構造 45, 50
――能力 49, 61
――風土 50

――変革 ……………………………… 45
――マネジメント ……………………… 50
租税特別措置法 ………………… 193, 195
対外直接投資 …………………………… 94
――残高特化係数 …………………… 96
第2のグラス・シーリング …………… 208
多国籍企業 …………………… 46, 50, 225
――の参入方式選択の時系列 ……… 94
タックス・プランニング ………… 196, 197
タックス・ヘイブン ……………… 194-197
タレント・マネジメント ………… 203, 208
探索と活用 ……………………………… 75
タンジブル（有形な）資源 …………… 57

地域統括会社 ………………………… 50-54
地域別事業部制 ………………………… 46
地域別組織 ……………………………… 47
知識移転 …………………………… 49, 99
知的財産権 …………………………… 100
チャレンジャー企業 ………………… 235
中間所得層 ………………………… 13, 14
中国語 ………………………………… 148
調整コスト ……………………………… 47
直営サイト …………………………… 159

低価格 ………………………………… 162
ディバイス …………………………… 151
データ分析の二期間比較 …………… 107
適応化 ………………………………… 2, 16
適応性 ………………………………… 49
適合関係 ……………………………… 44
デジタル技術 …………………………… 5
デジュール標準 ……………… 10, 177-180
デジュリ標準 ………………………… 28
デファクト・スタンダード ………… 176
デファクト標準 ……………… 10, 28, 176-178
電話契約数 …………………………… 148

統合ネットワーク ……………………… 49
東西冷戦の終結 …………………… 225, 226
同質性 ………………………………… 47
統　制 ………………………………… 55
独立企業間価格 ………………… 192, 193
トランスナショナル企業 … 200, 201, 204, 218
「トランスナショナル企業」モデル …… 199, 201, 203
トランスナショナル戦略 ……………… 48
取引リスク ………………… 189, 190, 197

【な行】
内部化 ………………………………… 225
――理論 ……………………………… 226
内部環境 ……………………………… 44
内部ネットワーク ……………………… 49
中村修二 ……………………………… 236
南米南部共同市場 ……………………… 88

二元的命令系統 ………………………… 47
日産自動車 …………………………… 203
ニッチ市場 ……………………… 223, 228
日本型直接投資論 ……………………… 94
二面市場戦略 ………………………… 34
ニュー・ミドル・クラス ……………… 65

ネスレ ………………………………… 86
ネッティング …………………… 190, 191
ネットワーク ………………………… 53
――化 ……………………………… 223

【は行】
パートナー企業 ………………………… 57
パートナー形成 ……………………… 222
ハイポテンシャル人材 ……… 203, 212, 216
バックエンド …………………………… 47
パナソニック …………… 199, 203, 208, 209, 212, 218, 219
――・リーダーシップコンピテンシー
　………………………………… 209, 211, 212
バランス ……………………………… 55
範囲の経済 …………………………… 232

非英語圏 ……………………………… 162
比較優位 ……………………………… 94
東アフリカ共同体 ……………………… 88
ビジネス・エコシステム ……………… 33
ビジネスモデル …………………… 51, 52
ビジョン ……………………………… 57
非多国籍企業 ………………………… 227
標準化 ……………… 47, 169, 176, 177, 180
――・適応化意思決定 ……………… 74
品　質 ………………………………… 162

フォーラム …………………………… 179
付加価値 ……………………………… 60
負　債 …………………………… 188, 195
父性原理 ……………………………… 58
不適合 ………………………………… 46

部分最適化	59	無償化	172
部分的な市場統合	2	メタナショナル型多国籍企業	93
プラットフォーム企業	34	メンタリングプログラム	217
ブランド	79	モジュラー	119
――拡張	80	――化	5
フレキシビリティ	16		
フロントエンド	47, 48		

【や行】

フロントバック組織	47	輸出競争力	101
分権化	47, 55	輸出代替型のFDI	95
		輸出特化係数	96, 102, 104
ペアレンティング	58	輸出プッシュ戦略	233
ベース・オブ・ピラミッド	87	輸出プル戦略	233, 234
偏相関係数	101	輸出マーケティング	107
偏相関分析	106		

【ら行】

ベンダー企業	152	ライセンシング	222
ボーン・グローバル企業	221, 229	楽 天	165
ボーン・グローバルズ	221		
補完関係	235	リアルタイム・コラボレーション	11
補完財企業	33	リアルタイム・シミュレーション	11
北米自由貿易協定	228	リージョナルオフィス	52
母性原理	58	リージョナル・ブランド	82
ボリューム・ゾーン	65, 87	リーダー企業	235
本国特殊的優位	97, 101	リショアリング	93
本国内投資への回帰	107	理 念	57
本国の国家競争優位	93	連結会計	185, 186

【ま行】

マーケット＝アーキテクチャ・インテグレータ	123	ロイヤリティフリー	171
マーケティング	56	ローカル・ブランド	82
――・キャンペーン	233	ロジスティクス・サービス・プロバイダー	139
――力	236	ロレアル	86

【わ行】

マーシャル・プラン	226	我が信条	202
マクロ分析	108	ワンデュポン戦略	51
マザー工場制	114		
マス・コラボレーション	11, 12		
マトリックスの組織	47		
マネジメント・スタイル	50		
マネジャー	59		
未来在庫	137		

欧文索引

Alipay	162	Apple	93
Amazon	164	arbitrage	4

B2B	158
B2C	158
Base of Pyramid	65
BOP	65
Born again Global	153
Born Global	153
BOSE	229
BPaaS	156
BRICs	4, 65
Cavusgil	222
co-evolution	16
Country-specific advantages	94
CPFR	136
CSA	94
double non-taxation	158
eBay	164
Emerging Giants	153
Emerging Multinationals	153
EU	88, 228
Euromonitor 社	102
FDI	94
——残高特化係数	102, 104
——の輸出代替効果	107
FDI力	101
FireWire	169
Firm-specific advantages	94
Foreign Direct Investment	94
FSA	94
FSA/CSA マトリックス	95, 98, 104
FTA	228
GATT	224, 225
GE	199, 202, 208, 213-216, 218, 219
GE Growth Values	202, 213-215
HR 成果	202-205, 218
IaaS	154
IBM	203

ICT	3, 5, 223
IEEE	169
IEEE1394	169-176, 178, 180
ISO	177
Johnson & Johnson	202
MAI	123
NAFTA	88, 228
NIH（Not Invented Here）症候群	59, 204, 219
OEM	231
Off-JT	212
OJT	212
Our Credo	203
P&G	86
PaaS	153
Panasonic Global Executive システム	209
Partition	154
PayPal	162
PGE	209
PGE システム	209, 210
Porter	95, 103, 174, 176
Rugman	94, 104
S&OP	137
SaaS	152
SCM	8
SOHO	230
SPA	143
TBT 協定	178, 179
USB	169, 170, 172-175, 180
Virtual Technology	154
VMI	136
WTO	178, 179, 224, 225

〈編著者略歴〉

諸上　茂登（もろかみ・しげと）
明治大学商学部教授。明治大学大学院商学研究科博士課程修了。博士（商学）。明治大学商学部助教授，ペンシルバニア大学客員研究員を経て現職。専門は国際マーケティング論。多国籍企業学会前会長。

藤澤　武史（ふじさわ・たけし）
関西学院大学商学部教授。関西学院大学大学院商学研究科博士課程修了。博士（商学）。関西学院大学商学部助教授，レディング大学客員研究員を経て現職。専門は国際マーケティング論。国際ビジネス研究学会常任理事，アジア経営学会常任理事。

嶋　　正（しま・ただし）
日本大学商学部教授。日本大学大学院商学研究科博士課程単位取得満期退学。商学修士。日本大学商学部助手，専任講師，助教授，ミシガン州立大学客員教授を経て現職。専門はマーケティング論（グローバル・マーケティング）。日本商業学会理事。

平成27年3月10日　初版発行　　《検印省略》
平成31年2月25日　初版2刷発行　略称：国際新機軸

国際ビジネスの新機軸
―セミ・グローバリゼーションの現実の下で―

編著者 © 　諸上　茂登
　　　　　藤澤　武史
　　　　　嶋　　　正

発行者　　中島　治久

発行所　　**同文舘出版株式会社**
東京都千代田区神田神保町1-41　〒101-0051
電話　営業（03）3294-1801　編集（03）3294-1803
振替　00100-8-42935　http://www.dobunkan.co.jp

Printed in Japan 2015　　　印刷：萩原印刷
　　　　　　　　　　　　　製本：萩原印刷

ISBN 978-4-495-38511-8

JCOPY 〈出版者著作権管理機構 委託出版物〉
本書の無断複製は著作権法上での例外を除き禁じられています。複製される場合は，そのつど事前に，出版者著作権管理機構（電話 03-5244-5088, FAX 03-5244-5089, e-mail: info@jcopy.or.jp）の許諾を得てください。